21 世纪高等学校
经济管理类规划教材
名家精品系列

人力资源管理理论、方

绩效考核与管理
——理论、方法、实务

Assessment and Management of Performance
Theory, Methods, Practice

视频指导版

赵曙明 赵宜萱 ◎ 主编

秦伟平 ◎ 编著

人民邮电出版社

北 京

图书在版编目（CIP）数据

绩效考核与管理：理论、方法、实务：视频指导版/
赵曙明，赵宜萱主编；秦伟平编著. — 北京：人民邮
电出版社，2018.12（2024.1重印）
21世纪高等学校经济管理类规划教材. 名家精品系列
ISBN 978-7-115-49573-0

Ⅰ. ①绩… Ⅱ. ①赵… ②赵… ③秦… Ⅲ. ①企业绩
效－企业管理－高等学校－教材 Ⅳ. ①F272.5

中国版本图书馆CIP数据核字(2018)第227947号

内 容 提 要

本书对绩效考核与管理进行了全面阐述，全书精选大量企业绩效管理的实际案例，并设计了大量绩效管理的模拟练习题，既从理论角度解析绩效考核与管理的逻辑结构，又从实践角度介绍了绩效考核与管理的操作要领。

本书分为三部分：第一部分为绩效管理导论，主要介绍了和绩效管理有关的概念、绩效管理思想的演变以及绩效管理的重要作用；第二部分为绩效管理体系，主要介绍了绩效管理系统、绩效计划与指标体系构建、绩效信息收集与绩效沟通、绩效评估和绩效反馈等；第三部分为绩效考核方法及应用，主要介绍了传统的绩效考核方法、现代的绩效考核方法以及绩效考核方法的新趋势。

本书既可以作为高等院校管理类专业的教材，也可以作为 MBA、EMBA 和各类管理相关专业的培训教材，还可以供对管理理论及其运用感兴趣的人士阅读、学习。

- ◆ 主　编　赵曙明　赵宜萱
  编　著　秦伟平
  责任编辑　赵　月
  责任印制　焦志炜
- ◆ 人民邮电出版社出版发行　　北京市丰台区成寿寺路 11 号
  邮编　100164　电子邮件　315@ptpress.com.cn
  网址　https://www.ptpress.com.cn
  北京盛通印刷股份有限公司印刷
- ◆ 开本：787×1092　1/16
  印张：13.5　　　　　　　　　2018 年 12 月第 1 版
  字数：354 千字　　　　　　　2024 年 1 月北京第 5 次印刷

定价：39.80 元

读者服务热线：**(010)81055256**　印装质量热线：**(010)81055316**
反盗版热线：**(010)81055315**
广告经营许可证：京东市监广登字 20170147 号

总 序 PREFACE

进入 21 世纪以来，创新已成为世界潮流。创新涉及技术、制度、管理等各个方面的协同，但归根到底是人才和人力资源管理的创新，所以实施创新驱动必须把人才和人力资源作为支撑创新发展的第一资源。任何一个国家欲引领全球创新发展的浪潮，任何一个企业欲赢得可持续竞争的优势，都必须抢占人才和人力资源管理的制高点，把人力资源开发与管理作为战略发展的基点。毫无疑问，人力资源已然成为企业增强创新发展能力的第一内生动力，人力资源管理无疑也是 21 世纪现代企业的核心管理内容之一。

伴随着移动互联网、大数据和人工智能等新技术革命时代的到来，经济全球化进程不断加快，我国的经济发展进一步转型升级，企业面临着更加激烈的来自国内外的竞争。对人才的吸引、开发、激励和对人力资源需求的变化引发人力资源管理的快速变革，派生了对人力资源管理新知识和专业人才的巨大需求。南京大学商学院开设的"人力资源管理"课程是第一批获得批准的国家精品课程，这门课程的开设历史可以追溯到 20 世纪 90 年代初。1991 年，赵曙明教授作为课程的负责人，开始在南京大学商学院率先开设"人力资源管理与开发"课程，并与国内外众多专家、学者和业界人士一道，共同致力于我国人力资源管理专业学科的建设和企业人力资源管理水平的提高。在引进发达国家在人力资源管理方面的先进理念和经验的同时，通过大量的一线教学研究和企业管理咨询，我们逐步加深了对我国人力资源管理实践的认识和理解，总结出了我国人力资源管理相关的实践案例和理论知识，这为本套丛书的编撰奠定了很好的基础。

在学科专业建设过程中，教材建设是一项重要的基础性工作。为了适应当前经济发展的新形势和现代人力资源管理学科专业发展的新趋势，建设一套具有新思维、新内容的人力资源管理系列教材无疑也是一项十分重要的基础性工作。为此，人民邮电出版社约请赵曙明教授和赵宜萱助理研究员与众多专家学者在深入调研和充分讨论的基础上，组织撰写了"人力资源管理理论、方法、实务"系列丛书。本套丛书在编写中遵循了两个基本要求。一是作者的教学和科研经验丰富。本套丛书的主编及编著者不局限于一所高校，他们都是来自全国各大高校从事人力资源管理教学与研究的一线优秀教师，由他们亲自主笔，保证了教材的质量。二是教材体系构建完整。本套丛书共计六本，包括《人力资源管理——理论、方法、实务（视频指导版）》《招聘甄选与录用——理论、方法、实务》《人员培训与开发——理论、方法、实务》《绩效考核与管理——理论、方法、实务（视频指导版）》《薪酬管理——理论、方法、实务》《人才测评——理论、方法、实务》。整套丛书以现代企业人力资源管理流程为主线，力求反映当前企业运营中最让人关注的人力资源管理流程和规律。

本套丛书立足于新时期人力资源管理学科发展的新趋势，按照高等学校人力资源专业本科层次人才培养目标、培养方案和课程教学大纲的要求，以科学性、先进性、系统性和实用性为目标进行编写，其特色主要体现在以下几个方面。

（1）强调内容视野开阔。基于全球人力资源管理学科专业发展的大背景，从企业组织的战略角度阐释人力资源管理问题，确立新思维，扩展新内容，以期达到拓宽学生视野的目的。

（2）突出学术性和创新性。借鉴国内外人力资源管理最新的学术成果，反映了人力资源管理研究的最新进展。本书在消化吸收成功企业人力资源管理经验的同时，尽可能将其与中国本土文化衔接起来，并创造性地加以整合，观点新颖，富有创新性。

（3）注重理论与实践相结合。本套丛书融理论性与实践性为一体，既介绍了人力资源管理的理论方法，又通过大量案例全面勾勒出人力资源管理实务流程，注重将理论与企业具体的人力资源管理实际相对接，并提供可操作的管理技术和技巧，从而将理论、方法、实务、案例等纳入一个完整的体系构架之中。

（4）重视学生能力的培养。本套丛书以强化学生的自学能力、思维能力、创造性地解决实际问题的能力以及不断自我更新知识的能力为目标，设置模拟训练、情景仿真等模块，注重教材形式的活泼性和内容的可读性，以训练和培养学生的创新思维能力。

此外，本套丛书还引入了扫码阅读等方式，以满足移动网络时代教学发展的新需要。

最后，我们要感谢参与本套丛书编审的各位老师所付出的辛勤劳动，也要感谢人民邮电出版社为本套丛书的面世所做的工作。由于编写的时间紧、协调难度大，书中难免存在着一些不足和问题，我们真诚地欢迎广大读者批评指正。

南京大学商学院名誉院长、特聘教授、博士生导师
赵曙明博士
南京大学商学院助理研究员
赵宜萱博士
于南京大学商学院

前 言 FOREWORD

绩效管理是各级管理者与员工在确定目标与如何实现目标问题上达成共识的过程，是促进员工取得优异绩效的管理过程。绩效管理的目的在于提高员工的能力素质，进而提升企业的绩效水平。随着知识经济的到来，激烈的竞争将会使我国企业面临三方面的挑战：竞争的全球化挑战、满足利益相关者需要的挑战以及高绩效工作系统的挑战。企业对"人力资源是发展的第一资源"有越来越深刻的认识，在企业人力资源管理与开发的过程中，绩效管理处于核心地位。然而，我国绝大多数企业对绩效管理仅仅停留在认识层面，忽略了实施绩效管理所需要的管理基础，导致绩效管理流于形式，实施效果大打折扣。本书试图将理论和实务相结合，帮助企业深层次学习和理解绩效管理的基础与方法，帮助企业培养核心竞争力。

本书具有以下四个特征。

（1）体系完整。本书分为三大部分，分别为绩效管理导论、绩效管理体系和绩效考核方法及应用；共包括 11 章，涉及绩效管理的方方面面，讲述了绩效管理的基本流程，为读者呈现绩效管理的全貌。

（2）设计合理。本书的每一章都分为学习目标、引导案例、正文、关键知识点、启发与思考、思考练习题、模拟训练题和情景仿真题，有助于读者深入学习和理解各章知识。

（3）体例新颖。每章的引例生动有趣，可以引发读者的阅读兴趣和思考。每章的模拟训练题和情景仿真题从实际操作角度介绍绩效管理，有助于强化读者的综合分析能力。

（4）操作性强。本书从内容到形式都力求有所突破或创新。在内容取舍上，本书坚持实用性、针对性的原则，并注重知识更新，尽可能引入国际上先进的管理理论与实践以及我国企业、政府的宝贵管理经验；在形式上，不拘泥于固定格式，强调实用性与操作性。

本书理论与实践相结合，每章开头都有反映绩效管理现实的案例作为引导，既应用我国经实践检验有效的理论和方法，又借鉴国外较先进的理论和方法做深入的分析，具有一定的理论深度和可操作性、应用性。

赵曙明教授担任人力资源管理系列教材的主编，本书是该系列教材中的一本，由南京财经大学秦伟平教授编著。本书在撰写过程中得到了南京财经大学校级品牌专业（人力资源管理）建设项目的资助，在此表示感谢。本书编者坚信，全新编写的《绩效考核与管理——理论、方法、实务（视频指导版）》将继续为从事绩效管理工作的管理者和管理学专业的本科生、MBA 学生提供理论与方法的指导。读者朋友通过阅读本书，一定会对绩效管理有一个清楚的认识。

由于编者水平有限，书中难免存在不妥之处，恳切希望广大读者批评指正。

编 者

2018 年 10 月

目录 CONTENTS

第三部分 绩效考核方法及应用

第一部分

绩效管理导论

第1章 绩效与绩效考核

学习目标

1. 掌握绩效、绩效考核的概念；
2. 了解绩效的性质、绩效考核的目的；
3. 熟悉影响绩效的因素；
4. 理解绩效考核存在的问题。

引导案例

这个绩效考核太温情？[①]

斯凯尔公司人力资源副总裁埃克达尔在去吃午饭的路上遇到首席财务官安妮塔，安妮塔敦促他抓紧启动公司的裁员计划。安妮塔说，公司经过两轮收购后，机构臃肿，部门设置重复，必须马上开始整合，减员增效。交谈中，安妮塔还亮出了尚方宝剑，说公司 CEO 哈尔跟她的想法一样，希望能在接下来的四个月内缩减 2 000 万美元的薪酬支出。

埃克达尔辩驳说，裁员不是个简单的数字问题，他们得确保每个岗位都安排上最合适的人。但安妮塔对此不以为然，说他们人力资源部门做事总是不慌不忙。埃克达尔听出她话里带刺，不禁想到已离职的前任——米兰尼斯。六个月前，正是因为安妮塔看不惯米兰尼斯做事优柔寡断，才怂恿 CEO 哈尔逼迫米兰尼斯退了休。

埃克达尔与安妮塔话不投机，匆匆别过，就去城里老地方与米兰尼斯会面了。吃饭的时候，他把与安妮塔的对话说给米兰尼斯听。米兰尼斯让他该坚持的就要坚持，因为这次裁员关系到斯凯尔的未来。

米兰尼斯让埃克达尔坚持的东西，其实就是他早先亲自设计的一套绩效评估系统，他当初设计这套系统的目的是为了确保并购后的裁员能凭数据说话，做到客观公正。在此之前，在斯凯尔公司，大家的绩效评估成绩年年都是虚高，谁也不想给别人打低分，结果最后无法用得到的一大堆数据，公司无法根据这些数据选拔人才。CEO 哈尔起初很支持米兰尼斯建立新系统，孰料这个项目非常耗时，迟迟不能完结，最后米兰尼斯被指效率低下，"光荣"退休。

埃克达尔接任后，很快创建了一张简单的绩效评估表格，经理们只要在表格上的 7 个方面为每个员工打分就可以了："显著低于他人"为 1 分，"稍低于他人"为 2 分，"显著强于他人"则为 5 分。另外，埃克达尔要求每个经理在评估时一定要高标准、严要求。

但是，评估结果出来后，他发现不仅没有人得 2 分或 1 分，就连 3 分都难得一见。

埃克达尔很沮丧，他打电话给米兰尼斯寻求建议。米兰尼斯劝他让经理们重填表格，要他们敢于打 1 分和 2 分。

[①] 本文刊登于《商业评论》2011 年 9 月。

埃克达尔简要地向安妮塔汇报了第一次评估结果。安妮塔有些自得，因为她一直认为评估员工绩效的最好方法是看其所在部门的损益情况，还说有时候就得狠下心来裁员，不能太瞻前顾后。埃克达尔提出想让经理们再做一遍评估，安妮塔持反对意见，她认为经理们还有很多正事要做，不该把时间和精力浪费在这种没有意义的事情上。但是，埃克达尔很坚持，他说他一定要从绩效评估中获取有价值的结果。他打算给经理们做个培训，再进行第二次评估。

第二次评估截止时间到了，埃克达尔打开计算机浏览结果，他越看越觉得不对劲儿——太多3 分了，根本没办法区分优劣。安妮塔对这个结果虽没表现出幸灾乐祸，但是从她的语气中，埃克达尔还是嗅到了一丝"我早告诉过你吧"的味道。

接下来几天，人力资源部对数据进行了分析，发现经理们往往给那些就要晋升的人打高分，给那些他们不太熟悉的人打低分。

案例思考题：

（1）这样的绩效评估数据如何能称作客观公正？

（2）埃克达尔应该让经理们再做一次评估，还是应该利用已有的数据大刀阔斧地开始裁员？

1.1　绩效及其影响因素

1.1.1　绩效的概念

绩效，从管理学的角度来看，是组织期望的结果，是组织为实现其目标而展现在不同层面上的有效输出，它包括个人绩效和组织绩效两个方面。组织绩效的实现应在个人绩效的实现基础上，但是个人绩效的实现并不一定保证组织是有绩效的。当组织的绩效按一定的逻辑关系被层层分解到每一个工作岗位以及每一个人的时候，只要每一个人都达成了组织的要求，组织的绩效就实现了。

单纯从语言学的角度来看，绩效包含有成绩和效益的意思。它用在经济管理活动方面，是指社会经济管理活动的结果和成效；用在人力资源管理方面，是指主体行为或者结果中的投入产出比；用在公共部门中来衡量政府活动的效果，则是一个包含多元目标在内的概念。

因此，绩效是指一个组织或个人在一定时期内的投入产出情况，投入指的是人力、物力、时间等物质资源，产出指的是工作任务在数量、质量及效率方面的完成情况。

从绩效的角度理解，人力资源管理实质上就是在完成两项任务：第一，是使企业员工具有创造高绩效的能力，实际上人员招聘、选拔与培训管理也在完成这个任务；第二，是使企业员工处于高绩效的状态，也就是通过考核管理对员工进行评价、控制、激励、培训与开发等。

只要有需求、有目标，就有绩效。对绩效的理解，不仅体现在绩效本身的含义上，更重要的是要将其与效率、效能及考核进行区分，并梳理它们之间的关系。

根据韦氏词典，绩效指的是完成、执行的行为，完成某种任务或者达到某个目标，通常是有功能性或者有效能的。但实际上在管理学上绩效概念却有其特殊的意义。"绩效是一个多维建构，测量的因素不同，其结果也会不同。"我们一般可以从组织、团体、个体三个层面给绩效下定义，层面不同，绩效所包含的内容、影响因素及其测量方法也不同。因为在绩效管理领域中主要涉及的是通过对员工绩效的管理来达到组织的目标，所以在这里我们主要考察的是个体层面的绩效。员工绩效本质上是一个员工做什么或没有做什么。员工绩效取决于他们对组织的贡献，包括：产出的数量、产出的性质、产出的及时性、出勤率、合作精神。

目前，管理界和专家学者并没有对绩效的概念达成一致观点。关于绩效的概念主要有三种观点：以结果为导向的绩效；以行为为导向的绩效；以能力为导向的绩效。

1．结果导向的绩效

"以结果为导向的绩效"的观点认为，绩效是对工作结果的记录，对绩效的描述主要采用目标、产能、结果、责任、关键成功因素等词语。这种观点在企业中的应用也最为广泛，企业常用的 KPI、MBO 等就是以结果为导向的绩效考核。

2．行为导向的绩效

"以行为为导向的绩效"的观点认为，绩效是行为本身，不是行为产生的结果，它是组织或个人为完成某一任务或目标而采取的一组行为。"以行为为导向的绩效"一般应用在绩效无法用结果衡量的工作中，如文职工作，员工只要按照企业规定的流程和标准化的行为去做，就能达到预期的要求，带来特定的结果。

3．能力导向的绩效

"以能力为导向的绩效"的观点认为，绩效是实际工作能力的反映，对于组织预期的结果，能力强的人会在更快的时间内去完成，甚至结果会超越预期目标。"以能力为导向的绩效"一般应用于劳动过程易于评估的工作中，如计件或计时工作，对于同样的数量要求或者时间限制，能力强的人效率会更高，产出会更多。

综合以上各种观点，本书认为，绩效就是一种结果，反映出人们从事某一项工作或任务所产生的成绩、成果、成效。这种结果会随着具体的行为和能力的变化而改变，也就是说，改变行为和能力能促使产生更好的结果。

1.1.2　绩效的影响因素

员工绩效的好坏不是由单一的因素决定的，现代管理学和心理学的研究表明，影响员工工作绩效的因素主要来自三个方面：个人（Individual）、组织（Organize）和工作（Task）。员工绩效可以用以下公式表示：

$$P=f(I, O, T) \tag{1.1}$$

这个公式表明，员工绩效是个人、组织、工作这三个变量的函数。正是这三个相对独立的因素相互影响、相互作用，最终产生了现实的员工绩效。

1．个人因素

员工个人方面的因素，包括员工自身的能力因素、性格因素和态度因素等。

（1）能力因素

能力是个体顺利完成某种活动、某项任务的个性心理特征。个体通过对客观事物的分析和综合，利用掌握的知识与技能，顺利地完成某项活动，这就是能力。能力不同于知识和技能，从能力的含义可以看出，知识和技能是能力形成的基础，但是获取知识、掌握技能又要以一定的能力为前提，能力的强弱制约着掌握知识技能的速度。能力通常可以分为一般能力和特殊能力两种：一般能力指个体为完成一切活动所必须具备的基本的、共同的能力，主要包括思维能力、观察能力、记忆能力、想象能力、语言能力和操作能力等；特殊能力指个体从事某种专业活动所需要的某种能力或某几种能力的结合，如管理能力、社交能力和表演能力等。

一般来说，在其他因素不变的情况下，员工的能力越强，工作绩效越显著，员工能力与员工绩效成正比。

为了提高员工的工作绩效，组织应该特别注意员工能力的运用和培养，要做到以下两点。

① 职能匹配。员工能力的大小对员工绩效的提高的确起到关键作用，但这种作用不只是正面的，也可能是负面的。每一项工作对员工的能力、知识、技能要求都不一样，好的管理者在进行任务分配时，必须对这种要求了如指掌，随后要调查了解员工所具备的能力、所掌握的知识和技能，然后进行职能匹配，使员工各尽所能，这样才能最大程度地提高工作绩效。否则，让能力强的员工从事对其来说过分简单的工作，会令其产生轻视心理，从而导致员工绩效的降低；让能力弱的员工从事对其来说过分复杂的工作，又会令其产生懈怠心理，一样会导致员工的工作绩效下降。

② 对员工进行科学、合理且全面的能力培训。组织要把培养员工个体的能力作为一项长期的人力资本投资。一方面，要进行与工作直接有关的专业知识、专业技能和特殊能力的培训；另一方面，要加强员工思维、语言、记忆等一般能力的培训。这样的能力培训不仅使员工感受到组织对他们的重视，加强他们对组织的归属感，从而增强组织凝聚力；同时还提高了员工对工作的胜任程度，提高了员工的工作绩效。

（2）性格因素

性格是一种复杂的心理现象。每个人在社会生活中，通过认知、情感和意志等心理过程来反映客观事物，这些反映被保留和巩固下来，逐步形成个体对客观事物的态度体现，并反映在个体待人、接物和处事等行为方式上，这就是性格。按照理智、意志和情绪三者在待人处事过程中哪个占有优势来划分，将性格分为理智型、情绪型和意志型。理智型的人用理智来衡量一切、支配一切，能够冷静地思考和判断；情绪型的人情绪体验深刻，喜欢感情用事，言谈举止受情绪左右；意志型的人行为具有明确的目标，有恒心、有耐力，善于克服自己。按照心理活动倾向于外部或倾向于内部来划分，将性格分为外倾型和内倾型。外倾型的人，对外界事物感兴趣，性情开朗、活泼，感情容易外露，善于交际，但比较轻率，缺乏自我分析和自我批评的精神；内倾型的人，心理活动指向于内心世界，内在体验深刻，性情孤僻，不好交际，但具有自我分析和自我批评的精神。按照个体独立性的程度来划分，将性格分为顺从型和独立型：顺从型的人，易受暗示，容易不加批评地接受别人的意见，照别人的意见办事，在紧急情况下表现得张皇失措；独立型的人，善于独立地发现问题和解决问题，不易受他人的影响，在紧急情况下不慌张，易于发挥自己的力量。

性格本身并无好坏之分，但那些包含积极的、主动的、令人奋发向上的思想和行为的性格无疑有助于员工绩效的提高。比如，勤奋、自信等性格特征可以促进员工能力的增长，从而帮助员工实现更好的工作绩效，而相反的性格特征会降低员工的工作绩效。

为了实现更高的员工绩效，组织有必要做到：准确把握员工的性格特点，知人善任。管理者应该清楚地了解每一位员工的性格特点，因人而异地安排工作。例如，对于办事细心谨慎者可以让其从事财务工作；对于组织能力强、办事果断者可以委之以领导重任。在组建一个工作团队时，我们更要注意不同性格的成员之间的互补作用，让其利用各自所长，来进行各种要求不同的工作，这样才会使得个体及组织绩效都得到一个较好的发展。

（3）态度因素

态度是个人对待外界对象（包括人、事和物）较为稳固的，由认知、情感、行为倾向三种成分所构成的内在心理倾向。态度决定了人们选择什么对象，怎样加工有关对象的信息，以及对该信息做出何种适当的反应。

态度通过以下六种方式直接或间接地影响着员工的绩效。第一，态度与学习效率。人们对学习抱有主动积极的态度则容易激发强烈的求知欲、浓厚的学习兴趣和高涨的学习热情；能使人感知敏锐，观察细致，思想活跃，思维灵活，记忆和学习效果会大大提高。而相反的态度则会产生相反的学习效率。第二，态度与工作效率。大多数情况下，人们如果喜欢自己的工作，其积极性就容易被调动，生产效率也较高。反之则相反。第三，态度与社会性认知及判断。以正确的价值观为基础的科学的态度会对人的社会性认知、判断和行为产生积极的影响。假若态度形成使人产生心理反应的惰性，就会干扰或妨碍社会性认知、判断的准确性，甚至造成失误。第四，态度与忍耐力。员工的忍耐力与他对该事物的态度有密切联系。一个热爱自身工作的员工对工作中的失败和挫折会有很高的忍耐力。第五，态度与团体的相容和凝聚力。对人真诚、热情、友好、谦虚、宽容、互助的态度，会使团体相容程度高，人们能和睦相处，有较高的凝聚力。相反的态度，会使团体的相容程度降低，导致人际关系紧张，团体凝聚力下降。第六，态度的激励作用。员工自我态度的改善，如自尊、自重、自爱、自强、自律等可以起到员工自我保护的效应，还可以起到调动员工自觉性、积极性和创造性的作用。

为了实现更好的员工工作绩效，组织可以利用让员工积极参加活动、唤起员工忧患意识、选择正确的宣传方式、逐步提出要求、团体规定的办法改进员工对工作的态度，最终提高员工绩效。

2．组织因素

组织方面的因素，包括群体压力因素、激励因素、绩效考评因素、组织文化因素等。

（1）群体压力因素

员工的实际工作绩效受到组织内群体压力的影响。所谓群体压力是指已经形成的群体规范对成员的心理和行为产生的约束力。群体压力迫使个人顺从和遵守群体规范。

群体压力对员工绩效的提高具有正、负双重影响。当一个员工的工作绩效大大低于或超过群体中大多数人的工作绩效时，他就会感到群体的压力。群体压力和权威命令不同，它不是自上而下强制个体员工改变自己的绩效水平，而是多数人一致的绩效水平，使员工个体在心理上感到很难逾越，即当一个人发现自己的工作绩效水平与群体不相一致时，就会产生紧张恐惧的心理状态，害怕受到群体其他成员的排挤和冷落，从而促使他提高或降低自己的工作绩效水平与群体保持一致。

组织为了提高员工的工作绩效，可以从以下两方面入手。

① 提高群体的绩效水平。组织可以通过提高定额水平的办法提高整个群体的绩效水平，从而利用群体压力对员工绩效的正面影响，使员工个体在不拖群体后腿的群体压力下努力工作，提高员工个体的工作绩效。

② 鼓励员工高绩效水平的独立行为。独立行为是指个体在群体压力下，仍保持自己的观点、态度和行为，我行我素，很少受他人的影响。组织可以利用奖金、福利、晋升等激励措施加大对员工提高绩效水平的刺激，促使员工产生高绩效水平的独立行为，从而降低群体压力对员工绩效的负面影响。

（2）激励因素

激励就是要通过管理工作创设一定的条件，激发起被管理者实现工作目标的积极性、主动性和创造精神。对人的激励方式主要有两种：一是外在激励，包括福利、晋升、表扬、嘉奖等。外在激励方式虽然能显著提高效果，但不易持久，处理不好有时会降低工作积极性。二是内在激励方式，包括学习新知识、新技术，责任感，荣誉感，胜任感，成就感等。内在激励方式，虽然激励过程需要时间较长，但一经激励不仅可提高效果，且能持久。

组织的激励对员工绩效水平有重大影响，是保证员工良好工作绩效的基础。科学的激励手段可以有效地激发员工的工作热情和动机强度，使员工最充分地发挥其技术能力和才能，不断提高工作效率，进一步激发其创造性和革新精神，从而实现高水平的工作绩效。

为了提高员工的工作绩效，组织应该做到以下两点。

① 制定一个良好的激励体系。组织制定一个良好的激励体系，体现在鼓励什么，倡导什么，并围绕所要鼓励和倡导的主题开展工作。一个组织要了解每个员工个体的动机，尤其是工作的动机。现在不少组织都在制订员工的职业发展计划，其实就是要建立一个较为持久的动机支持体系。在制定这个体系时，组织一定要分析员工不同的事业锚，按需激励才会起到较好的效果。

② 分清保健因素和激励因素。双因素理论认为，保健因素是指和工作环境或条件相关的因素。这类因素，有它，没有不满意；没有它，感到不满意。保健因素具体包括：薪金、工作安全性、地位等。激励因素指和工作内容紧密联系在一起的因素。这类因素，有它，感到满意；没有它，感到不满意。激励因素主要有：工作上的成就感、奖金和晋升等。组织在激励员工时应在保证保健因素的同时，加大对激励因素的投入，才能刺激员工取得最佳绩效。

（3）绩效考评因素

绩效考评是为了客观衡量员工的能力、工作状况和适应性，对员工的个性、资质、习惯和态度，以及对组织的相对价值进行有组织的、实事求是的考评，它是考评的程序、规范、方法的总和。

绩效考评本身也会影响员工的绩效。只有在绩效考评计划中明确了行为、成果的绩效标准，员工才能明白要做什么和应达到什么结果。而不公正的考评结果，会使员工产生消极，甚至抵制的行为；缺少反馈的绩效考评，更会使员工迷失持续改进绩效的方向。这些都影响到员工的工作绩效。

要提高员工的绩效，组织就必须在绩效考评上坚持以下几个原则。

① 考核目标明晰化。组织的考核目标应该一目了然，这样员工才能有明确的绩效目标，这是员工提高绩效水平的前提。

② 反馈与修改。组织要把考评后的结果及时向员工反馈，这样员工才能把有助于提高工作绩效的行为坚持下来，并将其发扬光大，把不足之处加以纠正和弥补。

③ 可靠性与正确性。可靠性又称信度，是指某项测量的一致性和稳定性。具有可靠性和正确性的绩效考核才能保证绩效考核的公正性，从而使员工产生公平心理，愿意改进自己的绩效。

④ 定期化与制度化。绩效考评是一种连续性的管理过程。要想取得持续改进员工绩效的结果，绩效考评就必须定期化和制度化。

（4）组织文化因素

组织文化是指一个组织的所有成员共同具有的价值观、信念、看法和行为准则的集合。组织文化通常会划分为以下类型：权力文化，一小部分高级经理行使绝大部分权力；角色文化，关注官僚式程序，认为这样做有助于系统稳定；支持性文化，对寻求统一的、共享价值的人们提供群体或相互的支持；成就文化，鼓励自我表现和追求独立，目标是显著的成功和成就。

组织文化为员工的工作绩效的实现提供组织环境。提倡创新的组织文化鼓励员工充分发挥自己的创造力，允许员工承担具有挑战性的工作，允许员工的失败，从而保证了员工提高工作绩效的外在条件。而压制创新的组织文化要求员工一切按部就班，压制员工的创造力，严惩失败，使员工畏首畏尾，阻碍了员工绩效水平的提高。

组织的高层管理人员对组织文化的塑造起着决定作用。为了提高员工的绩效水平，高层管理人员自身要持有绩效导向的价值观，要鼓励创新，容忍失败。然后，通过整个人力资源管理过程，从选拔到奖励体系，及时制定有关政策与措施来体现他们的价值观，还可以利用培训和仪式等方法，最终形成有利于提高员工绩效的组织文化。

3．工作因素

工作方面的因素，包括任务本身的因素、工作方法因素、工作环境因素等。

（1）任务本身的因素

任务是指为完成某一工作所从事的活动，它可以客观地、合乎逻辑地认定为不连续的活动单位或阶段。任务是执行某一职责时的必经步骤，它包含明显的开始和终结标志。

任务对员工的绩效也有影响。任务的目标是否很明确，完成任务的事前准备工作是否充分，任务是否被很急切地要求完成，该任务是否从前做过等，这些都会影响员工的实际工作绩效。

提高员工的工作绩效就必须做到明确任务的目的；为完成任务做好充分的事前准备；尽量提供一段充足的时间以完成任务等。

（2）工作方法因素

工作方法指员工完成工作任务时采用的方式和办法，具体包括工作工具的使用、工作流程的设计、工作协调等。

工作方法的采用影响着员工的工作绩效。工作工具是员工手脚的延伸，工作工具的使用直接影响员工完成任务的速度和质量。工作流程决定工作的步骤，工作流程是否流畅决定了员工工作的逻辑性和条理性。为保证工作协调需要处理各工序之间的关系，工作协调是否处理得当影响工作的有序性等。这些都与员工绩效的最终实现密切相关。

为了提高员工的工作绩效水平，组织有必要采用最为有效的工作方法。组织要为员工提供所需的工作工具，设计流畅的工作流程，进行最优的工作协调，从而让员工产生尽可能高的工作绩效。

（3）工作环境因素

工作环境指员工进行工作的范围空间，通常包括工作场所的物资条件、设备配备和原材料的供应等。

工作环境虽然只是影响员工工作绩效的外部因素，但起着不可忽视的作用。工作场所有较好的物资条件，员工才能专心工作，减轻疲劳；优秀的设备才能保证员工工作成果的质量；而原材料供应是否充足更直接决定员工能否继续工作，"巧妇难为无米之炊"。工作环境是员工绩效实现的物质前提。

组织要提高员工的工作绩效，就必须改善员工的工作环境，给员工的工作场所提供较优的物资条件，配备优良的设备，保证原材料的充分供应。

1.2　绩效考核的内涵及实施

1.2.1　绩效考核的起源

绩效考核起源于西方国家的文官（公务员）制度。最早的考核起源于英国，在英国实行文官制度初期，文官晋级主要凭资历，于是造成工作不分优劣，所有的人一起晋级加薪的局面，结果是冗员充斥，效率低下。1854—1870 年，英国文官制度改革，注重表现、看才能的考核制度开始建立。根据这种考核制度，文官实行按年度逐人逐项进行考核的方法，根据考核结果的优劣，实施奖励与升降。考核制度的实行，充分地调动了英国文官的积极性，从而大大提高了政府行政管理的科学性，增强了政府的廉洁与效能。英国文官考核制度的成功实行为其他国家提供了经验和榜样。美国于 1887 年也正式建立了考核制度。它强调文官的任用、加薪和晋级，均以工作考核为依据，论功行赏，称为功绩制。此后，其他国家纷纷借鉴与效仿，形成各种各样的文官考核制度。这种制度有一个共同的特征，即把工作实绩作为考核的最重要的内容，同时对德、能、勤、绩进行全面考察，并根据工作实绩的优劣决定公务员的奖惩和晋升。

西方国家文官制度的实践证明，考核是公务员制度的一项重要内容，是提高政府工作效率的中心环节。各级政府机关通过对国家公务员的考核，有利于依法对公务员进行管理，优胜劣汰，有利于人民群众对公务员进行必要的监督。

文官制度的成功实施，使得有些企业开始借鉴这种做法，在企业内部实行绩效考核，试图通过考核对员工的表现和成绩进行实事求是的评价，同时也了解组织成员的能力和工作适应性等方面的情况，并作为奖惩、培训、辞退、职务任用与升降等的实施基础与依据。

1.2.2　绩效考核的内涵界定

绩效考核也称成绩或成果测评，绩效考核是企业为了实现生产经营的目的，运用特定的标准和指标，采取科学的方法，对承担生产经营过程及结果的各级管理人员完成指定任务的工作实绩和由此带来的诸多效果做出价值判断的过程。

明确这个概念，可以明确绩效考核的目的及重点。企业制定了战略发展的目标，为了更好地完成这个目标，需要把目标分阶段分解到各部门各人员身上，也就是说每个人都有任务。绩效考核就是对企业人员完成目标情况的跟踪、记录、考评。

绩效考核：收集、分析、传递有关个人在其工作岗位上的工作行为表现和工作结果方面的信息情况的过程。

绩效考核重点在于"考核"，是企业分配薪酬、调整岗位等的依据。它通常也称为业绩考评或"考绩"，是针对企业中每个职工所承担的工作，应用各种科学的定性和定量的方法，对职工行为的实际效果及其对企业的贡献或价值进行考核和评价。它是企业人力资源管理的重要内容，更是企业管理强有力的手段之一。业绩考评的目的是通过考核提高每个个体的效率，最终实现企业的目标，体现企业的整体战略。在企业中进行业绩考评，需要做大量的相关工作。首先，必须对业绩考评的含义做出科学的解释，使得整个组织有一个统一的认识。

1.2.3　绩效考核的信度与效度

① 信度是指考核结果的一致性和稳定性程度，即用同一考核方法和程序对员工在相近的时间内所进行的两次测评结果应当是一致的。

影响考绩信度的因素有考核者和被考核者的情绪、疲劳程度、健康状况等；也有与考核标准有关的因素，如考核项目的数量和程序；忽略了某些重要的考核维度；不同的考核者对所考核维度的意义及权重有不同的认识等，这些因素都会降低考绩的信度。为了提高考绩的信度，组织在进行考核前应首先对考核者进行培训，并使考核的时间、方法与程序等尽量标准化。

② 效度是指考核结果与真正的工作绩效的相关程度，即用某一考核标准所测到的是否是真正想测评的东西。

为了提高考绩的效度，组织应根据工作职责设置考核的维度和每一维度的具体考核项目，在充分调查研究的基础上确定每一项目等级设定的级差数以及不同维度的权重数，并着重考核具体的、可量化测定的指标，不要流于泛泛的一般性考核。

绩效考核过程中不可避免地存在这样或那样的偏差，一定程度上影响着绩效考核的公正性、客观性。因此，组织要克服近因效应、光环效应、暗示效应等干扰，全面、客观、公正地对被考核者的工作进行评价，同时要进行必要的培训，以减小偏差，使考核的有效性最大化。

1.2.4 绩效考核的内容

绩效考核是一项系统工程，涉及战略目标体系及其目标责任体系、指标评价体系、评价标准及评价方法等内容，其核心是促进企业获利能力的提高及综合实力的增强，其实质是做到人尽其才，使人力资源作用发挥到极致。绩效考核的具体内容包括以下几个方面。

（1）业绩考核

通过设定关键业绩指标（KPI），定期衡量各岗位员工重要工作的完成情况。此类考核主要在管理人员中进行，其中部门经理在季度考核和年度考核中的指标是不同的。经理以下其他管理人员只需在年度进行考核。考核指标分为硬指标（即定量指标）与软指标（即定性指标）两类。

（2）计划考核

即计划完成情况的考核，在每个月度和季度动态衡量岗位员工的努力程度和工作效果；在部门经理的考核中，季度和年度计划完成情况的考核又称为"部门业绩考核"。

（3）能力态度考核

衡量各岗位员工完成本职工作所具备的各项能力、对待工作的态度、思想意识和工作作风，每年度进行一次。

（4）部门满意度考核

主要考核公司各部门在日常工作中的配合和协调情况与效果，每季度进行一次。

以上四部分内容，在不同的考核周期，针对不同的考核对象，分别进行不同的组合和不同的考核权重。

1.2.5 企业实施绩效考核应注意的问题

1．考核目的

要开展绩效考核工作，管理者首要回答的问题就是为什么要开展这项工作，这个问题不加以明确，势必使绩效考核陷于盲目。

企业要开展绩效考核工作，核心目标是顺利实现企业的战略目标。要实现战略目标，人是其中最关键的因素。如何使人力资源发挥最大效能，调动人的积极性，使企业各级管理人员都有使命感，进而发挥创造力，使公司具有运行活力，进而对人力资源进行整合，使优者得其位，劣者有压力并形成向上动力，使企业目标在优化的人力资源作用下得以顺利实现等问题，正是绩效考核所要解决的最本质的问题。

2．目标责任体系

（1）从目标到责任人

绩效考核不是孤立事件，它与企业人力资源管理、经营管理、组织架构和发展战略都具有相关联系，企业战略目标通过目标责任体系和组织结构体系分解到各个事业单元，与对应的责任人挂钩。

（2）从出发点到终点

因目标不是独立部门可完成的，从任务出发点到终点，要通过企业每一环节的优秀业绩，保证整体业绩的最优。因此，组织应根据业务流程图，明确部门间的协作关系，并对协作部门相互间的配合提出具体要求。

（3）对目标责任的一致认可

对工作目标的分解，要组织相关责任人多次研讨，分析可能性，避免执行阻力，直到目标被考核者和被考核者一致认可，这时以责任书的方式统一发布，并明确奖惩条件，由责任书发出者与责任书承担者双方签订责任书的方式确定。

3．评价标准

（1）成功关键因素

企业经营业绩并不是简单的投资与报酬、成本与收益之间的对比关系，因无论是成本或收益，均受多种因素的影响。指标设定的科学、全面、有效性与否直接关系到绩效考核的客观性和公正性。因此，指标设定一定是完成目标责任的成功关键因素，通过对这些因素的监督、控制、考核，保证推进目标的实现。

（2）指标确定

指标确定是通过努力可以在适度的时间内实现的，并有时间要求。

指标是具体的、数量化的、行为化的，具有可得性。

指标的可衡量化是指不论是与过去比，与预期比，还是与特定的参照物比，与所花费的代价比，其都有可操作性，是现实的、可证明的、可观察的。

若指标不能量化，则需将指标描述细化、具体，使其具有可操作性。

经过同意制定的评价标准，说服力强。

4．考核办法

（1）直线制管理考核办法

在平衡计分卡考核体系下，对具体的责任人进行考核时，由责任人的聘用者、任务发出者及责任人的服务管理对象作为主要考核人，对责任人的工作业绩进行考核。同时责任人的个人业绩测评、责任人的协作部门的测评可作为辅助测评意见。对以上意见进行综合，作为该责任人的绩效考核成果。

公司董事长由董事会成员、监事会成员、高管层进行考核；董事长及监事会成员、总经理分管工作的单位负责人及其员工代表、客户等对总经理的工作业绩进行考核，吸收党委、工会成员参加测评；董事长、总经理、监事会成员及副总经理分管的工作部门负责人及其员工代表、客户等对副总经理的工作业绩进行考核，可吸收党委、工会成员参加。

党委书记则由上级主管部门、党委成员及支部负责人、党员代表进行考核，可吸收职工代表参加测评；工会主席则由上级主管部门、党委书记、党委委员、职工代表参加测评。其他人员以此类推。

这样考核的原因在于责任人的工作由上级领导安排落实，上级领导对下属工作的完成情况最关心、最了解，同时在管理上下属也由上级领导负责。责任人执行情况，责任人的下属最了解，对责任人是否有所作为也是最了解的，因此责任人的上下级对责任人的考核最有发言权。吸收协作部门及个人测评，可力求使测评成果更客观、公正。

（2）管理者的考核责任

主管领导有义务和责任对其管理权属内的责任人进行考核评价，不宜以民主测评等方式推卸应由领导履行的职责。有些管理人员对自己下属的工作了如指掌，可就是不愿直接指出下属的不足，对下属工作不满意却不愿直接触及矛盾，调整工作岗位更是难以下手，于是采取民主评议方式，让员工说出自己想说的话。这样做的结果往往是被考核人不服气，且滋生对管理人的不满，对考核工作不仅无促进作用，还会走向阻碍工作开展的方向。管理者在被管理者心目中树立权威的机会也会因此丧失，下属由于不能直接搞清楚管理者的意图和自己在其心目中的形象，不能感受到上级对自己的信任，领导也不可能对下属有更全面明晰的把握，易形成症结影响工作。

（3）考核办法评价

考核办法没有先进与落后之分，只要适合于企业实际，能够客观地、有针对性地评价管理人员的工作业绩，对开展工作有效地起到了促进作用，考核办法就值得采纳。

5．持续性考核

绩效考核是一项复杂的系统工程，计划、监控、考核流程、成果运用等动态管理，构成绩效考核的主要工作内容。因此，企业要持续不断地根据考核工作中存在的问题改进考核工作，同时还要把工作制度化、持续性地开展下去。这样考核工作就会受到各级管理人员的高度重视，其创造价值的中心作用就会越来越大。

1.3　绩效考核的应用现状及问题

1.3.1　绩效考核的应用现状

员工的工作绩效是指那些经过考核的行为、表现及其结果，而绩效管理则是依据主管与员工之间达成的协议来实施的一个动态的沟通过程。它通常被定义为系统地对一个组织或员工所具有的价值进行评价，并给予奖惩，以促进系统自身价值的实现。从不同的角度出发去认识和理解事物，所得到的结果也会不尽相同。在绩效管理思想发展的过程中，对绩效考核的认识也存在分歧，主要表现为以下三种观点。

1．绩效考核是管理组织绩效的系统

持有这种观点的代表是英国学者罗杰斯（Rogers，1990）和布雷德拉普（Bredrup，1995）。这种观点将 20 世纪 80 年代和 90 年代出现的许多管理思想、观念和实践等结合在一起。它的核心在于决定组织战略以及通过组织结构、技术事业系统和程序等来加以实施。它看来更像战略或事业计划等，而个体因素即员工虽然受到技术、结构、作业系统等变革的影响，但在此种观点看来，却并不是绩效管理所要考虑的主要对象。

2．绩效考核是管理员工绩效的系统

这种观点将绩效考核看成是组织对一个人关于其工作成绩以及发展潜力的评估和奖惩。其代表人物安史沃斯（1993）、奎因（1987）和斯坎奈尔（1987）等通常将绩效考核视为一个周期。

3．绩效考核是管理组织和员工绩效的综合系统

这种观点将绩效考核看成是管理组织和员工绩效的综合体系，但此种观点内部却因强调的重点不同而并不统一。例如：考斯泰勒（1994）的模型意在加强组织绩效，但其特点是强调对员工的干预，他认为"绩效管理通过将各个员工或管理者的工作与整个工作单位的宗旨连接在一起，来支持公司或组织的整体事业目标"；而另一种认识却是"绩效管理的中心目标是挖掘员工的潜力，提高他们的绩效，并通过将员工的个人目标与企业战略结合在一起来提高公司的绩效"。

本书主要讨论如何运用绩效管理的思想来保证员工绩效的持续提升，因此也就更倾向于第二种观点，即将绩效考核主要看成是对员工绩效的管理。绩效考核不应是简单地被认为仅仅是一个测量和评估的过程，而应该是管理者和员工之间创造互相理解的途径。在绩效考核的过程中，员工和管理者应该明白：组织要求的工作任务是什么、这项工作应该完成到什么程度才算完成……而且，绩效考核系统应该鼓励员工提高他们的自身绩效，促进他们进行自我激励，并通过管理者和员工之间开放式的沟通来加强彼此的关系，这也是绩效管理思想不同于单纯绩效考核的重要一点。

1.3.2　绩效考核存在的问题[①]

在现实生活中，尽管几乎所有的企业每年都在进行着某种形式的绩效考核，但真正能够充分实现绩效评价的理论价值的考核并不多见；相反，在考核的过程中，敷衍塞责、例行公事的现象倒是屡见不鲜。显而易见，绩效考核的实践操作效果与理论价值之间存在着明显的背离现象，而且这种背离在企业中还具有相当的普遍性。因此，正确认识绩效考核中存在的问题，积极寻求有效的绩效管理体系对于每个企业绩效目标的最佳实现具有十分重要的理论和现实意义。

1．考核结果难以得到员工的充分认可

许多企业在考核问题上可能都存在这样的状况，即被考核者对本企业的考核体系抱着一种不甚认可的态度，认为考核的评价体系不公正，不能真实反映员工实际的工作绩效状况，尤其是漠视了自己的优异表现，本应是"超过期望要求"的表现却仅仅得到"达到期望要求"甚至是"未达到期望要求"的评价，从而使员工产生很强的受挫感。这种挫折感很有可能会转变成对企业的不满甚至是怨恨，之后就很可能变为工作上的懈怠。这种抱怨心态不仅使员工失去了工作的积极性，而且也为今后有关绩效提高方面的沟通制造了严重的障碍，最终对本企业的绩效考核体系产生严重的抵触情绪，这种情绪的蔓延无疑会大大影响员工的工作士气和精神风貌，从而进一步影响其今后的工作绩效。

造成上述情况的原因如下：一方面在很大程度上是由于考核标准不明确或表述不清晰，被考核者认识模糊，缺乏必要而准确的评估信息，对考核标准绩效做想当然的理解，结果造成了自我评价与组织评价的诸多差异；另一方面则是由于被考核者与考核者之间缺乏必要的沟通，员工并不理解什么样的工作行为是"达到要求"，什么样的行为是"超过要求"，造成考核者与被考核者对标准的理解得不到及时弥合，最终带来评估结果上的大相径庭。此外，一种不正确的认识倾向也是造成员工易于产生不满情绪的原因，那就是许多员工都把与切身利益密切相关的工资提升、奖金发放看作是考核的重要而唯一的标准，因此难免会存在过分看重评估结果，过分强调自身贡献的现象。在此，员工绩效考核结果已降格为工资提升与否、奖金发放多少的依据而已。在考核功效中，改善绩效功能的弱化和残缺使得考核体系存在的价值大为降低。

2．考核过程难以受到考核实施者的高度重视

许多企业在考核中存在的另一个严重而普遍的问题是流于形式，年年搞考核，年年都是例行公事。而作为考核实施者的管理人员一方面认为员工考核与自己的日常工作无关，既乏味又费时，纯属是不得已而为之的事情，因此在操作过程中敷衍了事、应付交差的状况十分普遍；另一方面，许多管理者为避免与员工发生争执和冲突，即便了解员工的工作弱点，也不会轻易告之。于是只讲员工的贡献、长处，避而不谈其短处，这样虽然不会损伤员工的自尊心，但却不利于解

---

① 康宛竹. 如何从绩效考核走向绩效管理. 中国劳动，2002，02：32-33.

决根本问题，阻碍了员工及时发现问题、改善绩效。

3．考核体系难以应付企业的内外变化

企业是一个动态的运行主体，而基本处于静态运作。缺乏灵活性的人员考核体系显然跟不上企业内外的变化情况，从而影响到整个组织应变战略的实施。毫无疑问，在竞争十分激烈的背景之下，企业为了求得生存和发展，必须能够从容应对内部和外部所发生的一系列变化趋势。例如，组织结构的变化中一个明显的趋势是公司与公司之间合作和联盟的数量正在不断增加，于是形成了新型的工作形势，即来自不同公司的员工为了同一个项目经常在一起并肩工作、分担责任。这种新型的工作关系对相对静态的考核标准提出了挑战。工作性质的变化，例如，团队工作形式已越来越多地被采用，在家或在异地工作的人员越来越多，技术进步的速度也越来越快，那么传统的评估员工个人绩效的考核体系如何评估团队的工作绩效？单纯地以管理者作为唯一考核人的绩效考核体系如何评估接触很少的在家或在异地工作的员工？相对不变的绩效标准又如何跟上如此迅猛的技术进步？

对于许多组织来说，雇佣关系性质的变化使得雇佣关系不再是永久而稳定的了，为了应付一些临时工作，越来越多的组织雇佣临时的工作人员，如合同工、临时工、独立的承包商等。这种新的雇佣关系增加了考核的复杂性，使得原有的绩效考核体系无能为力。

显而易见，这种静态的、缺乏灵活性的单纯考核已经失去了其对企业应有的重要作用，企业必须适时地根据自身内外环境的变化对原有考核体系的内容加以全面调整和充实，从而使绩效体系从单纯的考核功能走向全方位的管理功能。

【关键知识点】

扫一扫→绩效考核的概念及意义

【启发与思考】

如何用绩效考核技术解决技术部的考核问题[①]

A公司是一家有1 000多人，集研发、生产、销售大型机电一体化产品的综合性高新技术国有企业，有着近40年的专业研究和制造经验。公司产品有近200个品种。盈利较高的产品主要是小批量的定制产品，影响产品出货的主要是设计（电子、结构、软件）和制造周期（零配件生产、装配）。

1．现状

（1）研发组织结构

目前研发中心有研发一部、研发二部、研发三部、研发四部和项目管理部。研发一部的职责是开发前沿的技术、对技术进行产品转化，并对研发二部、三部、四部的设计图纸进行技术审核把关。研发二部、研发三部、研发四部中都配备了相应的研发人员，三个部经常争夺项目，造

---

① 资料来源：绩效考核与绩效管理．林新奇．北京：清华大学出版社，2015.

成很大程度的资源浪费和内部竞争。项目管理部对研发二部、研发三部、研发四部的项目立项、项目变更组织内部评审，对研发的进度、阶段成果进行跟踪和监督，但是对项目的延期没有相应的约束和控制机制。

（2）产品特征

虽然设立研发一部进行前沿技术的研究和技术的产品化，但实际上90%的产品都还局限于市场的跟随，自主开发技术和产品非常有限。研发二部、研发三部、研发四部的研发基本上都是依据订单来设计，满足客户要求就已经让设计师疲于应付了，创新更显不足。

（3）零部件

产品个性化的需求多，有60%的新零件和设计工作已经有其他人员设计过，但研发人员经常不知道而重复执行，这导致研发人力资源的严重浪费。一个产品的零配件经常是几千甚至几万个，产品组合变得复杂，导致设计、生产、装配的周期很长，在规定的时间内也常常难以达到要求，延误后由销售部门去给客户解释，销售部门的工作非常被动。

（4）项目管理

项目管理、研发流程模式还处于非常原始的阶段。立项管理比较随意，为了赶进度，很多对研发质量有很大影响的评审环节被跳过了，到后面阶段发现问题时已经严重影响了项目进度和投入的资源。目前90%以上的项目都存在延误。明知道产品测试结果和质量还没有达到要求就开始制造生产然后交付给客户，等客户接到产品后发现某些功能不符合要求，导致返工设计和返工制造，成本和时间大大增加，同时客户对产品的满意度也降低了。项目经理只对技术负责，没有合理控制项目费的权力，也没有明确的研发费用预算，走到哪里算哪里。

（5）测试的项目繁多

测试及设计变更作业不断重复，每次设计变更需要修改的部分以及负责修改的人员可能都不同，一旦重复次数过多，研发人员搞不清楚到底是执行第几次的设计变更，导致研发设计文件版本的混乱，造成一再出现错误而延误订单交付的时间。而且设计人员经常认为反正有研发一部进行图纸的审核，所以经常出现上百处的图纸错误，甚至是低级错误，研发一部很多的时间就是审核设计人员图纸，没有发挥应有的作用。由于没有对设计错误进行考核，设计错误一直居高不下。

2. 组织结构梳理、确定绩效目标

（1）确定关键的绩效目标

提高项目管理水平（项目经理、项目管理部）、控制设计进度（项目经理、设计师）、减少设计变更的次数（项目经理、设计师）、提高基础模块和零部件的标准化程度（设计师）、提高阶段成果的准时率（项目经理、设计师）、控制项目费用（项目经理）。目前，如果能把以上问题做好，研发设计和项目管理的工作将有较大改善。

（2）建立明确的项目组和功能部门的绩效考核关系

考核责任者：功能部门主管（部长），依据评价者（项目经理）提供的意见和依据，对下属的考核结果的公正性与合理性负责。

考核监督者：功能部门主管的上级（部长的直接上级），监督考核责任者的考核过程与考核结果。

评价者：项目组主管（项目经理）依据被考核者在某一期间的个人绩效和承诺达成情况，做出客观公正的评价，并对评价结果的公正性和合理性负责。

3. 部分指标设计举例

① 研发一部的研发人员主要是前沿技术和产品的开发，考核指标为：项目研发成功率、研

发进度、产品技术转化次数（创新性的考核指标）、技术信息收集有效性（分为 4 个等级标准）、设计错误、技术服务满意度。

② 研发二部承担具体 90% 的市场项目设计，人员结构为两类：一类为首席设计师，包括电子首席设计师、结构首席设计师、软件首席设计师；另一类为设计师，包括电子设计师、结构设计师、软件设计师。

③ 首席设计师一般担任项目经理，考核的重点是设计质量（第一次设计到样试修改次数、样试到批试修改次数、产品投入市场的技术稳定性）、基础模块共用率（零备件标准化程度）、费用控制、研发项目成功率（项目市场价值评估）、研发进度控制。

④ 设计师主要担任实际的设计任务，考核的重点是模块共用（标准化程度）、研发进度控制、设计错误（分两个阶段）、文档编写、技术服务满意度（让研发设计人员关注外部客户、制造过程，提高设计的质量）。

4. 部分实施考核的效果跟踪

半年后，90% 的项目延期降到了 60% 左右，一年后延期的项目只有 30%。由于对零部件的标准化进行了数据库的整理以及各类零部件设计文档的建立，考核了指标"基础模块（零部件）共用率"，研发人员对零部件的设计时间和设计质量有了较大的提高，该指标从开始的 20% 提高到了 50%，虽然离 100% 的目标还有很大的差距，但是建立零部件的数据库是一个非常耗时的工作，所以该指标还有很大的提高空间。设计错误从上百处降低到了 A 级平均错误 5 个，B 级错误为 0 个，研发人员加强自身图纸设计的检测能力，而不是过分依赖研发一部的审核了。由于对项目进行了考核，费用的控制率达到了 80%，从各类费用的数据表中，比较容易核算各类项目的利润和成本，也同时便于项目资源的有效调配和利用。研发设计的时间和质量大大提高，客户对产品的满意度也从 60 分提升到了 85 分。同时研发一部也有更多的时间来从事基础的研究和开发，随之产品的技术转化也从以前的一年两三次提高到了六次，拥有了自己的知识产权，企业的创新能力也提高了。整改前后各类指标变动情况如表 1-1 所示。

表 1-1　整改前后各类指标变动情况

指标	整改前	整改后
延期项目占比	90%	30%
基础模块共用率	20%	50%
设计错误数目	100+	5
费用控制率		80%
客户满意度评分	60	85
技术转化次数	2 或 3	6

5. 部分绩效考核的几个关键问题

（1）不要指望一次考核就能解决所有问题

首先一定要发现主要的问题，尤其是注意目前的企业管理水平，不能什么都想抓。

（2）分清楚考核的目的、方法、技术三者之间的关系

目的：如果考核能够促进我们收集对企业很有价值的管理数据信息，收集的成本也不是很大，那么就算是目前的考核对现有的管理思想、工作过程造成了一些不便，那也有必要做考核，借此改善流程、提高效率、发现问题。

方法：对于考核方法，很多人说我们要用 BSC（平衡计分卡）、PBC（个人绩效承诺）、KPI（关键绩效指标）。一个企业用什么样的绩效管理工具或方法，取决于每种方法的基本原理、优点、适用的范围，尤其是企业的发展阶段和企业的整体管理水平、组织架构，甚至是企业文化。每种方法都有自己产生的背景，但是企业在使用的时候一定要有变通的思维，决不能生搬硬套。

技术：绩效考核的重要性和原则已是企业管理者的共识了，但是考核失败的原因很多都是技术上面没有过关。我国一向不缺管理思想，缺的往往就是方法和技术的层层相扣。很多企业往往是在实施考核的时候才发现，这个数据收集不到，那个指标不知道怎么用。企业在设计指标的时候就应该考虑到指标怎么来，指标是否可控制、可影响、可关联。

（3）分清楚绩效目标、绩效指标、目标值三者的关系

绩效目标：由战略分解而来的绩效目标，是成功实施战略必须采取的行动的简要概括。绩效考核目标=绩效目标+衡量指标+改进点。

绩效指标：用于衡量绩效目标实现结果的定量尺。

目标值：对期望达到的绩效指标在一定时期内的具体的定量要求。

比如"提升客户满意度"是我们的绩效目标，"客户满意度"是绩效指标，客户满意度达到 90 分是目标值（定量）。因此在开始设计绩效指标时，我们最先要确定的是绩效要达到的"绩效目标"，然后选取合适的指标（可能很多，要筛选），再确定每个具体指标的值。

（4）绩效改进必须自然地融入部门日常管理工作之中

这样才有其存在价值，而这种自然融入有赖于部门内双向沟通的制度化和规范化，不能为了考核而考核。

案例思考题：

1. 分析影响 A 公司不同层级员工绩效表现的各种因素，并根据影响大小设定权重。

2. A 公司绩效考核存在哪些潜在的问题？你认为应该如何应对？

【思考练习题】

1. 绩效的含义是什么？它受哪些因素的影响？

2. 绩效考核的含义和内容是什么？

3. 什么是绩效考核的信度和效度？

4. 绩效考核中可能存在哪些问题？

5. 如何理解"绩效考核就像汽车上的安全带，大家都认为有必要，但都不愿意使用它"？

【模拟训练题】

针对员工的性格差异，培养有助于提高员工绩效的性格。性格不是天生的，它是在个体发展过程中，在主、客观相互作用和相互影响之中形成的。员工的性格对于实现更好的员工工作绩效有好坏之分。但由于性格受后天因素影响，可塑性较强，因此，管理者可以区别不同对象的性格特点，采取不同的办法，加强有助于提高员工工作绩效的性格的培养。以下是一份有助于提高员工绩效的性格的标准，对我们会有所启示。

美国健康性格的标准[①]

准确和充分的知觉现实；

---

① 费迪南·佛尼斯（Ferdinand F. Fournies）. 绩效！绩效！——提升员工绩效的 16 个管理秘诀. 台湾：梅商麦格罗-希尔（McGraw-Hill）国际出版公司台湾分公司，2000.

自发性、单纯性和自然性；

以问题为中心，不是以自我为中心；

超然于世的品质和独处的需要；

自主性和独立于环境、文化的倾向性；

永不衰退的欣赏力；

对周围神秘或高峰的体验；

和所有人打成一片的倾向；

仅和为数不多的人发展深厚的个人友谊；

接受民主价值的倾向；

十分完善的毫无恶意的幽默感；

强烈的审美感；

创造性；

抵制适应社会的现存文化。

【情景仿真题】

请您依据本章相关知识点评价表 1-2 所示的绩效考核专员的绩效考核方案。

表 1-2　绩效考核专员的绩效考核方案

姓名		出勤	迟到	事假	病假	旷工
岗位	绩效考核专员	奖惩事项	加分事项		减分事项	
序号	量化考核指标	权重	评分标准		数据来源	得分
1	绩效考核计划按时完成率	30%	未按计划完成，减____分/次		人力资源部	
2	考核数据统计差错次数	20%	每有 1 次，减____分		人力资源部	
3	考核申诉处理及时率	20%	低于目标值____%，减____分		各部门人力资源部	
4	考核资料及时归档率	15%	低于目标值____%，减____分		人力资源部	
5	员工投诉次数	15%	每发生 1 次，减____分		人力资源部	
考核得分						
被考核人签字： 日期：			考核人签字： 日期：			

第2章 从绩效考核到绩效管理

学习目标

1. 了解绩效考核与绩效管理发展演变的过程；
2. 比较借鉴绩效考核与绩效管理的理念方法；
3. 系统思考绩效考核与绩效管理的时代进程。

本章重点解析

引导案例

美林公司：从绩效评价到绩效管理的转变[①]

美林公司是一家全球知名的财富管理、资本市场服务和咨询公司。美林公司为全球范围内的私人客户、中小企业、机构和公司客户提供资本市场服务、投资银行和咨询服务、财富管理、投资管理、保险、银行和相关产品及服务。作为投资银行，美林公司还是金融衍生品等的交易商和承销商，是公司、政府、机构和个人的战略顾问。美林公司总部位于美国纽约。美林公司在全球150多个国家和地区设有分支机构，管理的客户总资产约为2.2万亿美元。

美林公司过去绩效管理的重点停留在对员工进行简单评价的层面，而转变之后的重点则着眼于提高员工绩效。为此，美林公司在绩效管理过程中非常重视绩效辅导、绩效反馈以及管理者与员工之间的绩效沟通。绩效评价在美林公司的绩效管理系统中仍然占有一席之地，但已不再是关注的唯一重点。每年年初，美林公司的员工要与其管理者共同制定工作目标；到了年中，管理者要对工作目标进行评价，并对员工行为适时做出调整从而确保其能够达成工作目标，同时，管理者还要关注个人发展计划的实施情况；到了年底，管理者要对员工的绩效进行评价，并结合360°反馈获得的信息对员工需要改进的方面提出建议。在整个绩效管理周期内，管理者要给员工持续的绩效反馈，以帮助其顺利完成工作目标。为了适应绩效管理体系上的变化，美林公司出台了一系列举措：一方面，美林公司将绩效评价结果的等级从五个缩减为三个，这样就避免了管理者在与员工面谈时总是解释为什么将其评价为某一等级，使管理者能够将时间和精力放在如何提高员工绩效上；另一方面，美林公司加强了对管理者在面谈技巧方面的培训。美林公司一直将管理者与员工的有效沟通视为绩效管理成功的重要基础。因此，为了让管理者在绩效管理周期内与员工持续不断地进行良好的沟通，美林公司制订了全方位的培训计划，例如，管理者如何开展面谈的培训、如何与员工共同协商从而制定目标的培训等。

案例思考题：

试结合美林公司的实际，谈谈绩效管理与绩效考核的区别。

---

① 资料来源：绩效管理. 方振，邦陈曦. 北京：中国人民大学出版社，2015.

2.1 绩效管理思想的演变

从绩效管理思想的发展历程来看，西方的绩效管理经历了从单纯的成本绩效管理到现在较为全面的基于利益相关者的绩效管理。

2.1.1 成本绩效管理时期

蒸汽机的出现推动了社会发展，同时也使得企业规模日渐扩大。为了满足管理上的需要，纺织业、铁路业、钢铁业和商业的管理者根据各自行业的经营特点先后建立了相应的绩效测评指标，用于激励和评价企业内部的经验效率。而规模经济的优势使得这些企业只需要关注同类产品的生产效率，如每米布料所耗用的棉花、每吨铁轨所耗用的焦炭、销售毛利等，这些指标都是按照明确的产品类型和经营过程建立起来的。企业管理者坚信：只要企业的基本经营活动被有效执行了，那么企业将会获利。

19世纪末，为了满足由工业革命引发的企业生产方式的变革对于更加先进的企业绩效度量系统的需求，管理会计从传统财务会计领域分离出来，并成为管理者对企业进行管理控制的重要帮手。这一时期的绩效管理除了一方面利用财务会计系统所生成的财务数据来分析评价企业整体绩效外，另一方面还利用管理会计、成本会计提供的数据分析评价过程绩效，且绩效的优劣主要通过投资报酬率、单位产品成本等财务指标来反映。

1903年，泰勒的《科学管理的原则》发表，标志着管理学作为一门学科的诞生。泰勒指出了员工工作效率低下的原因并认为可以通过系统管理改变这一状况。泰勒还指出管理优化是一门科学，而且科学管理的基本原则可以适用于多种商业活动。泰勒的科学管理理论注重的是"效率维度"下的"过程效率"。

早期的成本思想是一种很简单的将本求利的思想。这一阶段的经营绩效评价指标仅有成本而已。这种绩效考核带有统计的性质。随着工厂的不断发展，为了满足管理上的需要，在简单成本绩效管理的基础上出现了较为复杂的成本计算和绩效考核。

成本绩效管理是绩效管理发展的基础，这种考评容易操作，但是成本绩效管理只是单一地从成本的角度对于企业绩效进行评价，过于简单，无法满足从事多种经营的综合性企业的绩效管理需要。

2.1.2 财务绩效管理时期

20世纪70年代以前，财务评价几乎是企业绩效评价的全部内容，绩效测量研究的重点就是发展财务指标。在此阶段，企业主要看重利润、投资回报率和生产率等财务指标，而且绩效评价方法的革新也是基于财务指标的演化。企业的经营活动多是以单纯的利润目标为导向，企业所有者或管理者都以利润最大化作为企业运作的中心目标，因此财务指标是企业绩效评价中最重要的指标。而高效的多目标状况使得绩效评价的指标难以简单确定。企业绩效评价的内容及企业组织结构和形式的转变密切相关。

在早期，公司的所有权和经营权是融为一体的，并未分离，公司的所有权和经营权都归经理人所有，所以企业对内部绩效评价的要求就比较低。随着有限责任公司的出现，企业的所有权和经营权开始部分分离，部分未参与企业生产和经营过程的投资者为了自身的利益，就迫切需要掌握企业的运作情况。这就促使了企业绩效测量维度的扩大。但基本上，绩效评价的内容仍局限在资产、负债、权益以及资产负债表和收益报表中的各个项目上。

20 世纪早期，杜邦兄弟提出了引入财务比率金字塔和投资回报率的杜邦系统。杜邦系统是一个使用多种财务比率间的内在关联来评价企业全面财务状况的综合性分析方法。这个观点也启发我们面对复杂问题，要从系统管理的角度去思考。

总而言之，在 20 世纪 70 年代以前，基于财务指标的绩效评价是企业应用最为广泛的绩效评价方式。当时的绩效评价系统很少关注公共要素，一个组织的社会责任也没有得到管理者的重视。但随着资本市场的发展，所有权和经营权进一步分离，企业的运营和财务状况进一步引起投资者的关注，绩效评价的内容逐渐向纵深发展。绩效评价的内容不再局限于财务指标上，逐渐增加了企业偿债能力、运营能力和盈利能力等要素。

2.1.3 经济增加值管理时期

20 世纪 80 年代后，越来越多的企业认识到，效益最大化的判断工具也有不足，因为其中的主要指标的信息采集、分析都以企业财务报表（基于已发生的权责）为基础，只反映了企业的发生成本，却没有考虑到股东投资的机会成本，这就可能导致公司管理者只注重短期利益，忽视企业的长期价值的创造。具体表现在片面追求企业规模和企业利润会导致企业过度投资和过度的扩大生产，国内的长虹就是这样的一个典型例子。

1982 年，美国思腾思特公司提出了经济增加值（Economic Value Added，EVA）概念。该公司认为：企业在评价其经营状况时通常采用的会计利润指标因为忽视了股东资本投入的机会成本，从而难以正确反映企业的真实经营状况，企业盈利只有在高于其资本成本（含股权成本和债务成本）时才为股东创造价值。经济增加值（EVA）高的企业才是真正的经营状况良好的企业。

企业用于创造利润的资本价值总额既不是企业资产的账面价值，也不是企业资产的经济价值，而是其市场价值。账面价值无法反映资产的实际价值。经济价值虽然对账面价值做了调整，但是其着眼点仍是当前，不能反映出市场对企业未来收益的预期，因而要用通过对经济价值的修正得到的市场价值来反映企业的资本价值总额。从绩效概念的角度看，经济增加值强调了效益维度中的市场基础的绩效测评指标。

伴随着经济全球化和信息时代的到来，世界各国企业不仅在国内市场上要面临着日趋激烈的竞争，在国际市场上也面临着越来越激烈的竞争。为了提高自己的竞争能力和适应能力，许多企业都在寻求提高生产力和改善组织绩效的有效途径，组织结构调整、组织裁员、组织扁平化、组织分散化成为当代组织变革的主流趋势。不过实践证明：尽管上述的组织结构调整措施能够减少成本进而提高生产力，但它们并不一定能改善绩效；不论是在哪一个水平（组织、团队、个人）评价绩效和界定绩效，它们都只是提供了一个改善绩效的机会，真正能促使组织绩效有质的改变的是组织成员行为的改变，即建立学习型组织，形成有利于调动员工积极性、鼓励创新、进行团队合作的组织文化和工作气氛。在这一背景下，研究者拓展了绩效的内涵，并在总结绩效评价不足的基础上，于 20 世纪 70 年代后期提出了"绩效管理"的概念。80 年代后半期和 90 年代早期，随着人们对人力资源管理理论和实践研究的重视，绩效管理逐渐成为一个被广泛认可的人力资源管理过程。

2.1.4 基于利益相关者的绩效管理

随着利益相关者理论的发展，越来越多的研究者意识到关键利益相关者作为组织成功的必要元素，在绩效评价和绩效管理中可以发挥更重要的作用。绩效管理作为一套管理过程和方法，利益相关者的反映对其也非常重要。

利益相关者理论认为研究者还没有充分认识到员工这个利益相关者对于绩效管理系统的设计和有效运作的重要性，并进一步阐明了在绩效管理的利益相关者系统模型中员工的中心地位。该理论探讨了在平衡计分卡绩效管理框架下利益相关者系统发展的重要性和可行性，为我们在绩效管理的全过程中，以平衡利益相关者利益为出发点解决绩效管理实施有效性的问题奠定了基础。在将利益相关者理论引入绩效评价或绩效管理的过程中，企业能否同时考虑和平衡其股东和其他利益相关者的利益已经成为利益相关者理论的主要争论点。

尽管提高顾客服务对公司眼前的利益有所影响，但利益相关者对于这种改进非常支持，因为他们认为这个结果符合利益相关者理论的精神。随着评价关键利益相关者利益对组织可持续发展的重要程度越来越大，各更加细分的利益相关者元素的绩效管理模型在大量文献中出现。这些模型强调了利益相关者在组织绩效、员工绩效，或者综合了组织和员工绩效管理系统中的重要性。绩效棱柱模型是利益相关者理论模型的一个典型代表。绩效棱柱是一种创新性的绩效评价和绩效管理框架，它基本上涵盖了一个组织所有的关键利益相关者，例如，投资者、员工、供应商、顾客、政策制定者和公众。它关注关键利益相关者的利益以及组织对关键利益相关者的需求。绩效棱柱的主要内容有利益相关者的满意度、战略、过程、能力和利益相关者的贡献。企业可以根据这五个维度选择合适的评价指标。绩效棱柱将关键利益相关者的利益嵌入绩效评价和绩效管理中，这与以往的绩效评价方法有很大的区别，也是其最大的特点。在这一阶段，绩效管理的典型特点可概括为绩效管理就像一枚硬币，一面是有逻辑性的业务流程，体现出管理的科学性；另一面是与利益相关者的联系、影响、互动、协商的过程，体现出管理的艺术性。这两面是相辅相成的。

利益相关者理论认为，员工是企业的关键利益相关者之一，所以好的绩效管理活动必须要有员工的参与。绩效管理不应该只着眼于绩效评价，而应该成为一个动态过程，即经理人和员工共同制定工作目标期望、测量结果、奖励绩效和反馈等一系列活动，使员工绩效得到改善。该理论同样认识到沟通交流在绩效管理中的重要作用，有效的沟通是制定工作目标期望、测量结果、奖励绩效和反馈等一系列活动成功的关键。

2.2　绩效管理与绩效考核的比较

2.2.1　绩效管理与绩效考核的区别

绩效管理是以考核为基础的人力资源管理的子系统，它表现为一个有序的、复杂的管理活动过程。因此，绩效管理必须明确企业与员工个人的工作目标，并在达成共识的基础上，采取行之有效的管理方法。

绩效管理的根本目的是为了持续提高组织和员工个人的绩效，它是一种将结果观念和过程思考结合起来的管理思想。绩效管理在对员工个人进行绩效考核和管理的基础上，更加注重通过员工绩效、团队绩效与企业绩效的有机结合，最终实现企业总体效率和效能的改善。

绩效管理是在坚持公开与开放原则、客观与公正原则、程序化与制度化原则、反馈与修正原则、可靠性与准确性原则的基础上，对员工的业绩、能力和态度的考核管理。各原则的具体内容如图 2-1 所示。

公开与开放原则	公开与开放式的绩效考核主要体现在两个方面：绩效管理制度必须建立在公开、开放的基础上，绩效考核的评价标准应十分明确。一个良好的绩效考核体系只有建立在公开与开放的前提下，才有可能取得企业员工的一致认同，从而推动其具体实施
客观与公正原则	绩效管理的各阶段应以事实为依据，对员工进行考核时应坚持实事求是、具体问题具体分析的原则，应避免主观臆断和个人感情色彩。另外，对同一部门、同一岗位的员工，考核标准应保持一致
程序化与制度化原则	绩效考核既是对员工能力、工作结果、工作行为与工作态度等多方面的评价，也是对他们未来行为表现的一种预测。它是一种连续性的管理过程，绩效考核的程序化、制度化有利于企业了解员工的潜能，及时发现组织中存在的问题，从而有利于组织绩效的提升
反馈与修正原则	在绩效考核之后，各级部门主管应及时与被考核者进行沟通，把考核结果反馈给被考核者，并向被考核者就考核结果进行解释、说明，肯定其成绩和进步，说明其存在的不足，并为被考核者提供其今后努力方向的参考意见。同时各级主管也应该认真听取被考核者的意见，采纳被考核者的合理建议，以便更好地完善绩效管理工作
可靠性与准确性原则	绩效管理的可靠性与准确性是指绩效考核标准具有可靠性，绩效考核结果富有准确性

图 2-1　绩效管理应坚持的原则及内容

　　绩效管理的思想源于 20 世纪 30 年代舒哈特（Shewhart）提出的质量持续改进循环理论，即著名的 PDCA 循环理论。绩效管理作为现代人力资源管理理念，它与传统意义上的绩效评价有一定的差异。可以说，绩效管理是传统的员工绩效考核的升华。

　　通过绩效管理，管理者可以确保员工的日常工作活动以及工作产出能够与组织的目标保持一致，从而为企业获得竞争优势。绩效管理以目标为导向，管理者与员工就目标与任务要求以及努力方向达成共识，形成利益与责任共同体，共同制定目标并促进组织与个人努力创造高绩效，最终成功地实现目标。绩效管理通过对员工工作绩效的评价和反馈，激发员工的工作热情和创新精神，并通过对绩效信息的分析，帮助员工提出改进措施，制订改进计划，完善职业生涯规划，提高员工的个人工作绩效，从而推动组织实现既定的战略目标。绩效管理把员工的绩效提升到管理层面上，将员工的个人利益和组织的集体利益结合起来，进而实现组织的可持续发展。

　　绩效管理作为一个完整的管理过程，需经过准备、实施、反馈及结果运用四个阶段。绩效考核又称绩效评价、绩效评估，针对的是企业每个员工所承担的工作。它通过应用科学的方法，对员工的工作行为、工作效果及其对企业的贡献或价值进行考核和评价。绩效管理和绩效考核二者既有联系，又有区别。

　　绩效考核是绩效管理的重要组成部分，有效的绩效考核能够支撑整个绩效管理流程的开展。绩效考核有准确的结果，考核结果的应用对企业才会有意义。我们只有通过一系列绩效考核的准备、实施和反馈，才能正确地应用考核结果。同时，绩效考核不仅取决于评估本身，也有赖于整个绩效管理过程的合理安排。

　　绩效管理是事前计划、事中管理、事后考核的封闭系统，而绩效考核是事后考核的结果。显然，绩效管理与绩效考核是两个不同层次的概念，二者的主要区别如表 2-1 所示。

表 2-1　绩效管理与绩效考核的区别

绩效管理	绩效考核
1. 关注未来绩效的提升	1. 反映过去的绩效，侧重对员工的评价
2. 侧重管理者的辅导、员工的参与、彼此间的沟通	2. 侧重于上对下的评估行为
3. 注重评估结果和过程	3. 注重评估结果
4. 属于人力资源管理的程序	4. 属于绩效管理的程序
5. 是一个完整的过程	5. 是绩效管理的环节之一

2.2.2　构建绩效管理体系[①]

绩效管理是一个复杂而繁重的过程，绩效管理作为企业人力资源管理中一项重要的表现形式，对于完善企业的各项工作具有重要意义，所以企业应构建完善的绩效管理体系。在绩效管理体系中，绩效考核则是该体系的关键，我们应该突破传统，将绩效考核做出一系列有利于现今社会发展的变化。

（1）考核指导思想的变化

应由强调考核本身变为强调以管理为中心、以绩效提高为目标。传统考核体系是单纯为考核而考核，将考核仅仅看作是对员工一年来绩效状况的一个评价；而新型绩效管理体系应注重对员工未来的管理，将考核看作是收集绩效信息、帮助员工理解绩效标准、了解目标进展情况和指导其改善以前在工作中的不足之处、取得更好的工作效果的一个途径。这样可以使员工以平和的心态正视个人长短，正确看待个人物质利益，正确理解个人目标和组织目标、个人利益和组织利益之间的关系。

（2）考核方式的变化

应由原来单向的评价变为双向的沟通。绩效考核应由原来的管理者为员工填写一张绩效评价报告单变为管理者与员工相互沟通的一个过程。沟通既能使员工清楚考核标准，准确了解自己的绩效状况，也能使管理者了解组织上大体的运营状况。顺畅的沟通渠道，使员工与管理者之间的沟通内耗降至最低点，形成宽带信息交流空间，避免出现因认知上的差异所带来的冲突。这种沟通不仅注重效果，而且更注重创新，为员工规划出有意义的努力方向，能够有效指导员工取得更大的成就，从而也使人本管理上升到更高层次。

（3）考核频率的变化

应由过去一年一次或一年两次变为经常性的持续过程。增加考核频率可以使绩效考核由过去的单纯绩效回顾转变为不断的信息反馈过程，由以往的亡羊补牢变成现在的未雨绸缪，从评价过去转变为思考未来，因而使管理者和员工能够更为主动地把握机遇，创造出更好的工作绩效。同时，这种持续性的考核显然将成为管理者日常管理和决策工作中不容忽视的组成部分，也成为管理者自身绩效的一个重要考察内容。

（4）考核者的变化

应由单纯的上司评价变为 360 度评价。为保证评价结果的客观、公正，考核者可以适当将员工的上司评价、员工自我评价、员工同事评价和客户评价综合起来考虑，通过多方位的评价角度，从不同侧面对员工做出总体评价。这样的评价结果会相对全面、客观，从而避免出现过去因考核者个人的失误而造成考核失真的现象。不过要注意面对不同的被考核对象，各个评价角度的侧重点也应有所不同。

[①] 康宛竹. 如何从绩效考核走向绩效管理. 中国劳动，2002.2：33.

（5）考核标准的变化

应由原来以工作分析为基础的静态考核变为融入企业战略目标的动态考核。传统考核体系的标准制定是以员工的工作分析为基础的，范围狭小，遗失了一个关乎企业生存和可持续发展的重要因素——企业战略。而以管理为中心的新的绩效考核体系拓宽了标准的设置范围，直接将经营战略与个人绩效联系起来，从而使员工工作与企业存亡之间的关系更加密切，同时也使得企业的管理者能够更加清晰地看到通过考核所带来的员工绩效的提高对于自身绩效和企业目标的积极影响，坚定对组织绩效工作的信心，有助于管理者及时将员工的努力集中于蕴藏巨大竞争优势的战略目标上去，最大程度地实现企业的重要目标。

此外，传统的绩效考核标准是基本固定不变的，它强调考核标准的标准化；而新的绩效管理体系为了使企业适应日益激烈的竞争环境，其标准的设置将会随着竞争环境的变化而变化。一些重要的经营创新、组织变化都可以适时地纳入考核体系中，直接作用于员工这个层面，从而更快地发挥出应有的效力，增强组织的应变能力。

总之，企业员工绩效管理是促使企业最大化地实现其战略目标的重要手段。因此，企业应充分认识到科学的员工绩效管理体系对其自身发展的重要价值，要及时把握企业绩效管理领域的发展动向，掌握先进的企业绩效管理理论和方法，根据企业自身的具体情况，重新审视原有的绩效考核体系，建立新型的符合本企业发展状况的员工绩效管理体系，激发企业员工的工作热情，增强企业自身的应变能力，从而使企业的绩效管理水平上升到人本管理的高度。

2.3 绩效管理的重要作用

2.3.1 绩效管理在人力资源管理中的定位

企业的人力资源管理是一个有机系统，这个系统中的各个环节紧密相连，绩效管理在这个系统中占据核心地位。

1．绩效管理与工作分析

工作分析是绩效管理的重要基础。通过工作分析，企业确定了一个职位的工作职责以及它所应负责的重要工作产出，据此制定这个职位的关键绩效指标，按照这些关键绩效指标确定该职位任职者的绩效标准。

2．绩效管理与薪酬体系

目前比较盛行的制定薪酬体系的原理是 3P 模式，即以职位价值决定薪酬（Pay for Position）、以绩效决定薪酬（Pay for Performance）和以任职者胜任力决定薪酬（Pay for Person）的有机结合。因此绩效是决定薪酬的一个重要因素。职位价值和绩效对于薪酬的影响是有所不同的。通常来说，职位价值决定了薪酬中比较稳定的部分，绩效则决定了薪酬中变化的部分，如绩效工资、奖金。

3．绩效管理与培训开发

由于绩效管理的主要目的是为了了解目前人们绩效状况中的优势和不足，进而改善和提高绩效，因此培训开发是绩效评估之后的重要工作。在绩效评估之后，主管人员往往要根据被评估者的绩效现状，结合被评估者个人发展愿望、职业生涯规划，与被评估者共同制订绩效改进计划和未来发展计划。人力资源部门则根据员工目前绩效中有待改进的方面设计整体的培训开发计划，并帮助主管和员工共同实施培训开发工作。

2.3.2 绩效管理的作用

知识经济时代，随着人力资源战略地位的提升，作为人力资源管理核心的绩效管理将会在企业目标与战略实现的过程中具有更加重要的作用。综合起来，这些作用主要体现在下面几点。

1．提升计划管理的有效性

实践证明，管理没有计划性的企业很难成功，而进行绩效管理的企业，实现自身战略目标的可能性就要大得多。因为绩效管理体制强调：认定合理的目标，通过绩效考核这一制度性要求，使组织上下认真分析每一季度的工作目标并在月末对目标完成结果进行评价，从而加强各级部门和员工工作的计划性，提高公司经营过程的可控性。

有很多人往往是为了工作而工作，每天定时地上班下班，完成领导交代的任务，甚少对自己的工作和组织的发展有更大范围的思考，没有或很少考虑到他们对组织目标的直接贡献。绩效管理则提醒管理人员保持忙碌与达到组织目标并不是一回事。绩效管理的贡献就在于它对组织最终目标的关注，促使组织成员的努力方向从单纯的忙碌向有效的方向转变。绩效管理就是要告诉你，该忙些什么，什么该忙，什么不该忙，不要瞎忙，有些"忙"是不必要的，甚至有些"忙"起不到好作用，还要起坏作用。

2．提高管理者的管理水平

一些管理人员缺乏基本的管理知识和技能，只知道沉迷于具体的业务工作，对于自己所管理的组织没有长远的设想，对于未来也没有足够的把握，这些管理者不知道如何管人，如何发挥部门优势，而绩效管理的制度性要求部门主管必须制定工作计划和目标，必须对员工做出评价，必须与下属充分讨论工作，并帮助下属提高绩效。这一系列的工作本来是每一位管理者应做的事情，但大多数企业没有明确规定下来，淡化了管理者管理企业的责任。绩效管理就是要设计一套制度化的办法来规范每一位管理者的行为。绩效管理体制正是提高管理者水平的一个有效方法。

3．发现企业管理问题

绩效管理是企业中运用最普遍的管理方法，也是企业遇到问题最多的管理主题。企业在实施绩效管理问题时，会遇到许多问题与矛盾，人们会产生一些怀疑或疑问。而这些问题其实一直潜伏在内部，只是没有暴露而已，绩效管理过程中发现了这些问题，恰好说明了绩效管理对于企业是有意义的。问题的暴露和解决，对于企业未来的发展无疑是有利的。

4．绩效管理促进组织和个人绩效的提升

绩效管理通过设定科学合理的组织目标、部门目标和个人目标，为企业员工指明了努力方向。管理者通过绩效辅导沟通及时发现下属工作中存在的问题，给下属提供必要的工作指导和资源支持，下属通过工作态度以及工作方法的改进，保证绩效目标的实现。在企业正常运营的情况下，部门或个人新的目标应超出前一阶段的目标，激励组织和个人进一步提升绩效，经过绩效管理循环，组织和个人的绩效就会得到全面提升。在绩效管理中，组织绩效的提升和员工个人绩效的提升互相联系，互相支持。

5．绩效管理促进管理流程和业务流程的优化

企业管理涉及对人和对事的管理，对人的管理主要是激励约束问题，对事的管理就是流程问题。所谓流程，就是一件事情或者一个业务如何运作，涉及因何而做、由谁来做、如何去做、做完了传递给谁几个方面的问题。上述四个环节的不同安排都会对产出结果有很大的影响，极大地影响着组织的效率。在绩效管理过程中，各级管理者都应从公司整体利益以及工作效率出发，以目标为导向，尽量提高业务处理的效率，同时在上述四个方面不断进行调整优化，使组织运行效率逐渐提高，促进公司管理流程和业务流程的逐步优化。

6．绩效管理保证组织战略目标的实现

企业一般有比较清晰的发展思路和战略规划，有远期发展目标及近期发展目标，可在此基础上根据外部经营环境的预期变化和企业内部条件制订出年度经营计划及投资计划，并进一步制定出企业年度经营目标。企业管理者将公司的年度经营目标向各个部门分解就成为部门的年度业绩目标，各个部门向每个岗位分解核心指标就成为每个岗位的关键业绩指标。所以说好的绩效管理不仅对过去的绩效有着合理的评价，更为企业中的各部门、各单位之后工作计划的制订奠定了基础。

【关键知识点】

扫一扫→绩效管理的概念及运作过程

【启发与思考】

华为的绩效管理发展历程与核心思想[①]

一、华为绩效管理的发展历程

1．人事考核阶段：1996 年年底—1998 年 4 月

将考核作为一个单一的过程，关注行为规范化。

考核内容包括工作态度、能力和业绩三个方面，先在市场部进行试点。

目的在于强化管理意识，推动管理观念的普及，进而提高管理水平。

早期华为的人事考核采用的是"德勤能绩"的粗线条考核方式，未针对每个岗位设计相应的考核指标，也未要求被考核者必须进行沟通、承诺。华为当期更多的是运用企业文化来进行团队和员工管理，因此考核仅仅起到补充的作用。

随着组织规模的不断扩张和人员的增加，单纯地靠企业文化已经无法管理一个庞大的组织。

2．绩效考核阶段：1998 年 4 月—2001 年

将考核作为绩效评价的工具。

考核内容以绩效为中心。

目的在于强化成果导向，推动员工务实、作实，不断提高工作水平。

在绩效考核阶段，华为逐步提出了 KPI（关键绩效指标）的概念，针对岗位的具体职责来量化目标，将目标阶段化，形成对岗位评价的基础。总部机关尝试拟制各岗位的 KPI 指标和模板，驻外办事处按照模板微调后使用。

3．绩效管理阶段：2002 年至今

将考核作为目标导向，考核是一个管理过程。

增加了跨部门团队考核的新内容。

---

① 资料来源见网站搜狐：财经专栏——《华为的绩效管理发展历程与核心思想》。

推动员工在目标指引下自我管理，形成自我激励和约束机制，不断提高工作效率。

随着公司规模的进一步扩大，华为对未来的考虑越来越多，战略层面的考量需要落实到具体的岗位。因此，华为的考核开始运用平衡计分卡，包括财务指标、客户指标、内部运营指标和学习与发展指标。考核不仅面对当前，也面向未来；不仅面对结果，也面向过程。

随着与IBM的深入合作，华为学习了IBM顾问的考评工具并进行了优化，适时推出了PBC（Personal Business Commitment），即个人业务承诺。从最初的目标设置到过程的执行监控、结果的运用、能力的提升、重点工作的布局等多个方面保障绩效能够被有效管理。从华为绩效管理的发展历程来看，华为的考核正在不断优化、不断修正管理中的问题，从而形成了一种有利于华为发展的自适应体系。

二、华为绩效管理思想

在多次的价值观的碰撞下，华为绩效管理思想也越来越清晰和明确。《华为公司基本法》中就华为员工考评体系的建立依据做出了下述假设。

华为绝大多数员工是愿意负责和愿意合作的，是高度自尊和有强烈成就欲望的。

金无足赤，人无完人；优点突出的人往往缺点也很明显。

工作态度和工作能力应当体现在工作绩效的改进上。

失败铺就成功，但重犯同样的错误是不可原谅的。

员工未能达到考评标准要求，管理者也有责任。

经过了若干年，绩效管理思想得到不断发展和完善。如今，华为的绩效管理不仅是常规意义上的考核，确切来说，华为绩效管理的过程就是企业管理的过程，也是人力资源管理的过程。华为绩效管理从以下六个方面体现了其管理思想，这也是与其他企业在绩效管理上的本质差别。

1. 业务/岗位梳理

华为的考核实际上是一种对业务、岗位的梳理和定位的过程。在目标设定阶段要求被考核者主动思考，理清部门或自己岗位对组织的独特价值，这种思考不仅有助于战略的落地和高层目标的分解，也有助于被考核者对未来的时间和精力进行有针对性的分配。管理者和考核者还需要思考：部门或个人需要什么样的资源组合才能完成部门目标。被考核者在对自身的定位、周边的协调能力、个人的承诺、过程的资源调度、能力分析、风险控制进行全面的思考之后，最后落实到了PBC（个人绩效承诺）上。

2. 管理沟通

华为的绩效考核模式要求被考核者与管理者需要通过不断沟通、与周边部门协调来完成自身工作。双方对考核过程和结果都极其在意，因为考核一方面是评估现在，另一方面也是在考量未来。

首先，考核双方如何针对目标结果达成共识，就需要进行不止一次的沟通。这个过程也促使双方都重新审视：考核的目标是否体现了其独特的价值贡献？组织与个人的目标是否契合？其能力是否得到了有效的发挥？完成这些工作的能力是否达标？资源是否能够支撑员工有效完成工作？

其次，日常月底会议、周例会以及项目关键节点，双方都会坐下来审视目标的完成情况，并积极解决工作中出现的问题。

最后，在考核以及结果反馈时，双方还需要继续进行多次沟通。整个绩效考核过程体现了岗位之间的互动沟通、考核者与被考核者之间的博弈。全面沟通保证了双方能够针对考核过程有一个全面回顾，避免感情用事，也促使被考核者被动地进行反思。

考核过程中出现沟通不足、考核者对考核不重视、阶段结果与上级岗位的要求不匹配、被考核者没有得到足够的支持、工作博弈不能有效控制等，任何一个问题都有可能导致考核失败，甚至起到反作用。而其中最可能影响考核结果的还是考核者本身。无论是沟通技能、监控手段，还是对人的能力的把握、培养下属的方法、对自身好恶的管理等，都会最终影响到考核的公平公正。一旦如此，考核的结果也就难以支撑工作的顺利开展，对执行力的作用也就不复存在。这也是华为一直在优化考核过程、不断进行考核者培训的一个原因。

如果双方不能就考核结果达成一致，被考核者有权利投诉。如果双方中的任何一方不注重沟通过程，最终绩效目标的偏移会给双方都带来负面的评价和影响。

3. 工作监控

华为的绩效考核在考核员工的同时还要求管理者对下属的具体工作给予指导和监督。在审视下属的 PBC 及工作计划时，管理者会强调其工作步骤设计是否能有效支撑其目标的达成。

在考核周期里，管理者要根据被考核者承诺中的重点工作举措来设立监控点，在监控点检查重点工作举措是否执行到位、有无风险、能否按期完成等，如果发现存在问题，必须及时纠正。必要时，管理者甚至可以通过调整资源配置、改变组织目标等手段完成对过程的管控。管控时间点可以是日报、周总结与计划、月总结与计划、重点项目日报/周报/月报、项目节点专项汇报。

当然，工作监控不仅针对被考核者，同时也针对管理者。如果管理者无法通过监控来引导被考核者达成目标，那么不管承认与否，对考核者来说也是一种失败。

4. 能力发展

随着 PBC 的演变，华为绩效管理中新增了一项关键内容，那就是个人能力的提升。其管理思想是，要发出期望的行为、履行工作过程并创造业绩，员工必须具备相应的能力。员工对自己能力的分析，是自我认知和自我评价，向上级传递能力缺口的同时也是在向上级要求支持、要求培养。如果能够利用好这一部分，那么被考核者就能够充分得到上级的工作支持和资源倾斜。这种考核方式要求主管必须加强对员工的培养，必须抽出一部分精力来关注员工的发展，对被考核者的不足，必须给出自己的建议和指导。因此，每个被考核者也能够不断得到培训和指导。

5. 团队协作

绝大部分员工的考核指标中都有 5%～10%，甚至更高的团队协作指标，这就要求员工必须与周边部门合作。被考核员工的行为和绩效，受到上级部门、周边部门的监控，他们的监控来源于各个部门不同的利益诉求。这个过程既体现了华为文化中的团队合作，也带来了团队的竞争和互相督促的氛围，打通了跨部门的流程并降低了管理风险。

6. 管理者发展

管理者自身的能力一直是华为人力资源体系关注的重点，因此每次考核开始和结果运用时，人力资源部都会不厌其烦地提醒各级主管要沟通、要就考核结果与被考核者达成一致等。同时，在整个考核过程中，华为还有针对主管的相应课程和培训，以确保主管对这些考核精神的理解和执行。

华为对考核结果的运用力度很大，这就要求考核双方都要慎重，不能互拍脑袋。考核结果的运用不仅针对近期的收益（岗位调整、奖金发放和股票配置），还与员工之后的职业生涯与考核有不可分割的关系。

如果一个主管对部门员工的评价有失偏颇，必然给组织气氛造成很大的负面影响，甚至给自己部门的工作绩效带来麻烦，所以主管做出考评结论前必须充分考虑。绩效考核和评价实际上也是在考核管理者的管理能力，如果管理者不能有效管理部门的绩效，管理者可能会面临诸多问题，也有可能因此而影响自己的职业发展。

案例思考题：

请您用现代绩效管理的思想对华为绩效管理的发展进行评价，并指出华为绩效管理为什么优于绩效考核？

【思考练习题】

1. 绩效考核为什么总是"出力不讨好"？
2. 绩效考核的局限性主要表现在哪些方面？
3. 如何理解绩效管理和绩效考核的联系和区别？
4. 为什么绩效考核必须过渡到绩效管理？
5. 在实践中从绩效考核过渡到绩效管理可能吗？
6. 为什么说绩效管理越来越具有战略意义？

【模拟训练题】

***软件公司研发人员绩效考核方案

1. 总则

1.1 绩效考核的目的是通过对既定考核指标的评定，发现和评价员工在考核周期内工作中存在的成绩与不足，督促员工积极进步，实现员工与企业共同发展的目标。

1.2 以客观事实为依据

1.3 以考核制度规定的内容、程序与方法为准绳

1.4 考核力求公平、公正

1.5 此制度适用于公司研发人员

2. 绩效考核的职责与权限

2.1 考核部门的职责与权限

2.1.1 人力资源部是考核工作的组织者和指导者，负责制定有关绩效考核的原则、方针和政策；拟订考核制度和考核工作计划；组织和协调各部门的考核工作；设计符合研发岗位特点的考核办法。

2.1.2 各适用部门是绩效考核办法的执行者。

2.1.3 直接上司是其下级的主要考核者；考核者针对员工绩效考绩表所列内容对被考核者逐项评定，考核结束后，考核者必须让被考核者了解到工作中取得的成绩与存在的不足。

2.1.4 下级对上司的考核拥有申诉权，如个人认为考评结果不公平，可向公司人力资源部反映。

2.2 考核者与被考核者的职责与权限

2.2.1 考核者代表公司，按照既定的统一的评定标准，公平、公正地考评下级。考核者要准确地把握考核规则和考核尺度，杜绝主观因素的影响。

2.2.2 被考核者应明确自己的工作职责和考评的评判标准，对自己的工作有一个客观的评价，并有向公司综合部申述的权利。

3. 绩效考核内容

研发人员绩效考核内容分为工作任务、工作质量、工作效率、工作态度、规章制度、奖励

机制和惩罚措施七个部分，按照不同工作岗位设置不同的考核指标，并作为评判标准。

4. 绩效考核细则

4.1 公司的绩效考核采用月考核制，员工应于每月 3 日前提交个人当月月度工作计划表，并以此作为本月考核中工作任务的依据。（见表 2-2）

表 2-2　月度工作计划表

姓名		部门		年月	
序号	工作任务			计划完成时间	
1					
2					
3					
4					
5					

4.2 每月 3 日前，员工对上月工作完成自评并将绩效考核表提交至部门负责人处；每月 7 日前各部门负责人将评分后的绩效考核表反馈到综合部，并进行当月绩效面谈与沟通。

4.3 绩效考核办法

4.3.1 绩效考核采取个人考核与部门考核相挂钩的原则，即个人最终考核得分=个人分数×部门系数×公司绩效系数。

4.3.2 被考核者的个人分数实行个人先进行自我评定，再由考核者评定得出的原则，以考核者得出分数为准。

4.3.3 部门考核系数依据部门人员主动加班工作时长进行判定。对研发各部门的考核周期内的员工平均主动加班时长进行评比，一个考核周期内，部门员工主动加班时间平均值最大的部门，当月考核系数为 1.1；部门员工主动加班时间平均值最小的部门，当月考核系数为 0.9，居中部门的考核系数为 1.0。

4.3.4 公司绩效系数分为 1.0、0.8、0.6 和 0 四个等级。即绩效工资比例分为 100%、80%、60%和 0 四个执行等级，依据不同得分等级进行分别处理。

4.3.5 员工考勤的规定

a）员工一个月内出现迟到、早退累计达 2（含 2 次）次以上，月考核时不得评为"优秀"等级；迟到、早退累计达 4 次（含 4 次）以上，月考核时不得评为"良好"及以上等级；迟到、早退累计达 6 次（含 6 次）以上，绩效比例按照"较差"等级执行；迟到、早退累计达 8 次（含 8 次）以上，绩效比例按照"差"等级执行。

b）员工一个月内请事假累计在 1 天（含 1 天）以上不满 2 天，月考核时不得评为"优秀"等级，请事假累计在 2 天（含 2 天）以上不满 3 天，月考核时不得评为"良好"及以上等级；请事假累计在 3 天（含 3 天）以上不满 5 天，绩效比例按照"较差"等级执行；请事假累计在 5 天（含 5 天）以上，绩效比例按照"差"等级执行。

c）员工请病假，可依据病假证明（包括县级以上医院开具的请假单、在社区医院就医的证明等），按照实际天数计算绩效比例。员工在一个月内出现病假 3 天（不含 3 天）以上不满 7 天（含 7 天）的，月考核时不得评为"优秀"等级；病假在 7 天（不含 7 天）以上的，月考核时不得评为"合格"及以上等级。

d）员工出现旷工情况，取消当月绩效工资。

4.4 绩效工资和考评结果挂钩（见表 2-3）

表 2-3 个人绩效评分与绩效工资计算表

个人得分	得分等级	绩效计算方法
116～130	优秀	个人分数×部门系数×1.0
101～115	良好	个人分数×部门系数×1.0
86～100	合格	100 分×部门系数×1.0
76～85	一般	个人分数×部门系数×1.0
61～75	较差	个人分数×部门系数×0.8
51～60	差	个人分数×部门系数×0.6
0～50	劣	0

4.5 绩效考核奖惩

4.5.1 各考核部门当月绩效评分排名第一的员工奖励 300 元；排名第二的员工奖励 200 元；排名第三的员工奖励 100 元。

4.5.2 如一名员工在一个自然年度内出现第三次在该部门绩效评分排名第一，则附加奖励 500 元；出现第三次"优秀"等级，附加奖励 300 元；此奖励不可叠加，奖励后次数重新累计。

4.5.3 若一名员工连续三个月的绩效评分等级均有提升，则在第三个月奖励 300 元进步奖；若一名员工连续三个月绩效评分等级下降，则在第三个月核减 200 元。

4.5.4 考核部门内当月绩效评分排名末位的员工，绩效工资核减 200 元；排名倒数第二位的员工绩效工资核减 100 元。如一名员工连续三次排名部门末位，立刻执行下调岗位等级、下调薪酬等级处理。

4.5.5 员工在一个考核年度内出现第三次"一般"及以下等级，当月绩效工资核减 100 元；核减绩效工资后，每再出现一次"一般"及以下等级，核减当月绩效工资 100 元。

4.5.6 员工在一个考核年度内出现第三次"较差"及以下等级，立刻执行下调岗位等级、下调薪酬等级处理，处理后再出现"较差"及以下等级，立即解除劳动合同。

4.5.7 员工从入职日起，只要出现第二次"劣"等级，立即解除劳动合同。

4.5.8 部门奖励。被考核部门在一个自然年度内连续三次被评为部门评比第一，奖励 1 000 元奖金；被考核部门在一个自然年度内连续三次被评为部门评比最后一名，扣罚 800 元奖金，从被考核部门员工个人绩效部分平均核减。

5. 绩效工资设定

5.1 员工现岗位工资小于等于 3 500 元的，绩效工资核定为岗位工资的 20%。

5.2 员工现岗位工资大于 3 500 元小于等于 7 000 元的，绩效工资核定为岗位工资的 30%。

5.3 员工现岗位工资大于 7 000 元的，绩效工资核定为岗位工资的 40%。

5.4 绩效工资按百分制对应实际绩效工资。

6. 附则

6.1 本制度由人力资源部负责解释。

6.2 本制度自公布之日起试行。

请你按照现代绩效管理理念对上述绩效考核方案进行优化。

【情景仿真题】

A 餐饮管理有限公司以诚信为本、顾客至上的宗旨，为食品行业提供了众多优质方便的服务。本着专业、诚信、创新、追求永续经营的原则，多年来深受广大客户的信任及支持。

公司现在需要制定一个针对公司基层员工的考核制度，请你根据现代绩效管理理念，完成以下基层人员的绩效考核制度（见表2-4）。

表 2-4 基层人员的绩效考核制度

制度	基层人员绩效考核制度		受控状态	
			编号	
执行部门		监督部门	考证部门	

第1章 总则

（主要包括考核的目的、适用对象、考核原则、考核实施部门）

第2章 绩效考核内容

（主要从工作成绩、工作能力、工作态度三个方面阐述）

第3章 绩效考核实施

......

第4章 绩效考核面谈

......

第5章 考核结果划分

......

第6章 考核用途

......

第7章 附则

......

编制日期		审核日期		批准日期	
修改标记		修改处数		修改日期	

第二部分

绩效管理体系

第3章　绩效管理系统

学习目标

1. 掌握绩效管理的基本构成；
2. 了解绩效管理制度内涵及其内容；
3. 了解绩效管理的地位和作用；
4. 掌握绩效管理的基本流程。

本章重点解析

引导案例

A公司中高层管理者述职评价管理规定[①]

1. 目的

强化中高层管理者的责任和目标意识、关注组织绩效，促使中高层管理者在实际工作中不断改进管理行为，促进员工和部门持续的绩效改进。

中高层述职管理是公司绩效管理体系的有机组成部分。公司通过述职评价管理深化中高层管理者绩效管理理念，提升公司及各级部门的组织运作绩效；通过述职进行工作检讨，明确工作重点，及时发现短板和管理瓶颈。

强化部门间的协作关系，使各部门及其管理者为实现公司或上级部门的总体目标责任和共同利益而积极协作。

2. 原则

以责任结果为导向，关注最终结果目标的达成；

坚持实事求是的原则，注重具体实例，强调以数据和事实说话。

坚持考评结合原则，面向未来绩效的提高。

3. 适用范围

适用于中高层管理干部。

4. 述职类型

常规述职：公司各一级部门主管（含主持工作的副职）以上职位的述职周期原则为每半年一次；述职者对照考核评价期初制定的绩效目标要求进行工作述职，并明确工作目标。

调职述职：遇到工作变动，述职者在赴任新职前对上一岗位制定的绩效目标进行工作述职，并明确下一岗位的责任目标。

临时述职：有其他需要时，直接上级也可要求述职者临时述职。

5. 述职内容

对中高层管理者的考核主要是依据战略目标而设定的 KPI 考核，基本内容有：期初承诺目

---

① 杜映梅，绩效管理. 北京：中国发展出版社，2011：290.

标或 KPI；本期工作中遇到的问题及改进策略；直接上级要求汇报的其他工作。

6. 述职评议会

各部门科级以上（含）主管的述职，由各部门主管（含基地各部门、驻外销售部门、财务部门、品管部门）根据业务需求，在人力资源部门的指导下，依据本部门相关要求在公司级述职之前完成内部述职。述职采用述职评议会的形式进行，述职者对考核期内工作情况按照述职模板的要求进行全面述职。述职评议会由考核责任者主持，根据工作需要，按述职关系相关要求确定参加人。

述职会上，评议人填写《中高层管理者述职评议表（评议人用表）》，根据述职者所在部门业务情况，提出评议意见，主要包括工作改进点、部门协作情况、部门间主要接口关系及需要的支持等。

述职会后，述职考核责任人依据其绩效承诺实际完成情况和述职会的评议，填写《中高层管理者述职评议表》（见表 3-1），对被考核者做出评价。

表 3-1　中高层管理者述职评议表

姓名			部门			职位	
本部门经营策略重点							
计划完成情况	关键绩效指标及衡量标准		实际完成情况		完成方式或未完成原因		
	计划调整						
管理改进	项目		本期计划改进		基于事实和数据的完成情况		
	部门目标管理与促进企业决策						
	文化与团队建设						
	流程管理与部门协作						
	员工辅导与培养						
绩效改进	绩效改善情况自述						
自评	□杰出　　□良好　　□满意　　□合格　　□有待改进						
被评价者签名			日期				
评价小组评价	以评价标准为依据，对照工作结果与预期目标做评价，适当考虑责任难度。						
	□杰出　　□良好　　□满意　　□合格　　□有待改进						
评价小组组长签名			日期				

对述职人的评议结果，由考核责任人结合评议人的评议给出考核结果，当考核责任人与考核复核人不为同一人时，权重划分是：考核责任人 70%，考核复核人 30%。

7. 述职结果

述职评定等级是根据其部门及个人的绩效承诺完成情况，结合管理措施开展的效果和其他述职项进行评定。比例控制应按照正态分布；述职结果将作为管理者年度综合绩效的主要内容之一，管理者年度综合绩效确定办法参见公司《绩效管理制度》（略）。

讨论：A 公司上述绩效考核制度存在哪些需要改进的地方？

绩效管理是一个完整的系统。绩效管理系统的设计是在企业经营管理战略和目标的指导下，在特定的绩效管理制度的基础上开展的。

现在许多企业，把绩效管理定位为绩效考核，就是为了分配而进行管理，绩效管理制度基本等同于奖金分配制度，这种定位的错误严重影响了人力资源管理职能的发挥，要充分发挥人力资源管理系统的应有作用，就必须重新定位——绩效管理制度应同分配制度分离开来，以任职资格为基础，通过目标进行全员评价，再通过薪酬制度、岗位轮换制度、培训教育制度、职业生涯规划对员工进行有效的激励，变单一考核为融合目标设定、绩效沟通、绩效改进的正面引导，不断提高员工绩效和公司绩效。

3.1 绩效管理的基本流程

3.1.1 绩效管理内涵及特征

目前，许多企业实行绩效管理，人们过多地将注意力集中在对绩效的考核或评估上，想方设法地希望设计出公正、合理的评估方式，并希望依据评估结果做出一些决策。其实，这是由众多企业对绩效管理认识的片面性造成的。绩效考核是否能够得到预期的期望取决于许多前提条件。企业只看到了绩效考核或评估，而忽视针对绩效管理全过程的把握，会导致人力资源管理中严重的不良后果，最终使考核流于形式。

绩效管理是对人力资源管理绩效实现过程中各要素的管理，是基于企业战略和人力资源战略基础之上的一种管理活动，它通过对企业战略的建立、目标分解、业绩评价，将绩效成果用于企业人力资源管理活动中，以激励员工业绩持续改进并最终实现组织战略及目标。可以说，绩效管理是一系列以员工为中心的干预活动，其目的在于用更有效的绩效管理系统替代传统的、单一的绩效考核。从制订绩效计划到对绩效进行考核和辅导，整个绩效管理系统更加强调基于绩效目标的员工行为管理和组织的可持续发展。因此，绩效管理是企业进行有效人力资源管理诸环节中不可或缺的一环，它能有效激发员工的潜能和聪明才智，最终实现员工的未来发展与提升组织绩效的一致性。

绩效管理的基本特征是：第一，基于战略的绩效管理强调绩效管理在宣扬企业战略方面的意义，注重部门与员工的绩效与企业战略的结合；第二，基于战略的绩效管理强调以人为中心，兼顾结果目标和行为目标，注重企业与员工的持续沟通；第三，基于战略的绩效管理强调企业的未来，注重对"绩效链"的业务流程进行事中、事前控制；第四，基于战略的绩效管理强调协作配合，注重对部门、团队间横向合作的支持与鼓励。基于战略人力资源管理的绩效管理是通过企业与员工建立共同的愿景，将企业战略分解到部门与员工，由企业与员工共同制订员工的绩效计划，并在执行中对存在的问题进行持续有效的沟通、评价与修订，最终达到企业与员工双赢的目的。

3.1.2 实施绩效管理的一般流程

绩效考核不是一项孤立的工作，它是完整的绩效管理过程的一个环节。完整的绩效管理循环包括以下五大点：绩效计划、绩效辅导、绩效考核与处理、绩效反馈与申诉、绩效考核结果应用，如表 3-2 所示。

表 3-2　绩效管理基本流程

单位名称	人力资源部	流程名称		绩效管理工作流程图
任务概要		绩效管理的各项工作		
部门	总经理　　人力资源部长　　人力资源部　　考核单位　　被考核人			

绩效管理启动
绩效诊断
绩效诊断报告
审核 ←Y← 审核 ←　　　　N　　N→ 修订报告
Y→ 制订绩效计划 **绩效计划**
审核 ←Y← 审核 ←　　　　N　　N→ 绩效改进
Y→ 细分部门目标 → 细分个人目标
确定绩效考核指标 考核基准书 ← 初步确定考核指标 ⇄ 意见反馈
审核 ←Y← 审核 ←　　　　N　　N→ 考核指标修订
Y→ 下达绩效考核任务
部门绩效沟通与绩效辅助 → **绩效辅导**
绩效考核与处理
绩效反馈与申诉 ⇄ 意见反馈
审核 ←Y← 审核 ← 绩效考核报告 ← 形成绩效考核结果
N　　N→ 修改意见
Y→ 绩效考核报告 → **绩效考核结果应用**
绩效辅助改善
结束

公司名称		共　　页　　第　　页		
编制单位		签发人		签发日期

1．绩效计划

绩效管理循环的起点是绩效计划，是考核者与被考核者双方在考核周期开始之前就后者应实现的工作绩效进行沟通并将沟通的结果落实为正式协议的过程，确定绩效计划后考核者和被考核者签订《目标责任书》。考核者通过下发考核指标讨论的通知，根据上级下达的任务指标以及当前重点工作计划，选取企业指标并分配权重。各部门负责人根据部门当前重点工作计划，选取部门指标并分配权重，然后汇总各部门《指标选择表》，填写《绩效指标目标值讨论表》。通过汇总，部门直接上级与各部门讨论目标值设定，整理上述《绩效指标目标值讨论表》，填写《目标责任书》，最后由总经理与各部门签订《目标责任书》。

根据调查，战略目标制定之后，只有10%的企业能够按计划实施，而90%则是最终不了了之。对个人来说，传统的绩效目标设定是根据岗位职责制定的，有可能每个人岗位职责都完成得很好，但是和公司目标没有什么关系，整体战略没有完成。这就造成了脱节，正确的做法不是从下到上累加，而应当是个人绩效目标从公司战略纵向分解下来。从战略分解的高度来看，人力资源部门显然力量不足，一定要有公司高层的介入，才能够实现跨部门的推动。

企业提出的下一年目标，如提高客户满意度、提高管理能力等，给员工的感觉大多比较抽象，没有为他们的工作提供明确界定，导致了实施上的困难。联想集团在这方面的做法值得借鉴。联想每年都举行公司战略制定会议和分解会议，这个会议不是一般的纸上谈兵，而是从高层到事业部，从事业部到具体的运营部门，从部门主管到员工的沟通和教育会议。会议的结果，就是使公司的战略目标深入到每位员工的心里，使他们明白要做什么，做到什么程度。

通过逐层分解，每位员工都会得到量身定做的几项关键绩效指标，也就是KPI。不同的KPI驱动着不同的行为方式，权重的设定也决定着员工的工作方向是否能和公司战略方向保持一致。

2．绩效辅导

绩效辅导是在考核周期中为使下属或下属部门达成绩效目标而在考核过程中进行的辅导，并形成《绩效目标月度回顾表》。绩效辅导是辅导员工共同达成目标/计划的过程，可分为工作辅导和月度回顾。

所有的经理人都必须为自己的下属辅导，帮助他们提高绩效。而这一环，正是目前企业管理者最为欠缺的部分。动态的绩效管理，需要整个流程的跟踪，而很多经理人难以坚持，工作一忙就扔到一边，更不要谈开辅导会议来和员工沟通了。因此，企业的绩效管理在这个环节容易走入多个误区，具体如下。

一是持续性沟通不足，在员工中很难推行。企业往往建立了一套复杂精确的系统，但员工并不了解其用意，为什么要用这几个指标来衡量自己。具体员工的目标制定，一定需要直接主管的沟通和辅导；而不定期地对目标进行回顾、反馈和调整更是需要双方共同来完成。动态绩效管理注重的是，管理者和员工不是"考"和"被考"的关系，而是一起设计未来，让员工参与进来，承诺把自己的工作做好。当员工认识到绩效管理是一种帮助而不是责备的过程时，他们才会合作和坦诚相处。

二是中高层管理者的参与感和管理水平不够，认为这仅仅是人力资源部门或咨询顾问做的事。事实上，咨询顾问只能够在体系建立和关键指标设计方面提供帮助；人力资源部既不可能了解整个公司几百、几千人的绩效目标，也无权监督各部门的实行情况。很多经理人认为建立一套系统就可以了，只是把绩效管理看成简单的考核。没有管理过程，绩效管理肯定会失败。如果公司的高层领导自己不能以身作则做好部门经理的绩效管理，对基层的工作自然也不会重视，结果变成绩效考核只针对基层员工，而不涉及经理层，这往往是造成绩效管理失败的硬伤。

三是不重视管理信息数据的收集，特别是过程和战略指标的数据无法顺利获得。数据缺乏，管理就无法进行，形成了一个恶性循环。规模较大的企业最好建立记录和收集数据的IT系统，否则手工操作的跟踪工作量很大。但是系统只是一个平台，管理人员利用平台进行管理的意识和能力才是最重要的。

3．绩效考核与处理

绩效考核与处理是在考核周期结束后，对实际绩效与计划绩效间差异的正式评估，进而形成《述职报告书》，并对考核结果进行强制比例分布处理。绩效数据的收集和统计是进行绩效评估的第一步，被考核者对上一季度的经营情况进行述职，接受质询、提出问题并寻求支持和帮助，然后考核者开展民主评议和综合评议工作，最后计算各部门、岗位的考核得分。考核得分要进行相应处理，由考核者进行强制比例分布并转换成考核系数。

传统的考核，定同一个标杆来衡量每个人，按得分高低相互比较分出优劣；而绩效管理则是为每个人度身定做，所有人都是和自己的目标比较，看完成情况如何。有些企业在观念上没有转变，既制定了绩效管理目标，又要做横向比较，强制分布甚至末位淘汰，这在与员工的沟通中就很难自圆其说。比如，某员工完成了自己的销售指标，但是别人超额完成了更多，并不意味着他就要在排名中靠后。如果一定要搞末位淘汰制，员工可能为了保住自己，而想方设法让一个同事最落后，而不是自己努力提高。这显然不能达到企业促进绩效提升的目的。

4．绩效反馈与申诉

绩效反馈与申述是在考核周期结束后，对实际绩效与计划绩效间差异的正式评估，目的在于探寻如何改进和提高今后的绩效，并形成《绩效面谈记录表》和《绩效申诉记录表》。绩效面谈过程中双方通过充分沟通，上级帮助下级分析问题、克服困难、不断提高，当被考核人对自己的考核结果表示异议时，可以向薪酬考核委员会提出申诉。

5．绩效考核结果应用

绩效考核结果应用是在绩效评估后，将考核结果处理与分级。考核结果主要应用于以下几个方面：作为提出工作改进意见的依据；作为工资晋级和绩效奖金的依据；作为其他形式奖励的依据，如特别奖、福利、期权，等等；作为晋升、降职、异动和淘汰等的依据；作为管理者职业发展的依据，即根据其业绩表现，综合其能力、潜力进行相应的培养、发展、使用，等等。

3.2　绩效管理制度

绩效管理制度是保障绩效管理顺利实施、降低绩效管理中的不确定性和风险的必要手段，一个完整的绩效管理制度应该包括绩效管理的宗旨和目的、绩效管理的原则、绩效管理的组织和领导、绩效管理执行关系、绩效考核周期、绩效考核内容、绩效管理的程序与步骤流程、绩效考核结果的要求和运用、绩效考核申述等内容[①]。

3.2.1　绩效管理制度的内容[②]

一般而言，公司的绩效管理制度应由总则、正文和附则等组成。

1．总则

总则概括说明建立绩效管理制度的原因、绩效管理的地位和作用，即在企业单位中加强绩

---

① 颜世富. 绩效管理. 北京：机械工业出版社，2014：286.
② 林新奇. 绩效考核与管理. 北京：清华大学出版社，2015：233.

效管理的重要性和必要性。

它对绩效管理的组织机构设置、职责范围、业务分工，以及各级参与绩效管理活动的人员的责任、权限、义务都要求做出具体的规定。

它明确规定绩效管理的目标、程序和步骤，以及具体实施过程中应当遵守的基本原则和具体的要求。

2．正文

正文对各类人员绩效考评的方法、设计依据、基本原理、考评指标和标准体系做出简要确切的解释和说明。

它详细规定绩效考评的类别、层次和考评期限（何时提出计划，何时确定计划，何时开始实施，何时具体考评，何时面谈反馈，何时上报结果等）。

它对绩效考评结果的应用原则和要求，以及与之配套的薪酬奖励、人事调整、晋升培训等规章制度的贯彻实施和相关政策的兑现办法做出明确规定。对各个职能和业务部门绩效考核结果进行反馈与面谈，对绩效管理总结做出原则规定。

3．附则

附则对绩效考评中员工申诉的权利、具体程序和管理办法做出明确详细的规定。

附则对绩效管理制度的解释、实施和修改等其他有关问题做出必要的说明。

3.2.2　制定绩效管理制度的基本原则与规范

在进行绩效管理制度设计之前，设计者应注意以下几个方面。

1．绩效管理制度应建立分部门、分类别、分层次考核的设计思路

企业是由市场部、研发部、人事部、采购部、生产部等不同部门组成的，各部门由策划师、销售顾问、经理等不同的人员类别组成。即使是同类别人员又分为不同的层级，如助理工程师、工程师和高级工程师。不同的部门、不同的员工类别和员工层次所处的环境和被赋予的职权是不同的，所以其绩效考核指标是不相同的，对应使用的考核方法与要求也会有所差异。

2．绩效考核制度应具有明确的设计目的

从组织的角度来讲，绩效管理制度是企业战略和有效管理落地的制度基础，是构建和强化企业制度文化的工具之一，是企业价值分配的制度依据。

从组织管理者的角度来讲，绩效管理制度是实施员工绩效管理的行动指南，是完善员工薪酬机制、激励机制、培训和开发机制的依据之一。

从员工的角度来讲，绩效管理制度是员工自我实现的制度保障，是员工进行自我管理、自我激励的有效手段。

3．绩效考核制度设计的原则

（1）差别原则

针对不同部门、不同层级人员进行考核时，所采用的考核方法、考核内容、考核周期、考核目的、考核反馈、考核改进和考核结果的应用等方面的内容是不同的。考评者在设计考核制度时，应根据考核对象的性质而有所差异。

（2）客观公平原则[①]

员工的实际工作表现和职务说明书中对工作内容的描述是绩效评价的依据，无论用什么方

[①] 颜世富. 绩效管理. 北京：机械工业出版社，2014：286.

法进行绩效评价，都要以此为客观依据，对被考评者实事求是地做出评价。同时，考评者应在考评中一视同仁，避免人为因素使绩效评价结果与员工的实际工作绩效有较大的差距，影响绩效评价结果的可信度。为此，企业要建立科学适用的考评指标体系和考评标准，应尽量采用客观公正的尺度，尽量使用绝对考评方法。

（3）实用性原则

企业在制定绩效管理制度时，应充分考虑企业人力资源管理的水平及企业的经营特点和行业特点，还需考虑绩效管理方案制定和实施所需的人力、财力和物力，以及考评工具和方法是否适合员工的素质特点。

（4）全面原则

绩效评价的结果是为了提高员工的工作绩效，所以在绩效评价要素的选择方面，所选要素应尽量能够概括所需绩效评价工作岗位的工作内容和评判任职者的素质要求是否符合岗位的要求。在时间的选取上和在绩效事件的选取上都要把握全面的原则，只有对员工进行全面的评价，才能准确地对员工的绩效进行衡量，才能提高绩效评价的效度。在现代企业中实行的考评方法，基本上都是多层次、多渠道、全方位的考评。

（5）相对稳定原则

绩效评价的要素和绩效评价方法及绩效评价的频度一旦制定出来，就要保持其在一定的时段内实施的持续性。朝令夕改，员工没有归属感，不利于长久地激励员工，更不利于组织的稳定性。所以，在制定绩效评价方案以前，企业应进行充分的调查和详细的设计，并请专家进行论证，以保证实施的有效性。但这并不意味着绩效评价的内容和方法是一成不变的。随着科学技术的发展，生产方式的变化，工作内容也在变化，相应的绩效评价内容和方法也在变化，企业必须及时地丰富、完善及改进现有的绩效评价方式以适应实际情况的变化，才能使绩效评价系统持续地良性循环，稳定地提高员工的绩效。

3.2.3　绩效管理制度的编写

绩效管理制度是公司绩效管理的指导性文件，在拟订起草时，一定要从公司的实际情况出发，充分考虑公司的基础管理水平和员工的素质水平，不能脱离实际。

目前，公司的绩效管理制度，根据实际情况的不同，出自不同的人之手，有些是由公司人力资源部门的专业人员起草的，有的则是由外聘的管理咨询专家设计的。必须强调的是，无论绩效管理制度出自哪家，其框架和范围应该是大体一致的。当然，一项成功的绩效管理制度是不可能一蹴而就的，需要经过不断的实践和不断的探索，总结经验教训，扬长避短。同时，随着公司的发展和环境的变化，公司的管理水平不断提高，人员素质不断提升，公司应该定期或不定期地对绩效管理制度进行适当的补充和修订。

一般而言，编写绩效管理制度需经过以下几个阶段[①]。

1．调查与评估阶段

在这个阶段，需要组成绩效管理制度编撰委员会，委员会的人员构成由各个公司视自己的情况而定。委员会通过问卷调查、个人访谈、团队访谈等各种手段，收集有关公司、员工素质和管理水平的一些数据，并整理分析，在此基础上，评估公司现阶段的基础管理水平和员工素质，以及公司原有的绩效管理制度，找出问题的症结所在。

① 林新奇. 绩效考核与管理. 北京：清华大学出版社，2015：235.

2．设计与起草阶段

在这个阶段，公司绩效管理制度编撰委员会在第一个阶段的基础上，进行制度的设计与起草，其范围和框架参考本章引导案例。

3．讨论与修改阶段

绩效管理制度草案提出后，应由绩效管理制度编撰委员会在广泛征询各级管理者和员工意见的基础上，对草案进行深入的讨论和研究，然后经过反复调整与修改，上报总裁审核批准。

4．试行过渡阶段

绩效管理制度获得批准后，人力资源部门应该规定一个试行过渡期，使各级管理者和员工能够逐步理解，适应和掌握新的绩效管理制度。在试行过程中，如果遇到一些特殊情况或重大问题，公司也可以采取一些补救措施，不至于造成重大损失。

5．全面推广阶段

在顺利度过试行阶段后，人力资源部门就要在全公司范围内全面推广新的绩效管理制度，并监管其推行的过程。

编写绩效考核制度应具备规范的标准，具体包括以下几个方面。

1．设计规范

① 在设计考核制度时应先圈定考核对象，明确考核目的。

② 通过收集相关资料，明确考核指标的要素、权重、考核标志、考核标度等内容。

③ 根据收集的资料，采用定性和定量相结合的方法编写具体的考核制度。考核制度的制定和修改必须经过一定的民主程序，编写者要不断听取相关部门、有关领导和员工的建议。

④ 绩效考核制度应在企业内部公示，组织员工学习。只有在有关法律的指导下，根据企业的实际情况，经过民主程序制定的绩效考核制度才具有说服力、可行性和有效性。

2．编写规范

一套体系完整、内容合理、行之有效的制度要求制度设计人员在设计管理制度时需遵循"三符合、三规范"编写要求，即符合管理者最初设想的状态，符合企业管理科学原理，符合客观事物发展规律或规则；规范制度内容，规划制度实施过程。

3．内容规范

一个规范、完整的制度所需具备的内容要点包括制度名称、总则（通则）、正文（分则）、附则与落款、附件五部分，在设计考核制度时应覆盖以上五部分的内容。

3.2.4 绩效管理制度的执行

绩效管理制度执行的过程是指绩效管理制度切实应用到企业的管理中，包括绩效管理制度的告知、绩效管理制度的组织和领导及绩效管理制度的修订。

1．绩效管理制度的告知

告知不仅存在于企业的管理过程中，在人们的日常生活中也随处可见。在政府行政管理中，有一次性告知制度；在医院，有医疗告知制度。

（1）绩效管理制度告知的意义

告知是绩效管理制度生效的前提和要求。只有将绩效管理制度以正确的方式告知每一个人，此制度才会生效。告知体现了制度制定的公平性和透明性，为员工保护自己的权益提供了途径。同时，告知避免了因为"不知道"而导致的免责，每个受制度制约的人只有及时接收到信息，才会按制度办事。否则，制度的设计只能成为一纸空文。

（2）绩效管理制度告知的原则

① 清楚准确性。清楚准确性是绩效管理制度告知的基本原则。在告知内容上，要准确传达绩效管理制度执行的基本要求、时限、标准和奖惩机制等内容，用词上要准确、严谨。

② 及时性。在绩效管理制度生效时，相关部门应以最快的速度，选择有效的告知方式及时传达到受约人，避免因为时间误差或者信息不对称给绩效管理带来阻碍。

③ 覆盖人员的全面性。覆盖人员的全面性是绩效管理最重要的原则，只有所有受约人都接收到绩效管理制度执行的通知，才能确保绩效管理的有效开展。否则，绩效管理的有效性必然会受到质疑，甚至不被接受。

（3）绩效管理制度告知的内容

① 告知决定。如告知绩效管理制度执行的监督机制、考核机制及追责机制等。

② 告知权利。如告知受约人享有对制度内容提出建议和意见的权利等。

③ 告知其他事项。如告知绩效管理制度实施和生效的时间、绩效管理制度制定的权责部门等。

（4）绩效管理制度告知的途径

要做到绩效管理制度告知的及时性和覆盖的全面性，途径的选择至关重要。一般有以下几种途径可供选择或结合使用。

① 电子邮件。企业一般都有自己内部的专用企业邮箱，企业可以及时追踪员工邮箱内部的记录，在发送邮件时可以通过选择全体员工以确保所有员工及时收到绩效管理制度执行的告知消息。而且，电子邮件传递速度快，省时省力。

② 员工签收。员工签收是一种最为保险的方法，既确保了员工及时收到制度实施的通知，又可以确保员工已经阅读告知内容。但此种方法耗费时间，而且员工签收的文本资料如管理不慎，会发生丢失。

③ 张贴布告。在员工的工作场所或休息场所将制度执行的通知以布告形式张贴出来，这种方式仅仅对规模较小、办公方式单一的企业比较适用。

2．绩效管理制度的组织和领导[①]

绩效管理制度要明确企业内部各个部门、各个层面的管理者在绩效管理和评估中的职责分工，以及相应成立的专门的机构情况。

（1）人力资源部与各直线经理在绩效管理上的职能分工

人力资源部的职责：

① 开发评估系统；

② 为评估者提供绩效考核方法和技巧的培训；

③ 监督和评价评估系统。

直线经理的职责：

① 填写评分；

② 提供绩效反馈；

③ 设定绩效目标。

（2）集团公司总部和分公司在绩效管理上的职能分工

集团总部人力资源部在绩效管理上的职能分工：

---

① 颜世富. 绩效管理. 北京：机械工业出版社，2014：288.

① 提出公司统一要求的人事考核计划；

② 负责职能部门人事考核的组织实施，并处理有关结果；

③ 负责公司任命干部的绩效考核及考核结果处理建议；

④ 指导事业部、分公司和研究院考核工作，并对考核结果进行备案；

分公司人力资源部在绩效管理上的职能分工：

① 组织实施公司统一要求的认识考核工作；

② 组织实施本单位内部自定的人事考核并进行结果处理；

③ 负责本单位内部任命干部的绩效考核及考核结果处理建议；

④ 将考核结果及处理结果情况报公司人力资源部备案。

3．绩效管理制度的修订

关于制度的修改完善，要坚持"废、改、立"的原则。对实践证明是行之有效的制度，要继续认真执行；对操作性不强或不完善的制度，要认真修改，总结经验教训，抓好落实工作；对不符合企业发展战略和经营方向的，该调整的调整，该废止的废止。

（1）绩效管理制度修订的条件

为确保绩效管理制度的权威性，一般制度的内容不应该经常变动，只有在以下三种情况下才进行修改。

① 企业的组织架构、部门职能、经营所面临的内外部环境或者某项生产流程发生变化。

② 绩效管理制度在执行过程中发现本身操作性不够强或者不够完善。

③ 绩效管理制度制定所依据的国家法律法规、相关标准及其他主要制度发生变化。

（2）绩效管理制度修订的步骤

修改完善绩效管理制度要从实际出发，根据新的需要和实践，及时研究和制定新制度，推进新制度的建设。一般情况下制度的修改完善主要分成以下三个步骤。

① 对企业原有制度进行分类和论证。

明确绩效管理制度需要修订的原因，找出原有制度的不足之处并进行总结。这是绩效管理制度修订的第一步，也是制度修订的准备工作。

② 对新制度进行设计、草拟和论证。

绩效管理制度修订的过程也要严格遵守制度设计的流程，只有这样，才能确保修订之后的绩效管理制度符合企业发展的需求，满足企业经营的需要。

③ 按照法律规定进行公示或者让所有员工阅读签字。

修订后的绩效管理制度只有通过公示才能够生效。未经公示，修订后的绩效管理制度不具备有效性。

3.3　绩效管理中的人员分工

绩效管理体系是一个注重结果的体系，但同时它也是一个注重过程的管理体系，单纯强调某一方面而忽略其他方面是片面和不正确的，这一点我们在实施绩效管理体系的时候，一定要注意。现在很多企业就犯了这样一个原则性的错误，把绩效考核当作绩效管理了，一叶障目，在季度末或年度末填写几张考评表格，给员工打上一个分数了事。忽视绩效管理其他重要环节的做法是非常危险的，比如目标分解、目标调整、绩效沟通、绩效分析与改进、绩效成绩的运用等，这些环节恰好是绩效管理最重要的过程环节，而管理要注重过程，特别要处理好公司方方面面的关系。下面来分析各类人员在绩效管理过程中扮演何种角色、承担何种职责。

1．高层领导者

高层领导者必须支持和亲自参与绩效管理活动。既然绩效管理是覆盖企业全体成员的系统工程，它必然也是一项"一把手"工程，只有董事会和高管层才能将各系统、各层级的人员调动起来参与这一活动。绩效管理在推行过程中可能会遭遇阻力，尤其是当公司尚未形成绩效管理文化时，员工不愿意被考评，直线管理者害怕评价下属引起冲突和麻烦，绩效管理常常因此受到阻碍，甚至半途而废。企业高层领导的亲自参与才有可能把目标逐级分解下去，同时将绩效管理的理念和方法渗透到企业的各个角落，推动直线经理和员工参与到绩效管理中来。成功施行绩效管理的企业，无一例外都离不开高层管理者对于绩效管理的亲自参与和支持。

2．人力资源管理人员

很多组织的人力资源管理部门都义无反顾地承担起绩效管理的责任，他们确定考核的指标、设计考核方案，并发放绩效考核表，然后进行统计汇总。但是，他们的辛勤工作往往不能换来令人满意的成效，相反却可能遭到众人的埋怨。最常见的就是他们设计的表格不能满足业务部门的需要，考评的内容不能刺激员工业绩的提升，反而徒增主管的工作量。出现这种尴尬的局面，是由于他们在人力资源管理工作中对自己的工作定位有偏差。事实上，人力资源部门的工作人员对业务和员工的了解远远不及职能部门的负责人，所以由他们承担绩效管理的主体责任必然不是明智之举。

那么，人力资源管理部门在绩效管理系统中应该扮演什么角色？他们究竟应该是绩效管理活动的设计者、推动者、辅助者还是实际使用者？具体来说，人力资源管理人员的责任包括以下几个。

① 开发绩效管理系统，在与业务部门经理充分沟通的基础上，设计绩效管理流程和制定相关制度。

② 为各级主管提供绩效管理技术和技巧的培训，为员工提供达成绩效目标的相应培训。

③ 监督绩效管理系统的实施。督促各级人员按照时间计划完成相应的绩效管理活动。

④ 评价并改进绩效管理系统。根据企业每年的战略重点调整绩效管理的主要内容。

⑤ 协助各职能部门设计适合本部门的目标体系，为各级员工提供绩效管理目标的模板。

⑥ 解答主管人员在绩效管理中的困惑，接受被考评者的投诉。

3．直线经理

谁是绩效管理真正的责任主体呢？显而易见，是直线经理，上至董事长、总经理，下至主管、班组长都包含在内。直线经理在绩效管理中的重要性之所以如此突出是因为战略目标正是沿着自上而下的命令链下达分解成为每一个员工的具体指标；绩效辅导也正是沿着这条直线逐级向下进行的。在绩效管理过程中，直线经理应该是指导者、评价者、反馈者、辅导者、激励者。他们在绩效管理中的责任包括以下几个。

① 与下属讨论制定其绩效目标、个人发展目标和行动计划。

② 经常检查和掌握下属的工作情况，了解其困难并给予支援和指导。

③ 收集绩效信息，评价下属绩效。

④ 向下属反馈绩效，与其就如何提高绩效达成一致。

⑤ 向人力资源部门汇报绩效考核信息。

⑥ 根据绩效考核结果对下属进行奖惩。

上述每项职责都涵盖了绩效管理系统的每一个步骤，因而我们特别强调直线经理在绩效管理系统中的主体作用。

然而，在实际工作中很多直线经理都不愿意接受这一观点。因为他们自己的技术能力很强，自认为应该将时间和精力用在专业工作中，不愿意把管理下属当作一回事儿。一般而言，企业职能部门的负责人都是从技术骨干和业绩突出者中选拔出来的，假如没有接受现代管理理念和技术培训，他们往往只注重任务的完成，而忽视对人的管理。这种状态下，绩效管理的责任主体就会缺位，绩效管理在现实的实施中就会落空。

4．员工

绩效管理过程中，员工不只是被动的被考评者，每个员工都要对自己的工作行为和工作绩效有更多的关注和思考，上述的那些绩效管理目标才能实现。员工在绩效管理中的责任如下。

① 预先制定自己的绩效目标和发展计划，与上司讨论以达成共识。

② 主动和上级沟通在绩效实施过程中遇到的问题和困惑，寻求必要的支援；经常向上级汇报自己的工作进度。

③ 自我评价，向主管提供有关自己工作的结果和证据。

除了上述人员和部门之外，有人也将财务部门列为绩效管理的责任主体。因为这一部门是企业预算编制和财务结果的核算部门，他们能为绩效管理工作提供相应的数据支持，包括预算目标的分解、财务状况的检测、经营结果的最后确认等。

在所有上述参与者中，直线经理是绩效管理真正的责任主体，人力资源部门、财务部门只能起到参谋和推进作用。离开直线经理的参与，绩效管理必然流于形式，无法发挥真正作用。

总之，在绩效管理的过程中，我们达到了许多目的，如员工的参与管理，他们通过参与设定自己的工作目标而具有自我实现的感觉；组织目标的统一，通过自上而下的分解目标，避免团队与员工目标偏离组织目标；一年中多次的评估与奖惩，实现组织对目标的监控实施，保证工作目标的按时完成。以上这一切都是为了提高组织或团队的效率，保证实现组织目标。

此外，绩效管理改变了以往纯粹的自上而下发布命令和检查成果的做法，要求管理者与被管理者双方定期就其工作行为与结果进行沟通、评判、反馈、辅导，管理者要对被管理者的职业能力进行培训、开发，对其职业发展进行辅导与激励，客观上为管理者与被管理者之间提供了一个十分实用的平台。

【关键知识点】

扫一扫→通过案例分析绩效管理的基本流程

【启发与思考】

广州宝洁公司绩效管理概况①

一、公司简介

1988 年宝洁公司成立了在中国的第一家合资企业——广州宝洁有限公司，从此开始了宝洁投资中国市场的 11 年历程。为了积极参与中国市场经济的建设与发展，宝洁公司已陆续在广州、北京、上海、成都、天津、苏州等地设立了 13 家合资、独资企业。

企业使命：生产和提供世界一流产品，美化消费者的生活！

核心价值观：做有高度社会责任感的企业公民！

愿景：继续提高公司业务运营的环保形象；继续通过宝洁公司的社会公益活动持续改善民生；激励并吸引宝洁公司雇员，将"可持续性发展的思维和行为"融入每个员工的日常工作；继续与外界组织机构，如疾病控制中心、联合国儿童基金会、世界卫生组织和国际人口服务组织等合作，为迎接全球可持续性发展的挑战提供新的机会和解决方案。

战略：提供品质优良且价格合理的产品，让消费者信赖而且天天使用。

二、宝洁——关键绩效指标管理分销商

（一）宝洁分销商覆盖服务费（CSF）评估系统

1. 目的

有效激励分销商实现对所覆盖商店更好的客户服务，更出色的店内表现，更高效的回访；简化并标准化宝洁公司实地销售人员对分销商日常运作的管理。

2. 绩效考核指标：覆盖服务水平（CPL）

主要评估项目包括分销商分销达标率、助销达标率、促销达标率、覆盖达标率、客户服务水平达标率、系统数据准确及覆盖人员劳动合同签订率、基本工资发放率、国家法定福利上交率等。

覆盖服务水平将用标准分销商覆盖服务评估工具每月评定一次。宝洁公司用标准的分销商覆盖服务评估工具及标准的评估流程分销商覆盖服务水平进行评估，并用相应的检查流程去确保所有评估项目的标准性，从而对每一位分销商都公平、公正和公开。

3. 激励：覆盖服务费（CSF）

按分销商覆盖业绩来评定覆盖服务费用，分销商提供越好的覆盖服务，将会得到越高的覆盖服务费（CSF）。

4. 分销商覆盖服务费=A%×分销商所有覆盖人员奖金基数总额×覆盖服务水平（CPL）

（1）A%是一个固定比率，由宝洁公司每一个阶段根据市场情况而定。

（2）覆盖人员包括运作经理（OM）、销售主管（CO）、销售组长（TL）、销售代表（DSR）及计算机操作员（IDSS）。

（3）CSF 包括分销商提供覆盖服务所负担的所有费用，包括覆盖人员的工资、奖金、福利、招聘、培训、解雇及其利润等。

（二）宝洁考核指标体系的特点

宝洁这个市场统治者级别的强势企业，其市场份额和销售金额达到一定程度后，进一步的提升是非常困难的，这时候它最需要的首先是市场稳定，其次才是业绩增长。对宝洁来说业绩增

---

① 摘取自百度文库：实用文档专栏——《宝洁公司绩效管理概况》。

长只是一种稳定市场的必然手段，片面地追求销量已不再那么重要。宝洁需要保证的是良性的市场——这意味着稳健的分销、良好的终端表现、良性的货物周转和准时回款，即企业的分销政策执行到位。宝洁的分销考核指标体系正是基于对自己和对市场的认识，所以宝洁的绩效考核指标是企业营销战略的具体体现，与企业的市场战略相吻合。

由此可见，无论是市场领先企业还是市场新入者，企业对分销商的关键绩效考核指标都应服务于整个企业的市场营销战略，或者说衍生自企业营销战略，设计一套完整的关键绩效考核指标体系对企业的渠道分销是非常重要的。

三、分销商关键绩效指标的内涵

分销商关键绩效指标是用来全面衡量渠道分销商创造价值的能力，衡量通过各种渠道经营活动推动企业整体营销战略目标完成的能力，衡量建立企业渠道分销价值观和组织竞争的能力。关键绩效指标是用来衡量分销商绩效表现的量化指标，是绩效计划的重要组成部分。

（一）分销商关键绩效指标的特点

1. 来自于对公司战略目标的分解

这首先意味着，作为衡量分销商工作绩效的标准，关键绩效指标所体现的衡量内容最终取决于企业的市场战略目标。当分销商关键绩效指标构成企业战略目标的有效组成部分或支持体系时，它所衡量的分销商便以实现企业战略目标的渠道分销相关部分作为自身的主要职责；如果关键绩效指标与企业战略目标脱离，则它所衡量的分销商的努力方向也将与企业战略目标的实现产生分歧。一般来说，企业核心战略应该为企业创造并增加价值，因此关键绩效指标均是对创造和提高企业价值具有直接或间接支持作用的经营活动的衡量。

分销商关键绩效指标来自于对企业战略目标的分解，其第二层含义在于，分销商关键绩效指标是对企业战略目标的进一步细化和发展。企业战略目标是长期的、指导性的、概括性的，而分销商关键绩效指标内容丰富，针对渠道而设置，着眼于考核当年的渠道分销绩效、具有可衡量性。因此，分销商关键绩效指标是对真正驱动企业战略目标实现的具体因素的发掘，是企业战略对渠道分销绩效要求的具体体现。

最后一层含义在于，分销商关键绩效指标随企业战略目标的发展演变而调整。当企业战略侧重点转移时，关键绩效指标必须予以修正以反映企业战略新的内容。

2. 分销商关键绩效指标是对渠道分销绩效构成中可控部分的衡量

企业渠道分销经营活动的效果是内因、外因综合作用的结果，这其中内因有渠道分销商可控制和影响的部分，也是关键绩效指标所衡量的部分。分销商关键绩效指标应尽量反映分销商的直接可控效果，剔除他人或环境造成的其他方面影响。例如，销售量与市场份额都是衡量分销商市场开发能力的标准，而销售量是市场总规模与市场份额相乘的结果，其中市场总规模是不可控变量。在这种情况下，两者相比，市场份额更体现了分销绩效的核心内容，更适于作为关键绩效指标。

3. 分销商关键绩效指标是对重点经营活动的衡量，而不是对所有操作过程的反映

渠道分销的工作内容都涉及许多不同的方面，分销商高层管理人员的工作任务更复杂，但分销商关键绩效指标只对其中的企业整体战略目标影响较大，对市场战略目标实现起到不可或缺作用的工作进行衡量。

分销商关键绩效指标是渠道上下认同的，不是由企业强行确定下发的，也不是由企业分销商自行制定的，它的制定过程由企业与分销商共同参与完成，是双方所达成的一致意见的体现。它不是企业用以压迫分销商的工具，而是分销渠道中相关组织对分销绩效要求的共同认识。

分销商关键绩效指标所具备的特点，决定了其在企业分销渠道中举足轻重的意义。第一，作为企业战略目标的分解，分销商关键绩效指标的制定有力地推动了企业战略在分销渠道得以执行；第二，分销商关键绩效指标使得企业级对分销商工作职责和关键绩效的要求有了清晰的共识，确保企业与分销商努力方向的一致性；第三，分销商关键绩效指标为渠道绩效管理提供了透明、客观、可衡量的基础；第四，作为渠道关键经营活动的绩效的反映，分销商关键绩效指标帮助各分销商集中精力处理对企业市场战略有最大驱动力的方面；第五，通过定期计算和回顾分销商关键绩效指标执行结果，管理人员能清晰了解渠道领域中的关键绩效参数，并及时诊断存在的问题，采取行动予以改进。

（二）分销商关键绩效指标分类

由于每个关键绩效指标的含义、地位、所起的作用不同，我们有必要把分销商关键绩效指标进行分类，这样既有利于突出分销商工作重点，又有利于对关键绩效指标进行分析和统计。我们通常可以按照"平衡计分卡"的方式把分销商关键绩效指标分为四类，即财务类、内部营运类、市场类和学习发展类。

1. 财务类指标

从财务角度来看：企业分销怎样满足财务收入？企业经营的直接结果是使股东获得财务回报，所以确定渠道分销的财务目标是进行分销商绩效考评的主要内容之一，由此第一类指标即财务类关键绩效指标，它们是企业重点关注的渠道分销价值的重要参数，是体现分销渠道价值创造成果的最直接财务指标。这类指标能全面、综合地衡量企业渠道分销经营活动的最终成果、衡量企业渠道创造价值的能力。财务类指标主要包括利润收入、投资回报率（ROI）、回款金额、毛利率、税前收益等。

2. 内部营运类指标

从内部营运角度思考：企业渠道分销必须擅长什么？一个企业渠道分销不可能样样都是最好的，但是它必须在某些方面满足分销顾客需要产品的机能，在某些方面拥有竞争优势，它才能立足。把渠道分销必须做好的方面找出来，把需要提高竞争优势的方面找出来，制定考核指标，督促分销商在这些方面越做越好，企业市场战略就可以贯彻良好。

内部营运类关键绩效指标衡量为实现企业分销渠道价值增长的重要营运操作控制活动的效果，是紧密结合不同分销特色，体现分销商直接工作效果的指标，也是对企业分销渠道利用各种内部营运活动推动整体战略目标实现的能力的直接考察。内部营运类指标根据企业当年经营计划和各分销商经营操作的具体情况及特点来确定。渠道内部营运指标主要包括和渠道内部运营流程相关的质量、和时间有关的指标，如助销达标率、促销达标率、覆盖达标率等。

3. 客户和市场类指标

从顾客角度来看：顾客如何看我们？向顾客提供产品和服务，满足顾客需要，企业才能生存。顾客关心时间、服务、成本，企业渠道分销就必须在这些方面下功夫，提高服务质量、保证服务水平、降低定价等。从顾客的角度给分销渠道设定目标如评价指标，就能够保证企业渠道分销的工作都会有成效。客户和市场类指标主要包括市场占有率、客户数量、客户保留度、客户满意度、品牌知晓度等。

4. 学习和发展类指标

从企业的学习和发展角度：企业分销渠道能否持续提升并创造价值？企业分销渠道必须不断的成长，这包括人力资源、产品线、技术、能力等方面的进步，还必须有自我成长的能力即学习的能力。每个企业分销商的自我能力是不一样的，不同的环境对企业在这方面的要求也不一样。企业把两者结合起来，确定主要目标，即能够规范与提升企业分销渠道的创新能力、学习能力。由此，围绕对"人"的管理设定的学习和发展类指标，其意义在于通过考核与人相关的管理工作，衡量企业分销商在追求营运效益的同时，是否为长远发展营造了积极健康的工作环境和企业文化，是否培养和维持了渠道组织中的人员竞争力。学习和发展类关键绩效指标用来评估员工管理、员工激励与职业发展等保持公司长期稳定发展的能力。学习和发展类指标主要包括覆盖人员劳动合同签订率、基本工资发放率、员工满意度、员工保留度、继任计划完善度等。

1. 你认为宝洁公司的绩效管理体系是否完善？为什么？
2. 这种绩效管理体系对于中小企业而言有借鉴意义吗？

【思考练习题】

1. 请按照制度的规范设计部门绩效管理制度。
2. 如何确定岗位绩效管理制度的正文？
3. 绩效管理制度解释的途径有哪些？
4. 绩效管理制度告知内容有哪些？
6. 如何确定岗位绩效管理制度的正文？
7. 各种绩效管理制度在设计上有什么样的异同点？
8. 简述绩效管理的基本流程与绩效管理体系之间的关系。
9. 财务管理部门负责人在绩效管理系统中发挥何种作用？

【模拟训练题】

你们是 B 公司人力资源部门的工作人员，现在公司需要制定一份中高层人员绩效考核制度。每五位同学一组，请合理安排和分工，用两周时间完成任务。任务安排表如表 3-3 所示。

表 3-3　任务安排表

序号	人员安排	工作职责	所用时间	注意事项
1				
2				
3				
4				
5				
任务完成情况：				

存在问题：

需要改进的方面：

【情景仿真题】

为不断提高公司的管理水平，降低生产经营成本，营造一个激励先进、鞭策后进的工作氛围，***公司决定对各部门负责人实施定量与定性相结合的考核办法。请你依据现有资料补充相应的考核标准。

***公司部门负责人绩效考核管理办法

一、被考核部门及人员

1. 注塑部　　　　组长及以上人员

2. 喷涂部　　　　组长及以上人员

3. 装配部　　　　组长及以上人员

4. 物控部　　　　物料组长及以上人员

5. 品管部　　　　组长及以上人员

6. 项目工程部　　试模组长及以上人员

7. 工模部　　　　维修组长及以上人员

8. 人事行政部　　专员等以上人员

9. 营销部　　　　跟单员及以上人员

二、考核办法

考核结果依据考核得分确定，考核绩效分由下面方法得出：考核绩效分=工作业绩（定量考核）分×70%+工作表现（定性考核）分×30%。

三、定量（关键绩效指标）考核标准（见表3-4）

表3-4　定量（关键绩效指标）考核标准

序号	部门	KPI指标	计算方法	目标值	数据来源	考核标准	备注
1	注塑部	生产计划达成率	$\dfrac{按量按时交货批次}{生产计划总批次}$	95%	物控部		按量按时交货批次：按生产计划数量次日9：00前交货入库的批次；生产计划总批次：生产计划批次之和
		产品合格率	$\dfrac{合格品量}{生产总量}$	96%	品质部		合格品量：入库数量减去喷涂退货数量（试产不算）。试产：小于2000 PCS的批次，下同。生产总量：机台归零后的总码数（试产不算）
		胶料损耗率	$\dfrac{实际耗用量-计划用量}{计划用量}$	2.0%	物控部		实际耗用量：实际领用的胶料数量（含注塑补计划及喷涂退注塑数量）；计划用量：BOM表单耗与计划数量得出
		生产效率	$\dfrac{合格品量（PCS）}{有效工时总数（H）}$	80 PCS/H	物控部（提供合格品量）人事行政部（提供有效工时总数）		合格品量：当月入库数量减去喷涂退货数量（含小件及试产）；有效工时总量=当月出勤总小时数（当加班申请单与实际打卡时间不一致时，取其小；因待料、待单的工时不计）

序号	部门	KPI指标	计算方法	目标值	数据来源	考核标准	备注
1	注塑部	模具损坏次数	工模部统计人为损坏	1次/230万PCS	工模部		人为损坏：注塑过程时，操作不当或不规范，导致模具损坏（自然损坏不做考核，模具损坏争议项由项目工程部裁定）
2	喷涂部	生产计划达成率	按量按时交货批次／生产计划总批次	95%	物控部		按量按时交货批次：按生产计划数量次日9：00前交货入库的批次；生产计划总批次：生产计划批次之和
		产品合格率	合格品量／生产总量	85%	物控部品质部		合格品量：入库产品数量减去装配退货数量；生产总量：仓库领用的总量减去退注塑的数量
		油漆损耗率	实际领用量-计划用量／计划用量	4%	物控部		实际领用量：生产时实际从货仓领用油漆的数量（含喷涂补计划及装配退喷涂数量）；计划用量：BOM表单耗与计划数量得出。BOM表单耗不能超出公司标准。打样：手喷油漆耗用量是一般标准的3倍，自动线生产按标准计算
		生产效率	合格品量（PCS）／有效工时总数（H）	45 PCS/H	物控部（提供合格品量）人事行政部（提供有效工时总数）		合格品量=当月入库数量减去装配退货数量（含试产）；有效工时总量=当月出勤总小时数（当加班申请单与实际打卡时间不一致时，取其小；因待料、订单不饱和耗损的工时不计）
3	人事行政部	员工离职率	离职员工总数／员工总数	15%	系统部		离职员工总数：当月自离和辞职人员之和（解雇不算）。员工总数：由当月1号到31号人员之和的平均数
		普工招聘达成率	按时到位总数／普工申请招聘总数	80%	系统部		按时到位：人事部承诺时间到岗且上班超过七个工作日的人数。招聘总数：经审批的招聘总数
		新员工培训率	新员工培训数／新入职员工总数	96%	系统部		培训：厂纪厂规、操作规范、品质要求（有签到表、培训教案、培训评估）
		人身财产安全	意外人身安全、财产损失	200元	系统部		月度累计给公司造成损失200元为目标值
		服务质量评价	公司领导评估	80分	经理总经办总部办		保安以监督员检查违规为依据，宿舍、食堂、机电维修、前台（含接待、会议室）公司经理40%，高层60%评价为准

（续表）

序号	部门	KPI指标	计算方法	目标值	数据来源	考核标准	备注
4	营销部	营销计划达成率	实际销售额／计划销售额	90%	财务部		实际销售额：财务会计期间实际报出的销售总额，与总账相符，期间截至25日。计划销售额：公司制订年度经营目标的月度计划数
		货款回收率	实际收回货款总额／合同规定期应收款总额	85%	财务部		合同规定期：凡月结30天或60天，实际收款期为到期日止顺延20天，批结等，实际收款期为到期日止顺延10天，模具订金以合同签订日起顺延3天
		客户满意度	客户对公司满意评价	80分	品质部		以当月销售额前三名客户满意度评价为准
		订单平衡	PMC部生管统计	上中下旬订单20万套	物控部		订单数量：以上中下旬实际产能计算

四、部门负责人绩效考核评分表（见表3-5）

表3-5　部门负责人绩效考核评分表

部门＿＿＿＿＿＿　负责人＿＿＿＿＿　　　　　　　　＿＿＿＿年＿＿＿＿月＿＿＿＿日

类别\项目	关键绩效指标	目标值	实际营运值	加扣分	KPI关联责任扣分	综合得分
定量考核	1.					
	2.					
	3.					
	4.					
	5.					
	6.					
定性考核	考核项目	上级评分				
	1. 严格认真					
	2. 主动高效					
	3. 工作责任					
	4. 团队协作					
	5. 学习总结					
最终考核分						
绩效总结	考核小组评价：　　　　　　　　　　　　　　　　签字：					

五、绩效面谈

绩效面谈记录表如表 3-6 所示。

表 3-6　绩效面谈记录表

部门：_____　　负责人：_____

项目	内容
杰出绩效 （按重要性排序）	1. 2. 3.
需改进的绩效 （按重要性排序）	1. 2. 3. 4.

绩效改进计划	完成时间
1.	1.
2.	2.
3.	3.
4.	4.
5.	5.

被考核者签名：_____　　主管签名：_____　　　　____年____月____日

六、组织领导

为体现公平公正原则，公司成立以总经理领导下的绩效考核小组，组织领导公司部门负责人考核工作。

组长：马总　　　副组长：稽核专员　　成员：系统主管、文员

工作职责：1. 负责每月的目标考核总结会，对关键指标进行分析与评价，并制定改善目标落实改善措施；

2. 负责召集各部门负责人进行绩效面谈；

3. 负责考核制度的完善与修订并监督实施。

七、本考核管理办法可根据具体情况由总部办以联络单形式修订。

制定：系统部　　　审核：　　　　　　核准：

年____月____日

第4章 绩效计划与指标体系构建

学习目标

1. 了解绩效计划的含义；
2. 掌握如何制订绩效计划；
3. 学会如何设定绩效目标；
4. 了解绩效评估指标的分类；
5. 掌握绩效指标确定的过程及其方法；
6. 掌握绩效评估指标量化的方法；
7. 掌握绩效评估指标体系设计的原则。

本章重点解析

引导案例

A公司的绩效计划制订问题

作为家电行业的领导厂家之一，A公司长期依靠其对产品质量、销售（包括广告）和生产的投入取得成功。随着竞争的加剧，其近年来在新产品研发上的投入也不断加大，组建了一支具有一定规模的研发队伍，并引入经过不同行业验证的 IPD 研发模式。但是，在绩效管理上，A公司还是继续采用以前的模式，每年的年底和次年的年初，都是公司绩效经理石先生最紧张和头疼的时候：总经理将绩效管理工作完全授权给人力资源部下属的绩效管理科，在 2～3 个月时间内，石先生要根据总经理希望实现的下年度总体目标，经过自己的理解，将公司目标分解为市场体系、研究体系、生产体系、财经体系等分目标，并要和这些体系的主管副总、各个职能部门经理分别进行一对一的沟通，达成一致，最后总经理拍板。在各大主要体系的绩效目标制定中，市场、生产和财经体系相对容易，研发是最难的。

公司目标没有书面文件，有时候也不是太明确。哪些指标是最重要的？哪些是次要的？各占多少权重？指标值设定多少才合适？跨部门的目标如何处理？研发体系很多东西很难量化，如何设定目标？很多部门对石先生提出的指标有异议，甚至以人力资源部门不懂业务为由拒绝接受。

这些都是整天萦绕在石先生脑子中的问题。虽然，这几年石先生花了不少时间来了解各个部门的业务，包括产品和技术、IPD 研发管理体系，市场营销、供应链等业务知识，但还是被各个部门主管认为是外行。绩效目标的达成率影响部门的考评，并直接和各个部门的工资、奖金挂钩，所以各个副总和部门经理对选取什么指标以及目标值设定都非常重视，都从自己部门的角度出发对指标的合理性进行"可行性研究"，尽量避免设定过高的绩效目标导致部门最终的绩效考核分数不高。

但是，这些指标最终要石先生来综合衡量，以便和公司最终目标一致。虽然总经理有一些指示，但都是零散和不系统的，指标全靠石先生和各部门的"诸侯"经过讨价还价确定。有时候明明知道研发部门避重就轻地选择一些好量化、容易达到的指标，比如"出勤率""客户问题解决率""新产品开发周期"等，而将一些指标以不好衡量、难以量化、不确定性程度太高为由取消掉，比如"关键技术掌握程度""员工能力培养""产品领先度""新产品竞争力"等，但苦于自己的专业知识不足，石先生拿不出足够的理由来反驳。

还好，绩效目标终于定下来了。对于这份石先生自己都不太满意的计划，各个副总、部门经理总算没有意见。总经理公务缠身，没有太多时间参与绩效计划的制订，在各副总和各部门都达成一致的情况下，大笔一挥签字同意，由人力资源部门下达给各部门执行，各个部门再根据同样的方法往下传递。各大部门都有自己的行政管理办，他们会用各自的方法搞定，和公司绩效管理部门的关系不大。

每到季度考核和年度考核，石先生的工作是采集各种绩效数据，计算出各大系统和部门的绩效考核结果，和目标对比打分。通常情况下，各个部门都能达到目标，相应地每年的工资和奖金都稳步增长。一切都表明，绩效管理制度似乎运行不错，指标完成率达90%～110%，并且每年的计划准确率都在提高。但是公司总体目标却总是达不到，总经理非常不满意。一些目标，比如技术积累、新产品竞争力、竞争地位等"软性目标"难以实现，反倒和竞争对手的差距越来越大。

案例讨论：

A公司研发绩效计划制订中存在的问题有哪些？如何解决？

4.1 绩效计划概述

4.1.1 绩效计划的含义

绩效计划是被评估者和评估者双方对员工应该实现的工作绩效进行沟通的过程，并将沟通的结果落实为订立正式书面协议，即绩效计划和评估表，它是双方在明晰责、权、利的基础上签订的一个内部协议[1]。绩效计划的设计从公司最高层开始，绩效目标被层层分解到各级子公司及部门，最终落实到个人。对于各子公司而言，这个步骤即为经营业绩计划过程，而对于员工而言，则为绩效计划过程。

贺小刚（2008）认为，绩效计划是一个确定组织对员工的绩效期望并得到员工认可的过程，通过绩效管理计划这个过程可以将个人目标、部门或团队目标与组织目标结合起来，并使每个员工都能明确自己的职责和任务[2]。

综合上述观点，本书认为，各级管理者与员工一起，就员工在该绩效周期内要做什么、为什么做、需做到什么程度、何时应做完、员工的决策权限等问题进行讨论，促进相互理解并达成协议。这份协议以及达成协议的过程，就是绩效计划。

根据绩效考核计划的定义，我们可以从以下两个方面来理解绩效考核计划的定义。

1．绩效计划目标及衡量标准

绩效计划目标是指员工在本次绩效考核期间所要达到的工作目标，包括要达到什么结果、各项工作目标的权重以及怎样做才能更好地实现目标。衡量标准是指从哪些方面衡量结果以及评判的标准。

2．确定目标计划的结果

制订绩效考核计划的过程是一个双向沟通的过程。管理者与员工双向沟通，双方建立有效

---

① 贺小刚. 绩效管理. 上海：上海财经大学出版社，2008：113.

② 周文，虞涛. 绩效管理. 长沙：湖南大学出版社，2005：114.

的工作关系，明确达成目标计划的结果。

4.1.2　绩效计划的内容①

在绩效周期开始的时候，管理人员和员工必须对员工工作的目标达成一致的契约。按照绩效契约，员工的绩效计划至少包括以下几个方面的内容：

员工在本次绩效周期内所要达到的工作目标是什么？

完成目标的结果是怎样的？

工作目标和结果的重要性如何？

这些结果可以从哪些方面去衡量？评价的标准是什么？

从何处获得关于员工工作结果的信息？

员工的各项工作目标的权重如何？

员工在完成工作时可以拥有哪些权利？可以得到哪些资源？

员工在达到目标的过程中可能遇到哪些困难和障碍？

经理人员会为员工提供哪些支持和帮助？

在绩效周期内，经理人员将如何与员工进行沟通？

上述这些内容所形成的这一纸契约固然重要，但最终要实现的是达成这个契约的过程。在这个过程中，管理人员向被管理者解释和说明的问题有以下几个方面：

组织整体的目标是什么？

为了完成这样的整体目标，业务单元的目标是什么？

为了达到这样的目标，对被管理者的期望是什么？

对被管理者的工作应该制定什么样的标准？完成工作的期限应该如何制定？

被管理者在开展工作的过程中有何权限与资源？

而被管理者应该向管理者表达的内容有以下几个方面：

自己对工作目标和完成工作方式的认识；

工作中可能会遇到的困难与问题；

需要组织给予的支持与帮助。

基于上述分析，最终形成如表 4-1 所示的绩效计划表。

表 4-1　绩效计划表

职位名称：人力资源经理助理　　　　任职者签名：　　　　　上级管理者签名：

计划适用于 2016 年 6 月 1 日至 2017 年 6 月 1 日

工作要项	目的	重要性	权重	潜在障碍	绩效目标	可能的业绩评价指标	行动计划
协助人力资源经理对各部门进行业务评估；为公司制定战略规划	为经理节约时间	节约成本，提高工作效率	25%	实施过程中不能得到各部门的有效支持	在一个季度内能准确地将对各部门进行绩效考核的结果整理完毕	由以前的半年时间缩短为四个月时间，对每一个部门进行详尽的绩效考核及调查	6 月至 8 月进行基本情况考核；9 月总结并进行详尽了解

① 郝红，姜洋. 绩效管理. 北京：科学出版社，2012：73.

工作要项	目的	重要性	权重	潜在障碍	绩效目标	可能的业绩评价指标	行动计划
起草报告	提高工作效率	有序的工作计划及总结有助于提高工作效率	20%	许多目标没有被明确分工	及时准确地完成对各部门人员规划的起草报告	上级的满意度、报告的准确性和及时性	起草报告的时间由以前的平均 5 小时缩短为 3 个半小时
人际关系的协调	使各项工作更顺畅	调节上下级关系，使信息及时得到反馈，缓和公司气氛，提升员工士气，提高其积极性	15%	员工不满上级的决策，致使影响工作积极性，上下级之间交流不够	让员工可以感受到公司如同家庭般温暖，上级像兄长，同事像亲人	员工能感受到上级对下级的关心及支持，同时也能积极支持公司所做的任何决定	国庆放假及各个节假日期间上级发送祝福短信，12 月举行元旦文艺会演，上下级合作演出并发放奖品以资鼓励
人员招聘、培训与开发	为公司引进新秀人才	推陈出新，为公司增加士气，找到更多适合公司发展的优秀人才	15%	内部提升与外部招聘容易产生分歧，培训过的员工跳槽	经过培训，能让应聘者迅速适应公司环境并全心为公司服务	所有的员工都要接受适合于自己特定方面的培训，并接受与公司战略发展相关的技术培训	2 月 15 日完成新进人员的全部培训，为员工提供详尽的培训时间安排，确保员工尽快适应新工作的要求
会议事项的督办与反馈；及时的信息收集	使信息得到及时传递，问题得到及时解决	信息反馈的错误性可能使公司付出较高的代价	25%	收集信息时来源的真实性与准确性难以衡量，在会议反馈期间的失误	反馈及时无错误	能否一次无误地完成督办与反馈报告，使信息准确无误地上报	每次会议之后的信息反馈，找出所存在的问题并提出解决方案，收集最新有效信息并为之利用

4.1.3 绩效计划的作用

绩效计划作为绩效管理的一种有力工具，它体现了上下级之间承诺的绩效指标的严肃性，使决策层能够把精力集中在对公司价值最关键的经营决策上，确保公司总体战略的逐步实施和年度工作目标的实现，有利于在公司内部创造一种突出绩效的企业文化。

绩效计划是绩效管理体系的第一个关键步骤，也是实施绩效管理系统的主要平台和关键手段，通过它可以在公司内建立起一种科学合理的管理机制，能有机地将股东的利益和员工的个人利益整合在一起，其价值已经被国内外众多公司所认同和接受。

绩效计划的作用主要表现为以下几点。

1．绩效计划是绩效管理最为重要的环节

绩效计划使管理者和被管理者双方就被管理者在随后的绩效周期内的绩效目标、实现目标的方式、过程和手段以及需组织提供的资源和支持达成一致，这样在随后的绩效实施阶段，被管理者的工作就有了明确的目标，管理者也可以根据绩效计划对员工的工作进行有效监督和检查。如果没有绩效计划，绩效实施与辅导阶段员工的工作就失去了目标，管理者的监督与检查也失去了依据，绩效评价时也就没有了评价标准，绩效的反馈面谈也失去了针对性，总之，整个绩效管理工作难以进行，因此，绩效计划是整个绩效管理工作的基础与前提。

2．绩效计划是一种重要的前馈控制手段

很多公司非常重视绩效评价，认为绩效评价是绩效管理过程中最为重要的环节，但实际上绩效计划重要得多。如前所述，绩效管理的根本目的是通过规范化的管理过程促进团队和员工绩效的提高，顺利实现组织目标，并能促进员工能力的不断提升。通过绩效计划，管理者把组织目标层层分解，落实到每一个岗位，这样整个绩效管理过程就有了明确的目标。管理者通过绩效计划可以预测绩效实施过程中可能存在的问题和碰到的困难，并提前做出相应的对策，因此，绩效计划是一种强有力的前馈控制手段。

3．绩效计划是一种重要的员工激励手段

根据期望理论，工作过程中每个人都是理性决策者，员工工作积极性的大小取决于员工在工作之前所进行的一系列决策与判断。员工首先判断在当前情况下努力工作能够获得理想的绩效结果的可能性有多大，因为绩效具有多因性，员工的工作绩效不仅取决于其工作积极性，还受其能力水平、工作条件等因素的影响。在现有条件下员工经过努力能够实现的目标是最具激励性的目标，过高或太低的目标都不利于员工积极性的发挥。因此，绩效计划过程中，通过上下级的充分沟通，根据员工的能力水平制定具有心理挑战性的工作目标，是对员工进行激励的一种重要手段。

4.1.4　绩效计划的分类

绩效计划按时间可以分为年度绩效计划、季度绩效计划、月度绩效计划等，年度绩效分解为季度绩效计划，季度绩效计划可以进一步分解为月度绩效计划。季度、月度绩效计划的制订以年度绩效计划为基础，同时还要考虑外部环境变化以及内部条件的制约。

绩效计划按责任主体分为公司绩效计划、部门绩效计划以及个人绩效计划三个层次。一般来讲，公司绩效计划会分解为部门绩效计划，部门绩效计划会分解为个人绩效计划；一个部门所有员工个人绩效计划的完成支撑部门绩效计划的完成，所有部门绩效计划的协调完成支撑公司整体绩效计划的完成。

4.2　绩效计划制订的流程

4.2.1　制订原则

不论是对公司进行经营业绩计划，还是对员工进行绩效计划，在制订绩效计划时都应该注意以下原则。

1．与公司发展战略和年度绩效计划相一致原则

设定绩效计划的最终目的，是为了保证公司总体发展战略和年度生产经营目标的实现，所以在考核内容的选择和指标值的确定上，一定要紧紧围绕公司的发展目标，自上而下逐层进行分解、设计和选择。

2．突出重点原则

员工担负的工作职责越多，所对应的相应工作成果也较多。但是在设定关键绩效指标和工作目标设定时，切忌面面俱到，而是要突出关键，突出重点，选择那些与公司价值关联度较大、与职位职责结合更紧密的绩效指标和工作目标，而不是整个工作过程的具体化。通常，员工绩效计划的关键指标最多不能超过六个，工作目标不能超过五个，否则就会分散员工的注意力，影响其将精力集中在最关键的绩效指标和工作目标的实现上。

3．可行性原则

关键绩效指标与工作目标，一定是员工能够控制的，要界定在员工职责和权利控制的范围之内，也就是说要与员工的工作职责和权利相一致，否则就难以实现绩效计划所要求的目标任务。同时，确定的目标要有挑战性，有一定难度，但又可实现。目标过高，无法实现，不具激励性；过低，不利于公司绩效成长。另外，在整个绩效计划的制订过程中，管理者要认真学习先进的管理经验，结合公司的实际情况，解决好实施中遇到的问题，使关键绩效指标与工作目标贴近实际，切实可行。

4．全员参与原则

绩效计划的制订应该是一个全员参与管理、明确各自任务的过程。因此，在绩效计划的设计过程中，一定积极争取并坚持员工、各级管理者和管理层多方参与。这种参与有以下两方面的要点：首先，参与能够帮助员工了解组织和部门对自己的期望是什么，此时他们方有可能通过自己的努力达到组织期望的结果；其次，员工和主管一起制订计划，有利于员工接受绩效计划并产生自我成就感和满意感。

5．足够激励原则

使考核结果与薪酬及其他非物质奖惩等激励机制紧密相连，拉大绩效突出者与其他人的薪酬比例，打破分配上的平均主义，做到奖优罚劣、奖勤罚懒、激励先进、鞭策后进，营造一种突出绩效的企业文化。

6．客观公正原则

要保持绩效透明性，实施坦率的、公平的、跨越组织等级的绩效审核和沟通，做到系统地、客观地评估绩效。对工作性质和难度基本一致的员工的绩效标准设定，应该保持大体相同，确保考核过程公正，考核结论准确无误，奖惩兑现公平合理。

7．综合平衡原则

绩效计划是对职位整体工作职责的唯一考核手段，因此必须要通过合理分配关键绩效指标与工作目标完成效果评价的内容和权重，实现对职位全部重要职责的合理衡量。

8．职位特色原则

与薪酬系统不同，绩效计划针对每个职位而设定，而薪酬体系的首要设计思想之一便是将不同职位划入有限的职级体系。因此，相似但不同的职位，其特色完全由绩效管理体系来反映。这要求绩效计划内容、形式的选择和目标的设定要充分考虑到不同业务、不同部门中类似职位各自的特色和共性。

4.2.2　制定程序

绩效计划的制订是一个自下而上的目标确定过程，通过这一过程将个人目标、部门或团队目标与组织目标结合起来。这也是员工全面参与管理、明确自己的职责和任务的过程，如图4-1所示[①]。绩效计划的制定通常包括以下阶段：准备阶段、沟通阶段、审定和确认阶段。

1．绩效计划的准备阶段

我们知道，绩效计划通常是通过管理人员与员工双向沟通的绩效计划会议得到的，那么为

[①] 杜映梅. 绩效管理. 北京：中国发展出版社，2011：37.

了使绩效计划会议取得预期的效果，双方事先必须准备好相应的信息。这些信息主要可以分为三种类型。

图 4-1 绩效计划的层次体系

第一，关于企业的信息。为了使员工的绩效计划能够与企业的目标结合在一起，管理人员与员工将在绩效计划会议中就企业的战略目标、公司的年度经营计划进行沟通，并确保双方对此没有任何歧义。因此，在进行绩效计划会议之前，管理人员和员工都需要重新回顾企业的目标，保证在绩效计划会议之前双方都已经熟悉了企业的目标。

第二，关于部门的信息。每个部门的目标是根据企业的整体目标逐渐分解而来的。不但经营的指标可以分解到生产、销售等业务部门，而且对于财务、人力资源部等业务支持性部门，其工作目标也与整个企业的经营目标紧密相连。

例如，公司的整体经营目标是：

将市场占有率扩展到 60%；

在产品的特性上实现不断创新；

推行预算，降低管理成本。

那么，人力资源部作为一个业务支持性部门，在上述整体经营目标之下，就可以将自己部门的工作目标设定为：

建立激励机制，鼓励开发新客户、创新、降低成本的行为；

在人员招聘方面，注重在开拓性、创新精神和关注成本方面的核心胜任素质；

提供开发客户、提高创造力、预算管理和成本控制方面的培训。

第三，关于个人的信息。关于被评估者个人的信息主要指两方面的信息，一是工作描述的信息，二是上一个绩效期间的评估结果。在员工的工作描述中，通常规定了员工的主要工作职责，以工作职责为出发点设定工作目标可以保证个人的工作目标与职位的要求联系起来。工作描述需要不断地修订，在设定绩效计划之前，对工作描述进行回顾，重新思考职位存在的目的，并根据变化了的环境调整工作描述。

2．绩效计划的沟通阶段

绩效计划是双向沟通的过程，绩效计划的沟通阶段也是整个绩效计划的核心阶段。在这个阶段，管理人员与员工必须经过充分的交流，双方对在本次绩效期间内的工作目标和计划达成共识。绩效计划会议是绩效计划制订过程中进行沟通的一种普遍方式。以下是绩效计划会议的程序化描述。但是绩效计划的沟通过程并不是千篇一律的，在进行绩效计划会议时，要根据公司和员工的具体情况进行修改，把重点放在沟通上面。

管理人员和员工都应该确定一个专门的时间用于绩效计划的沟通，并且要保证在沟通的时候最好不要有其他事情打扰。在沟通的时候气氛要尽可能宽松，不要给人太大的压力，把焦点集中在开会的原因和应该取得的结果上。

在进行绩效计划会议时，首先需要回顾一下已经准备好的各种信息，在讨论具体的工作职责之前，管理人员和员工都应该知道公司的要求、发展方向以及对讨论具体工作职责有关系和有意义的其他信息，包括企业的经营计划信息，员工的工作描述和上一个绩效期间的评估结果等。

在沟通之前，员工和经理人员应该对以下几个问题达成共识。

第一，经理和员工在沟通中是一种相对平等的关系，他们是共同为了业务单元的完成做计划。

第二，我们有理由承认员工是真正最了解自己所从事工作的人。员工本人是自己工作领域的专家，因此在制定工作的衡量标准时应更多地发挥员工的主动性，更多地听取员工的意见。

第三，如何使员工个人工作目标与整体业务单元乃至整个组织的目标结合在一起，以及员工如何在组织内部与其他人员或其他业务单位中的人进行协调配合，这些都会受到经理人员的影响。

第四，经理人员应该与员工一起做决定，而不是代替员工做决定，员工自己做决定的成分越多，绩效管理就越容易成功。

案例——绩效计划制订中的沟通示例[①]

张总：前几天，在总经理办公会上制定了今年下半年的绩效目标，因此接下来这几天我会分别与你们这几位部门经理进行一次交流，落实我们市场部下半年的工作目标。

今年上半年成立客户部主要是为了能有一批人专门为大客户服务，因为大客户是我们公司重要的资源，这从销售额上也可以体现出来。目标的大客户有……

陈：13个。

张：但这13个大客户的销售额占了整个公司销售额的20%，而且今后的比例还会更高。这半年来，你们工作有什么问题吗？

（注：绩效计划的形成过程也是员工的参与过程，多听取下属意见，不可直接由领导拍板。）

陈：我觉得目前的工作还有很多问题。比如说，现在对大客户进行管理的规范还不是很明确，有些工作到底是由我们部门还是由企划部门做还不够准确，于是就出现了有的大客户有事情不知道到底应该找谁这样的情况。

张：这些情况我也有所了解。所以，下一步就想以你为主完善《大客户管理规范》，有了这个规范，大家就有了共同的行事规则，你看，对这方面你有什么想法？

陈：我认为《大客户管理规范》中不仅对责任的划分不够明确，流程上也有混乱的地方，比如说，现在的付款问题，手续复杂，客户觉得很麻烦，我们完全有必要从客户的角度出发简化程序。

张：那好，我看你对这方面有很多想法。你看多长时间能把新的《大客户管理规范》做出来？

陈：如果从现在就着手做，我想8月下旬差不多。

张：好，8月20日的时候把初稿交给我，到8月底最后定稿，你看有问题吗？

陈：目前没有问题。另外，我觉得如果按照下半年的销售目标，我这里的人手比较紧缺，

---

① 杜映梅. 绩效管理. 北京：中国发展出版社，2011：39.

最好能尽快招聘一些人员。

张：这个问题我是这样想的，应该招人的时候我们肯定去招，但你有没有考虑过现在人员的能力是否得到了充分的发挥？每个人都不可能完美无缺，但组成团队就不一样了，在一个团队中大家可以更好地取长补短，每个人的优势充分发挥出来，加在一起就是 1+1>2，你说呢？

陈：这也正是我所考虑的，对大客户的销售我们是否可以采用销售小组的形式，因为毕竟一个人势单力薄，以团队的形式能够更好地保持住大客户。

张：那你不妨把客户部的内部结构重组一下，形成若干个项目小组，把人员按照各自的优势和特点组合起来，接下去再考虑补充人员的问题。而且随着工作重心向大客户这边转移，其他部门也会有一些员工转到你这个部门中。

陈：那好吧，我现在就着手进行部门重组，争取在 9 月初的时候能够按照项目组的方式运作。另外我觉得客户越来越多，必须有相应的管理手段，比如说建立客户数据库。

张：关于建立数据库，我有几点想法，一是一定要注意数据库与公司管理信息系统的接口，以前曾经开发过数据库，但接口不好，很多时候要进行数据的重复录入，非常浪费人力、物力；二是要注意数据库的安全性，要进行权限设置，因为这些数据都是公司的核心机密；三是要设计一些进行深入统计分析的功能模块，以适应对业务进行深入分析的要求。你还有什么想法吗？

陈：我认为，这套数据库应该是一套使用便捷的系统，可以成为业务人员工作中的一个得力的帮手，因为业务人员普遍不喜欢比较复杂的操作系统，而且他们的业务也比较多，在数据管理方面应该考虑他们的需要。

张：你说得对，就按照我们的想法去做吧，企划部会拿出整体方案，具体的协调工作由你们双方来做。

陈：好，我们会全力配合。

张：那么，按照今天我们讨论的结果，你自己先做个计划，本周交到我这里来，好吗？

3．绩效计划的审定和确认阶段

在制订绩效计划的过程中，对计划的审定和确认是最后一个步骤。在这个过程中要注意以下两点。

第一，在绩效计划过程结束时，管理人员和员工应该能以同样的答案回答几个问题，以确认双方是否达成了共识。这些问题是：员工在本绩效期内的工作职责是什么？员工在本绩效期内所要完成的工作目标是什么？如何判断员工的工作目标完成得怎么样？员工应该在什么时候完成这些工作目标？各项工作职责以及工作目标的权重如何？哪些是最重要的，哪些是其次重要的，哪些是次要的？员工的工作绩效好坏对整个企业或特定的部门有什么影响？员工在完成工作时可以拥有哪些权利？可以得到哪些资源？员工在达到目标的过程中会遇到哪些困难和障碍？管理人员会为员工提供哪些支持和帮助？员工在绩效期会得到哪些培训？员工在完成工作的过程中，如何去获得有关他们工作情况的信息？在绩效期间内，管理人员将如何与员工进行沟通？

第二，当绩效计划结束时，应达到以下的结果：员工的工作目标与企业的总体目标紧密相连，并且员工清楚地知道自己的工作目标与企业的整体目标之间的关系；员工的工作职责和描述已经按照现有的企业环境进行了修改，可以反映本绩效期内主要的工作内容；管理人员和员工对员工的主要工作任务、各项工作任务的重要程度、完成任务的标准、员工在完成任务过程中享有的权限都已经达成了共识；管理人员和员工都十分清楚在完成工作目标的过程中可能遇到的困难和障碍，并且明确管理人员所能提供的支持和帮助；形成了一个经过双方协商讨论的文档，该文档中包括员工的工作目标、实现工作目标的主要工作结果、衡量工作结果的指标和标准、各项工作所占的权重，并且管理人员和员工双方要在该文档上签字确认。

4.3 构建绩效指标体系

为促使企业目标的实现，合理和公正地确定员工薪酬，采用合理的方法确定员工激励制度，管理者必须了解绩效指标的定义、分类，了解编制绩效指标的方法及对绩效指标的完善和确认。

4.3.1 绩效指标的定义

绩效指标就是考核因子或评估项目，是目标分解表中需要达到的目标值，是实现目标的一种衡量手段。因此，我们可以认为，绩效指标是建立在绩效目标基础之上，是对目标考核内容的衡量或评价。绩效指标通常包括指标名称、指标定义、标志和标度四个要素。具体内容如表 4-2 所示。

表 4-2　绩效指标的四要素

要素	具体内容
指标名称	对指标内容的总体概括
指标定义	指标内容的操作性定义，用于描述指标的关键可变特征
标志	绩效考核会将员工划分为不同等级，指标中用以区分各个级别的特征规定就是绩效指标的标志
标度	对绩效考核各级别的范围做出规定

4.3.2 绩效指标的分类

绩效指标按照不同的分类方法，可分为不同的类型。

1. 根据绩效考核的内容分类

绩效考核一般是对工作业绩、工作能力及工作态度的考核。因此，我们可以将绩效指标分为工作业绩指标、工作能力指标、工作态度指标三类。

（1）工作业绩指标

工作业绩就是工作行为产生的结果。一般情况下，工作业绩主要包括工作的数量、工作的质量及成本费用三方面。工作的数量是指所完成工作的总量及按期完成的程度；工作的质量是指完成工作的细致程度、准确程度及工作效率；成本费用是指工作在进行中及最后完成后花费的时间、财、物的总量。

（2）工作能力指标

不同的工作岗位对个人的能力要求不同，在绩效考核中加入工作能力指标，一方面可以明确该岗位所需要的能力，另一方面可以引导员工不断提高自身的工作能力，以与现在的岗位匹配并向更高层的岗位努力。工作能力一般包括体能、智能及技能等。

体能是指个人的健康状况，它取决于年龄、性别及个人的饮食和锻炼等多方面因素。在员工入职时，企业都会要求员工进行入职体检。在日常工作中，企业也会举行定期或不定期的体检，以确保员工的体能满足工作需求。

智能是指人们获得知识、运用知识及改造创新的能力，如员工在组织中表现出来的分析能力、记忆能力、理解能力、判断能力、运用能力、创新能力等。智能会随着人们所掌握知识的深

65

度和广度而变化，表现在人们获取和运用知识解决实际问题的速度与质量。

技能是通过学习并坚持练习掌握的技巧，主要体现为一个人解决问题的能力、沟通技能、专业技能、表达能力、组织能力等。

（3）工作态度指标

不同的工作态度会产生截然不同的工作结果，虽然工作态度不能决定一个人的绩效，但在很大程度上影响工作绩效达到的水平，"工作态度决定工作高度"。因此，在每个企业的企业绩效体系中都会有关于工作态度的指标规定。不同的企业，不同的工作岗位，可以使用相同的工作态度指标。

2．定量指标和定性指标

定量指标是以统计数据为基础，把统计数据作为主要评估信息，建立评估数学模型，并以数量表示评估结果的绩效指标。定量指标要相对客观、公正，可以摆脱主观因素和个人经验的影响，评估结果更加准确、可靠。但是当所依据的数据不准确时，评估结果就难以客观和准确，而且定量指标缺乏灵活性，不能说明工作的质量，难以表现工作的全部事实。

定性指标是指无法直接通过数据计算分析评价内容，需对评价对象进行客观描述和分析来反映评价结果的指标。定性指标可以充分发挥人的主观能动性，在绩效考核时应综合考虑更多因素，使评价更加全面。但定性指标所反映的被考核者的业绩往往是笼统的，涵盖多方面内容，而考核者是凭着对被考核者业绩的总体感觉给出一个印象分，所以，定性指标的准确性有待考量。

综合考虑定量指标和定性指标的优点和不足，企业在实际运用过程中，会将二者结合起来使用，以达到扬长避短的效果。在数据充足全面的情况下，以定量指标为主，以定性指标为辅来设定绩效指标；在数据缺乏或者难以量化的情况下，以定性指标为主，以定量指标为辅来设定绩效指标。

3．特质指标、行为指标、结果指标

这是一种比较常见的分类指标，主要根据绩效考核的三类定义来分类。

特质指标指的是个人的性格和能力，如道德、忠实、敬业、吃苦、领导能力和管理能力等都属于特质指标。特质指标注重的是什么样的人，而不考虑工作成果，缺乏有效性。

行为指标关注的是工作流程，工作具体如何执行，适用于程序化的工作方式。

结果指标强调以结果为导向，重点是结果，而不是行为。

特质、行为和结果三类指标的适用范围和特点如表 4-3 所示。

表 4-3　特质、行为和结果三类指标的比较[1]

项目	特质指标	行为指标	结果指标
适用范围	适用于工作潜力开发的预测	适用于按照固定流程和标准进行的工作，采用方法单一，方式程序化	适用于通过多种方式方法实现绩效目标的岗位，且不同岗位指标不同
不足	1．没有考虑情景因素，通常预测效度较低 2．评价指标有效性差，公平和公正程度不够 3．以难以改变的人的特质为评价指标，易造成员工情绪消极，对自己怀疑，不利于改进绩效	1．需要对所有的工作行为加以区分，工作量大，工作难度大，造成绩效考核成本过高 2．当员工认为其工作重要性较小时，意义不大	1．难以预料的客观因素会影响被考核者的工作结果，且这些因素不能够被控制 2．容易导致被考核者急功近利，为达到目标不择手段，影响企业的长远利益和发展

[1] 改编自杨杰、方俐洛、凌文泉. 对绩效评价的若干基本问题思考，自然辩证法通讯，2001.

4.3.3 绩效指标的确认

绩效指标的确认包括两步，即绩效考核前的指标确认和绩效考核后的指标确认。

1. 绩效考核前的指标确认

绩效考核前的指标确认主要包括绩效指标制定者自行检查和绩效指标沟通两个方面。

① 绩效指标制定者在指标确认阶段，首先要再次梳理整个编制流程，整理所有的文档资料，进行对比核查，检查是否有纰漏和疏忽的指标。

② 绩效指标沟通主要有两个目的，一是消除被考核者对绩效指标的疑虑，二是通过高层审核以获得支持，其具体内容见表4-4。

表4-4 绩效指标沟通的目的及内容

目的	具体内容
消除心理障碍	绩效指标制定者应就绩效指标的存在意义和作用与各个部门负责人进行沟通，征求部门领导的意见，并将沟通结果进行汇总 部门领导应通过组织会议或者面谈的形式及时向部门内部员工传达绩效指标，积极听取员工对绩效指标的意见，并将员工的所有意见汇总，提交给绩效指标制定者
管理层审核	由公司管理层组成绩效指标考核委员会，审核绩效指标 从公司整体利益角度出发来确定公司的所有战略发展指标是否全部分解，各个绩效指标是否平衡，是否遵循共同的价值导向 在确认满足以上要求后，由公司高层主管领导审核通过，以确保绩效指标的权威性

2. 绩效考核后的指标确认

绩效考核后的指标确认主要是根据考核结果及员工的反馈进行调整和完善。

① 在绩效考核真正实施时，企业才能真正发现绩效指标存在的问题和漏洞，衡量各指标是否切实可行，是否满足企业发展需要，是否获得了员工的认同。

② 企业通过绩效考核后进一步确认绩效指标，可以更好地检验各指标是否客观公正，保证指标的可操作性。

4.3.4 绩效指标的编制

绩效指标在编制过程中是有章可循、有据可依的。

1. 绩效指标编制的原则

绩效指标在编制过程中需要遵循八项原则。

（1）客观公正性原则

绩效指标在编制中要避免主观臆断，始终牢记"针对岗位而非针对个人"的标准，指标的选取要符合客观实际情况，以岗位职责为依据。

（2）明确具体性原则

绩效指标要明确具体，任何一个指标的描述都应该应用精确、清晰的语言，各个指标的界定和要求要明朗，不能含糊不清，避免造成误解。

（3）可操作性原则

指标设置不宜过高，过高的指标会影响员工积极性，过低的指标不易区分员工的差异，达不到激励员工的作用。

（4）界限清楚原则

每项指标的内涵和外延都应界定清楚，避免产生歧义。

（5）可比性原则

同一层级、同一职务及同一性质岗位的指标在横向上必须保持一致，便于绩效考核时分出不同等级。

（6）数量少而精原则

绩效考核指标并不是越多越好。指标越多，成本越大，而且会使简单的工作变得复杂。所以，绩效考核指标的数量应当与岗位层级挂钩，层级越低，指标越少。企业一般会采用关键绩效指标的办法，既节约了成本，又实现了对人员的考核。

（7）相对稳定性原则

稳定性是指考核指标一经确定，不得随意更改。缺乏稳定性的绩效指标缺乏权威性，容易失去可信赖性。

（8）差异性和独立性原则

差异性是指能够在内容上明确分清各项指标的不同。独立性是指各指标界限清晰，各指标的含义没有重复现象。

2．绩效指标编制的误区

（1）指标过少

一些企业为了减少指标设计带来的过高成本，可能会忽略一些非关键因素的影响，但被忽略的这些非关键因素可能会影响企业整个绩效的实现。也就是说，企业在精简指标时，要注意指标之间的因果关系。

（2）指标过多

企业在编制指标时，一般会分成核心指标和非核心指标，然而，非核心指标设置过多会影响员工绩效等级的划分，也会使企业的绩效考核失去应有的效果。

（3）指标过浅

在指标编制过程中，一定要做到表达精准，用词准确。如对销售额的理解，销售额应当是产品到达消费者的那部分，而积压在渠道销售商手中的那部分不应当算作销售额。

（4）指标过深

指标设定不能本末倒置，当一项指标约束条件过多时，其设计难度、考核难度就会大幅增加，导致管理成本急剧上升，管理者也会陷入疲于奔命之中。

（5）指标不连贯

所有指标的设计都是围绕战略目标而来，各项指标是相互关联的，不能出现"只见树木，不见森林"的现象。

（6）指标不客观

指标编制要全盘考虑，必须与企业资源配置紧密联系。

3．绩效指标编制的程序

（1）从企业发展战略出发

企业不论制定什么样的绩效指标，采用何种绩效考核方式，最终目的都是为了实现企业的长远发展。因此，绩效指标的设计首先要考虑企业的战略规划。

（2）从工作分析出发

工作分析是绩效指标编制的依据。企业通过工作分析确定岗位工作内容、工作职责及完成工作所需要具备的条件，能够明确编制各项指标的定义。

（3）在业务流程中把握

在绩效指标编制过程中，企业只有从业务流程中把握，才会使各指标之间连贯。

（4）要素调查，确定指标体系

企业通过采用工作分析法、访谈法、问卷调查法及经验总结法进行要素调查，确定绩效指标体系。

（5）指标的检验和修订

绩效指标的检验和修订有两种方法：一是在企业内部挑选相关人员组建专家团，对绩效指标进行修改、补充和完善；二是聘请外部专家，检验绩效指标的可行性。

4.3.5 绩效指标的量化

1．确定指标权重

权重即绩效考核指标在考核体系中的重要性，代表每个绩效考核指标在整个指标系统中的相对重要性。各个考核指标对不同的考核对象而言，会有不同的地位与作用。因此，依据不同的测评主体、不同的测评目的、不同的测评对象、不同的测评时期和不同的测评角度，以及各测评指标对考核对象反应的不同程度而灵活分配不同的权重。

（1）确定指标权重的目的

① 权重突出了绩效目标的重点，避免了执行人避重就轻；

② 权重体现出意图引导和价值观念；

③ 权重直接影响员工的工作重点；

④ 权重是企业评估的杠杆；

⑤ 权重是企业文化的表现，最终将左右企业文化建设。

（2）确定指标权重的原则

① 以战略目标和经营重点为导向的原则；

② 所有关键绩效指标或所有工作目标的权重之和为百分之百；

③ 各指标或目标权重比例应该呈现明显的差异，避免出现平均主义；

④ 评估者的主观意图与客观情况相结合的原则。

2．确定权重的方法

（1）简单排序编码法

它是指通过管理者对各项考评因素的重视程度进行排序编码，然后确定权重的一种简单的方法，需要管理者依据过去的历史数据及个人的经验对各项考评项目做出正确的排序。

比如在绩效考核过程中，某一职位有四个 KPI 的考评因素，分别为 A、B、C、D，依企业的要求及目标设定者的经验，各项考评因素的重要性排序为 B、D、C、A；然后再按照自然数顺序由大到小对其进行分配，分别为 4，3，2，1，然后将权数归一化，最后结果为 A：1/（4+3+2+1）=0.1；B：4/（4+3+2+1）=0.4；C：2/（4+3+2+1）=0.2；D：3/（4+3+2+1）=0.3。

这种计算权重的方法简单，但也存在主观因素，存在一定的不合理性，但至少它比管理者单纯地依据自身经验进行设定的方式要客观一些。

（2）倍数环比法

倍数环比法首先将各个考评因素随机排列，然后按照顺序对各项因素进行比较，得出各因素重要度之间的倍数关系，又称环比比率，再将环比比率统一转换为基准值，最后进行归一化处理，确定其最终权重。这种方法需要对考评因素有客观的判断依据，需要有客观准确的历史数据作为支撑。以上述四个因素为例，如表4-5所示。

表4-5　倍数环比考核表

考评因素	A	B	C	D	合计
环比比率	0.3	2	0.55	1	
基准值	0.33	1.1	0.55	1	2.98
最终权重	0.11	0.36	0.18	0.34	1

说明：表格第二行，0.3表示A的重要性是B的0.3倍；2表示B的重要性是C的2倍，0.55表示C的重要性是D的0.55倍；1表示D本身。第三行，是以D为基准进行的比率归一化，因C的重要性是D的0.55倍，因此取值为0.55×1=0.55；B是C的2倍，所以取值为0.55×2=1.1；以下类推。最终权重则以合计数为分母，各基准值为分子算出。

这种倍数环比法决定权重的方法较为实用，计算也简单，由于有准确的历史数据做支撑，因此具有较高的客观科学性。

（3）优序对比法

倍数环比法虽然较为实用，但事实上，许多企业的历史数据常常不能反映各因素之间的客观关系，而且也有些因素不能用量化的形式进行计算。如何评定它们之间的重要程度呢？优序对比法通过对各项因素两两比较，充分考虑各项因素之间的互相联系，从而确定其权重。

首先需要构建判断尺度，一般情况下，重要程度判断尺度可用1、2、3、4、5五级表示，数字越大，表明重要性越大。当两个目标对比时，如果一个目标重要性为5，则另一目标重要性为0；如果一个目标重要性为3，则另一个目标重要性为2。仍以上述四个因素为例，进行说明，如表4-6所示。

表4-6　优序对比考核表

	A	B	C	D	合计	最终权数
A		0	2	1	3	0.1
B	5		4	3	12	0.4
C	3	1		1	5	0.17
D	4	2	4		10	0.33
总合计					30	1

说明：（表中数据的补充说明）以A与B两个目标对比为例，B的重要性为5（第三行第二列），则A的重要性为0（第二行第三列），当将A与B两要素做比较时，两者的重要性之和为5。同理，以C与D两个目标为例，C的重要性为1（第四行第五列），则D的重要性为4（第五行第四列）。合计列是将该行与其他因素两两比较得出的值进行加总，最终权数则是以各行合计数除以总合计得出。

优序对比法通过各考评因素之间的对比，充分显示出因素与因素之间重要性的相互关系，实施过程仍需要管理者依凭经验做出判断，虽然在某一判断上，使用该方法时可能会出现偏差，但是却可以在与其他因素的比较上得到弥补，对决策者的主观经验判断是一个补充，因此，它具有较大的客观科学性。实践证明，这种方法是切实可行的。

【关键知识点】

扫一扫→什么是绩效目标?

【启发与思考】

量化考评指标还是调整考评关系?[①]

ZTBA 公司成立于 1988 年,是中国铁路建设系统的安装工程公司,在建筑设备、动力设备、管线、给排水、暖通空调、电力和消防等领域拥有强大的施工实力。公司 2003 年通过 ISO9000 质量管理体系认证,随后又通过了 ISO14000 环境管理体系、OHSAS18000 职业健康安全管理体系认证,是北京市科委认定的"高新技术企业"。公司经营额、产值和利润率等指标不断提升,发展势头良好。

近年来,随着建筑市场调整,ZTBA 公司的经营环境出现了重大变化。一是铁路建设增量在缩小,新的项目不断减少;二是铁路项目总包单位的分包队伍日趋成熟,参与设备安装分包的难度加大。三是社会施工单位介入铁路建设市场,竞争对手增加。上述原因导致公司竞争压力越来越大。

与此同时,城市综合建设发展水平提高,对设备安装提出了新的要求,为公司进入铁路建设外的其他市场提供了机遇。但这一市场竞争激烈。以 ZTBA 公司所在的北京市为例,具有安装工程总承包资质和一级工程施工资质的企业达 92 家,其中一些具有较强安装设计与施工能力的大企业,已经基本上垄断了北京地区的大型安装工程。

ZTBA 公司作为一家国有企业,在技术能力和品牌上具有优势,但机会把握能力不强,施工成本较高。能否发挥企业优势,修补企业短板,从传统低端市场进入新的高端市场,关系着公司下一步发展的命运。面对这一形势,公司领导班子进行战略调整,提出了"做精主业、拓宽市场、提升品牌"的发展目标,对企业经营管理工作进行重新定位。做精主业是指通过做好企业现有的建筑水、电、暖安装市场,保证基本利润和现金流。拓宽市场是指发挥专业优势,向技术含量高的业务领域发展,在产业价值链中占有较高地位。在做精主业和拓宽市场的基础上,依靠精品工程和"高新尖"施工项目,进行品牌建设,塑造公司形象,促进公司从项目分包企业向总承包企业转变。按照上述战略部署,ZTBA 公司进行了组织结构调整和考评体制改革。

ZTBA 公司作为建筑安装企业,长期以来以项目管理为基础,采用直线式组织结构。项目部位于生产一线,各项工作受公司高层管理者直接领导,包括投标、报价、采购、施工、安全、质量、技术和结算等不同环节。公司职能部门只是高层领导的业务助手,基本上没有管理决策权。

上述组织结构的优点是执行力强,项目部不仅能够较好落实领导决策,而且可以自主解决

---

① 秦志华, 吴振媛, 王冬冬. 量化考评指标还是调整考评关系? ——关于绩效考评改革的案例分析[J]. 中国人力资源开发, 2014 (20): 66-72.

很多问题，因此公司效率较高。缺点是管理粗放、成本难以控制、整合资源进行攻坚的能力不足。公司领导针对现有组织体系的不足，明确了组织调整的原则：一是促使项目部发挥经营作用，使其不仅作为生产基地，而且成为"利润来源、形象窗口和人才摇篮"；二是推动职能部门加强管理作用，使其不仅作为高层领导的参谋与助手，而且成为专业化归口管理机构，在整合资源的攻关工作中发挥杠杆作用。按照上述思路，ZTBA 公司对于组织结构做了调整，结果如下。

（1）增强职能部门功能

增设经济管理部，强化市场经营部和人力资源部。其中经济管理部负责项目投标和成本管理，市场部负责业务开拓，人力资源部负责员工招聘和培训开发。上述三个部门从开源节流、加强组织活力的角度支持企业战略转型。

（2）改进职能部门与项目部的联系

① 强化后的职能部门作为归口管理机构，必须建立相关制度并加以落实。例如，经济管理部负责物资采购、项目核算等方面制度的制定与实施，安全质量部负责安全生产和质量保证制度的建立与落实。

② 在落实制度的基础上强化业务指导。例如，经济管理部定期组织采购业务培训，工程技术部为项目部提供技术攻关方案。

③ 与此同时双方还要加强信息沟通。例如，经济管理部帮助项目部提供合格供应商；市场经营部收集行业竞争动态，为项目部进行市场开发提供支持。

（3）进行规范的职位体系建设

组织调整的结果通过部门职能表和职位说明书加以落实，其中部门负责人的责权界定具有重要地位。在对部门负责人的工作要求中，70% 权重是整个部门的工作内容，30%是负责人的个人工作内容，以保证把部门责任落到实处。以调整后的部门职能和职位责权为依托，ZTBA公司建立了新的绩效考评体系，其特点在于不仅对考评工作各环节进行系统整合，而且把绩效考评与经营管理的日常工作结合起来，以过程管理的方式落实到每个责任主体。

1. 考评体制设计

新的考评体制以促进企业战略目标实现为原则，从战略实施的角度整合考评工作的各个环节。

（1）考评目的

原有考评是事后考评，主要关注员工的已有业绩，用来进行奖金发放和员工评优。新的考评制度明确规定："绩效考评工作的目的，是适应企业战略转型的需要，在转型过程中改进和提升企业效益。"具体操作方式是把企业战略目标分解为各部门阶段性指标，通过制定责任主体的业绩计划书加以落实。事前制定的业绩计划书成为事后考评的直接依据。

（2）考评层次

原有考评针对个人，以员工业绩为依据直接打分，所得出的考评成绩不体现部门作用。新考评制度对此作了调整，加入了部门绩效考评的中介。按照新的制度，员工考评成绩不仅同自己的工作结果相关，而且受到部门绩效得分的影响。公司以这样的方式，强化部门在公司目标和个人期望之间的衔接作用，同时促进部门内部协作。

（3）考评指标

原有考评是经验考评，考评指标可比性不强。为此，新制度将考评指标分为"专用指标"和"通用指标"。专用指标因部门、岗位的区别而不同，体现不同人员对公司的特殊作用。通用指标对被考评者共同适用，体现企业文化价值观，侧重于对员工行为方式的要求。两类指标相互配合，从不同角度衡量部门及员工的工作绩效。

（4）考评关系

原有考评采用"360°办法"，考评主体包括上级、同事和下级。这种考评方式能够体现各方面意见，但由于考评者的角度不同，考评结果比较分散，不利于贯彻落实企业发展目标。新制度确定"专用指标由直属领导考核，通用指标由相关主体考核"，以提高考评工作的针对性。为防止出现考评偏差，公司明确了考评反馈的程序与方法。

（5）考评反馈

原有考评采取企业大排队方式，不仅工作量大，而且难以发挥考评的引导性作用。新制度规定，考评结果分别排三个队：一是职能部门一般员工，二是项目部一般员工，三是公司中层管理者。考评结果作为奖金发放、工资调整、培训开发、职位竞聘的依据。

2. 考评工作落实

为了把考评工作落实到每个责任主体，按照新制度的要求，年初制订生产经营计划时编写部门与员工业绩计划书，作为年终考评的依据。业绩计划书与业务工作计划的区别在于，把完成计划目标的责任落实到具体工作主体，并明确实现目标的重点与办法。各部门和员工以业务工作计划为指导，以自身职责权利为依据，结合自身实际情况明确工作努力的方向、内容、阶段任务和实现办法。

ZTBA公司的绩效考评制度设计出来之后，被认真付诸实践。然而经过一年努力，考评结果与人们的预期出现差异，引起了争议与反思。差异集中体现在两个地方：第一，项目部与职能部门的排名颠倒：历年考评得分排在前面的项目部，这次考评中很多方面排在了职能部门后面；第二，不同项目部的排名也难以服人，工作难度大的重要项目部考评成绩反而不如工作简单的小项目部："有经验的大项目部经理，绩效成绩排到了刚入公司的小孩儿后面"。

这种情况是否合理？如果不合理，原因在什么地方？采取什么办法才能加以解决？对于这些问题，ZTBA公司的管理者和员工进行了深入探讨。处于不同位置的公司成员，对此的认识和意见存在差异。

案例分析题：

1. 考评指标量化需要注意哪些问题？

2. ZTBA公司制定的绩效考核指标是否值得改进？如何改进？

【思考练习题】

1. 什么是绩效计划？其核心理念是什么？为什么要制订绩效计划？

2. 你认为绩效计划应当由谁来做？简要说明一下理由。

3. 你认为如何进行绩效目标的设定？主管和员工应做哪些准备？

4. 请根据你的理解结合实际工作设计一个绩效计划表。

5. 可以从哪几种角度确定关键考核指标？

6. 你认为以成本、环节、价值、危害确定关键考核指标时，它们有什么共同点？

7. 你认为还可以从什么角度确定关键考核指标？

【模拟训练题】

你是 B 公司人力资源部门的工作人员，现在公司需要做一份销售人员绩效考核表，人力资源经理安排你在两周的时间内完成这项工作。表 4-7 中已经给出了部分定量和定性指标，你可依照样板完成其余的指标和权重的填写。

表 4-7 销售人员绩效考核表

考核项目		考核指标	权重	评分	备注
工作业绩	定量指标	销售计划完成率	15%		
		销售增长率	5%		
		……	……		
	定性指标	市场信息收集情况	5%		
		销售合同管理情况	5%		
		……	……		
工作能力		专业知识	5%		
		沟通能力	5%		
		……	……		
工作态度		员工出勤率	5%		
		规章制度遵守情况	5%		
		……	……		

【情景仿真题】

表 4-8 所示是一份绩效考核量表，请根据绩效考核量表的指标及考核说明，指出这是哪个岗位的绩效考核表，并说明理由。

表 4-8 月度绩效考核表

部门：　　　　　　姓名：　　　　　　岗位：　　　　　　日期：

项目	考核内容	权重	量化内容	满分	得分
月度计划完成招聘人数____，实际完成人数_____；招聘计划完成率 N 为_____% 超额完成奖励：当 100%<N≤125%时，额外奖励 200 元/月；125%<N≤150%时，额外奖励 300 元/月；N>150%时，额外奖励 500 元/月					
工作完成质量（70%）	招聘计划完成率（70%）	10%	有效简历 20 份/岗位/天（以两个岗位作为标准），发送《每日简历打包文件》	10 分	
		10%	预约有效电话 10 个/岗位/天（以两个岗位作为标准），发送《预约人员统计表》	10 分	
		10%	平均每周应有不少于 20 人（即平均每天每岗位不少于 2 人）到达面试（以两个岗位作为标准），发送《面试人员统计表》	10 分	
		40%	预约到达面试人员每周至少入职 1 人，每月入职至少 4 个人，发送《周招聘人员情况总表》及《月入职人员统计表》	40 分	
工作态度（30%）	招聘计划执行度	10%	A．招聘途径多样化，有计划，有准备，能补充公司的岗位缺口，并有一定的人才储备	10 分	
			B．招聘途径单一，能勉强满足客户招聘计划需求	7 分	
			C．无招聘途径，不能满足公司招聘计划需求	3 分	

项目	考核内容	权重	量化内容	满分	得分
工作态度（30%）	工作主动性	10%	A. 及时发现某种机遇或问题，并快速做出行动，工作热情高，能对招聘项目提供有意义的意见和见解	10分	
			B. 能主动考虑问题，能对招聘方案提出解决方法，对职责内的事务尽心尽责	8分	
			C. 有一定的主动性和热情，但还需要上级监督；工作中只表现出愿望，而没有采取具体行动来改善局面	6分	
			D. 工作消极被动，缺乏热情，需要上级不断督促，没有想要把事情做得更好的意愿，只图应付工作	3分	
	团队配合能力	5%	A. 主动给予其他部门、其他团队成员以支持配合，能得到员工之间的认可，关系融洽	5分	
			B. 与员工之间的合作意识一般，关系一般	3分	
			C. 团队合作意识淡薄，不懂得以开放的心态对待合作者，不懂得欣赏他人、信任他人	1分	
工作态度（30%）	考勤	5%	严格履行公司的考勤制度，无缺勤记录	5分	
			考勤记录良好，能够按照公司的考勤制度进行上下班	4分	
			严重违反公司的考勤制度，经常迟到、早退、缺勤	0分	
总分					

备注事项：

一、相关表格及完成时间规定（见表4-9）

表4-9 相关表格及报送时间规定

表格名称	填报人	审核人	报送日期
《每日简历打包文件》	招聘专员	人事主管/人事总监	每日下班前
《预约人员统计表》	招聘专员	人事主管/人事总监	每日下班前
《面试人员统计表》	招聘专员	人事主管/人事总监	每日下班前
《周招聘人员情况总表》	招聘专员	人事主管/人事总监	每周周五下班前
《月入职人员统计表》	招聘专员	人事主管/人事总监	每月月底的最后一天

二、说明事项

1. 此招聘考核表以周为单位进行，每周进行一次统计；绩效工资按月发放；

2. 每周考核指标根据公司招聘计划进行分配；

3. 相关表格完成时间如果未按要求时间发送，每项扣除5分。

三、绩效工资

90~100分（全额发放绩效工资），小于90分按比例发放（考核分数/100×绩效工资）。

被考核人签字：_____　　考核人签字：_____　　人事总监签字：_____

日期：_____　　　　　日期：_____　　　　　日期：_____

第5章　绩效信息收集与绩效沟通

学习目标

1. 了解绩效管理沟通的含义、原则以及绩效管理沟通的必要性；
2. 熟悉绩效管理沟通体系的四个环节，了解各环节的沟通原则、内容以及注意点；
3. 理解绩效管理沟通机制的运作方式，懂得如何构建完善的绩效管理沟通机制；
4. 掌握一些常用的绩效管理沟通技巧。

引导案例

绩效信息为什么失真？

2013 年 1 月中旬，甲公司召开年度经营会议。新春气氛渐浓，一切似乎都很平静，然而，经营会议上公布的 2012 年度绩效考核结果，却令会场安静不下来。

甲公司是一家成立于 20 世纪 80 年代中期的高科技股份有限公司，1998 年 9 月公司股票在上海证券交易所上市。作为迅速发展中的生物高科技公司，甲公司围绕农化、医保、花卉三大产业已经形成一个高水平的、开放式的科技创新体系；形成一个以"千县万点工程"为主要内容的、技术服务导向的营销网络体系；形成围绕农化、医保、花卉三大产业链下属三十几家子公司的企业集团。业务的发展令人欣喜，然而，绩效管理却令人力资源总监王先生苦恼不已。

果然，会议结束，王先生的电话就成热线电话了。

"花卉产业是朝阳产业，用利润指标考核不能反映我们花卉公司取得的业绩。"

"营销部自己委托市场调查公司，你说客户满意度能不高吗？"

"王总，财务部员工的业绩肯定不是公司的中间水平！我对员工要求严格，考核标准把握的尺度也紧，其他部门的领导尺度放得松——人力资源部也没有人把关，你叫我怎么向员工交代啊！"

"王总，有个数据不知道能不能改改，我认为利润增长率的利润应当用 EBITDA 值。EBITDA 值是世界先进企业通用的指标，而且我一直以为我们公司用的是这一标准。财务部前几天告诉我公司用的是 EVA 值，我们公司用 EVA 值的条件还不成熟。"

王先生犯愁了，一个个都来抱怨，好像全是人力资源部的错。领导层也不满意，昨天总经理也提到："公司经营业绩表现一般，勉强及格，怎么部门领导的绩效却个个都是八九十分呢？"可是，这些分数都是按照绩效管理体系和制度执行而得出的，绩效信息为什么又不准了呢？

5.1　绩效管理沟通概述

沟通是指人们在互动的过程中通过某种途径或方式将一定的消息由发送者传递给接收者，

并获得理解和预期反馈的整个过程。绩效管理沟通，又简称为绩效沟通，是指在绩效管理的过程中，管理者和员工之间就工作绩效的相关问题进行正式的或非正式的反馈、探讨、帮助和沟通，提升绩效考核结果的公平合理性，促进个人与组织绩效的改善，支持员工与组织的共同成长，形成绩效管理的互动、协调、公开、公正的过程。

绩效管理沟通与一般沟通一样，遵循图 5-1 所示的沟通路径。

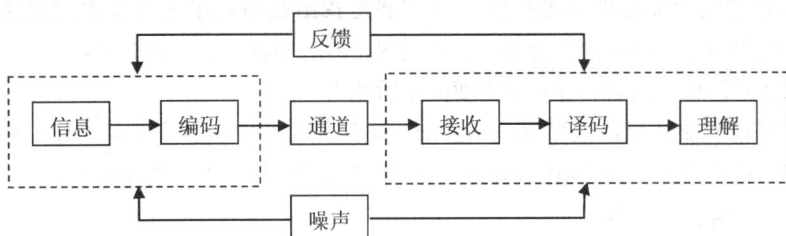

图 5-1 沟通过程模拟

不同于人们在日常生活中的沟通，绩效管理沟通有着一定的特殊性。通常，管理者可以通过绩效管理沟通来达到以下目的：①获取员工的信息，及时了解员工的工作情况，有针对性地提供员工所需要的资源和指导，从而帮助员工提升其工作能力，改善其工作效果；②运用沟通获得的信息帮助管理者向员工传递组织期望和组织目标，应对企业内外部发生的各种变化；③使管理者能够客观、公正地评价员工的工作绩效，提高员工对绩效评价的满意度，加强员工对组织的凝聚力；④通过沟通，管理者和员工探讨和找出绩效存在的问题及原因，使绩效改进计划具有基础和依据。

对于员工来说，绩效沟通也意义重大：①它可以帮助员工及时了解自己在绩效周期内的业绩是否符合组织事先制定的标准，及时发现自己在这一阶段的绩效不足并加以改进，使双方对绩效评估结果达成一致的看法；②持续的绩效沟通使员工的工作处于一种开放的状态，员工会感受到组织和领导对自己的重视，这无疑会提高他们的工作热情和积极性；③绩效沟通还可以帮助员工随时了解企业变化，如组织目标的调整、工作内容的改变等，使其根据这些变化对自己的工作做出调整；④绩效沟通使员工能及时得到管理者提供的资源、指导与帮助，以协助他们更好地完成任务，实现目标。

5.2 绩效管理沟通的内容

5.2.1 绩效管理沟通的基本原则

绩效管理沟通既是一项重要的管理工作，也是一门重要的管理艺术。为此，绩效管理沟通应当注重以下几点。

第一，组织要将沟通内化于组织战略中。组织应该在各个层级上进行充分的沟通，组织高层领导应经常和下属进行沟通以建立一种管理信任，从而让下属专注于工作。

第二，组织要向员工传递要求、信息和激励。关于向员工传递什么信息的问题，首先组织需要了解员工的需求。应用情境理论表明，要求、信息、激励三个要素相辅相成，既为员工指明了工作的方向，也为员工的工作提供了支持，同时也能激发出员工的工作积极性。

第三，组织要将沟通作为一种加强领导的手段。沟通并不仅仅是向员工传递信息，而是要将这些信息应用于员工的日常工作中，为此可以让直线经理总结各自部门现有的文化，然后与所要求的组织文化相比较。这个过程可以消除部门中的弊端并使各部门与组织的联系更加紧密，虽然简单，但却让经理们看到了其部门所需要做出的变革，并且意识到如果企业的目标需要依靠普通员工去实现，就必须让员工集中到组织的目标上来。

第四，管理者需要战略的沟通技能。这主要是找出在组织中建构开放式沟通所需要的素质，因为在一些组织中，组织沟通受到很大的重视，但却和领导层没什么关系。这可以让人力资源部门界定出建立信任、信誉和尊重所需要的素质能力。

第五，分析信息流动渠道以提供明确目标。组织应该找出信息流动的主要障碍，然后采取相应的措施消除这些障碍。因为组织顺畅的信息流动不仅能提高组织沟通以及组织活动的效率，而且能改善组织与客户的关系。

第六，计划要比变化快。组织要用沟通来管理变化，沟通能使员工积极地应对变化。在一个重大的变革中，员工可能会变得不知所措，他们想知道关于他们的工作内容和方式有什么样的变化、终极目标是什么、需要建立什么样的新关系等去应对变革，组织通过有效沟通可以达到这一目的。

当然，在进行具体的绩效沟通时，组织还应该遵循以下原则。

一是真诚原则。沟通应建立在坦诚相待的基础上。真诚的沟通可以使上级尽可能多地从下级那里获得信息，可以使下级了解自己工作的成绩和不足，并获得足够、正确的资源，利于其进一步完成工作。

二是实效性原则。沟通应该及时，在问题出现时或之前就通过沟通将之消灭于无形或及时解决掉。沟通应该讲求效果，双方在沟通前应进行充分的准备，提高针对性。

三是发展性原则。绩效管理具有前瞻性，绩效沟通的结果应该是具有建设性的，给员工未来绩效的改善提供富有价值的建议，帮助员工提高绩效水平。

四是持续性原则。上级和下级应合理确定沟通的时间间隔，保持沟通的连续性。

5.2.2 绩效管理沟通的体系与机制

1．绩效计划的沟通

绩效计划是绩效管理的第一环节，是管理者和员工共同讨论以确定员工在考核期内应该完成什么工作和达到什么样的绩效目标的过程。此外，管理者也应该在这一过程中向员工表明自己会提供的支持，员工在必要时也可以向管理者主动提出自己还需要哪些帮助。在这一过程中，最重要的沟通任务就是通过员工参与沟通实现绩效目标的设定和细化，并达成正式承诺。

（1）绩效计划的沟通方式

绩效计划的沟通方式根据企业的文化、制度特点，沟通对象的层级特点以及人员数量可以分为以下三类。

① 全体员工大会。企业全员参与，希望借助这一机会向员工阐述企业的愿景、目标以及年度计划，调动绩效计划的全员参与，从而达到激发士气以及增强认同的目的。全体员工大会不会过多涉及工作任务的分配，主要是在企业中起到象征性的激励作用。

② 部门会议。企业目标的实现需要部门之间以及部门内部的共同合作完成。部门会议需要在明确的部门目标上对部门内部人员的分工以及合作状况做出说明。

③ 单独沟通，即一对一的沟通，主要针对个人的工作目标。

（2）绩效计划沟通的流程和目标

绩效计划沟通的方式多种多样，但是主要的流程包括以下几个方面，如图 5-2 所示。

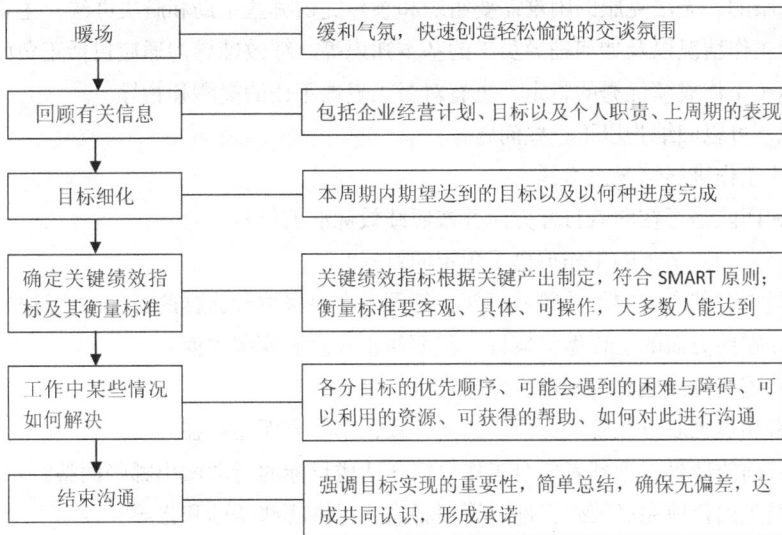

暖场	缓和气氛，快速创造轻松愉悦的交谈氛围
回顾有关信息	包括企业经营计划、目标以及个人职责、上周期的表现
目标细化	本周期内期望达到的目标以及以何种进度完成
确定关键绩效指标及其衡量标准	关键绩效指标根据关键产出制定，符合 SMART 原则；衡量标准要客观、具体、可操作，大多数人能达到
工作中某些情况如何解决	各分目标的优先顺序、可能会遇到的困难与障碍、可以利用的资源、可获得的帮助、如何对此进行沟通
结束沟通	强调目标实现的重要性，简单总结，确保无偏差，达成共同认识，形成承诺

图 5-2 绩效计划沟通流程示意

需要强调的是，在绩效计划沟通的过程中，绩效指标下达是自上而下的，而员工意见和建议反馈是自下而上的，在此过程中形成了上下循环的信息流。这样的沟通方式区别于指标的硬性下放，从而将管理者的意图和员工的问题进行了充分的传递。

经过双方充分的绩效计划沟通，企业的绩效计划也就基本完成。有效的绩效计划沟通应该达到以下目标。

① 员工清晰地了解企业的目标以及个人的目标，并意识到自身目标的达成对于自己的职业生涯以及组织目标实现的重要意义。

② 企业管理者和员工对员工的工作目标和衡量标准，完成工作的时间设定、资源获取、帮助获得以及权限享有达成共识。

③ 企业管理者明确了解员工对自己的期望以及应该提供的帮助和支持。

④ 企业管理者和员工双方达成一致意见的书面绩效合约。

2．绩效辅导的沟通

无论绩效管理循环周期是长是短，在考核指标设定之初，企业都无法完全估计未来业务发展可能发生的变化，所以，在绩效管理的周期内，对目标完成情况的跟踪和对目标进行适当的调整就显得十分重要。双方持续而有效的沟通，既可以解决员工在完成指标过程中遇到的问题，同时也可使企业对因客观环境或条件的变化而导致的异常指标进行合理的调节和完善。

另外，上下级在平等的交往中相互获取信息、增进了解、联络感情，可以保证下属的工作能正常开展，保证工作过程是动态的、柔性的和敏感的，从而使绩效实施顺利进行。

设定绩效目标以后，管理者的主要工作就是辅导帮助员工提高业绩操作能力，实现绩效目标。在管理者辅导员工以达成绩效目标的过程中，管理者帮助员工提高工作技能，纠正工作中出现的错误，并根据环境的变化对工作目标进行修订。有效而持续的沟通仍然是绩效辅导环节的关键。

（1）绩效辅导沟通的问题

在绩效辅导沟通之初，员工应当思考在工作中可能会遇到哪些障碍，哪些障碍是通过自己的努力能够克服的，无法克服的困难需要组织和领导提供哪些帮助和解决办法；主管人员应该了解员工的实际工作情况以及如何辅导员工的基本知识等。绩效辅导沟通应包括正负两个方面的反馈，既有对员工工作成绩优秀的肯定，也有对员工表现不佳的提醒和指导。

具体来说，可以归纳为以下一些问题：

① 员工的工作进展情况怎么样？

② 员工和团队是否在向着目标方向并按照绩效标准前行？

③ 哪些因素导致员工的工作偏离了预定的目标？

④ 如果员工有偏离方向的趋势或可能，管理者应该采取什么样的行动改变这种局面？

⑤ 员工在哪些方面的工作做得较好，需要纠正或改进哪些方面？

⑥ 员工在哪些方面遇到了困难或障碍？

⑦ 管理者和员工双方在哪些方面已达成一致，哪些方面还存在分歧？

⑧ 针对目前的情景，管理者要对工作目标和达成目标的行动做出哪些调整？

⑨ 为使员工出色地完成绩效目标，管理者需要提供哪些帮助和指导？

（2）绩效辅导沟通的主要方式和技巧

绩效辅导阶段沟通的主要方式及其优缺点如表5-1所示。

表5-1　绩效辅导的沟通方式及其优缺点

沟通方式		优点	缺点
正式的沟通方式	书面报告	可以锻炼员工的逻辑思维和书面表达能力；报告方式简单，内容严谨、准确，便于保存；使沟通突破了时间、空间的限制	信息单向传递，缺乏双向交流；大量的文字工作容易使沟通流于形式；不易在团队中实现信息共享
	会议沟通	可满足团队交流的需要；便于管理者向员工传递信息；能帮助员工理解组织目标并找到更好的工作方式	组织比较耗费时间和精力；有些问题不便在会议上公开讨论；召开会议会影响正常工作
	面谈沟通	可使管理者与员工进行比较深入的沟通；可以谈论比较不宜公开的观点；管理者在面谈中可以根据员工的处境和特点，因人而异地给予帮助	容易使员工产生较大的心理压力；容易带有个人感情色彩；比较耗费时间，且要求管理者掌握较高的沟通技巧
非正式的沟通方式	走动式管理	管理者在员工工作期间经常到员工的座位附近走动，与员工进行交流，或解决员工提出的问题，及时解决员工的工作困难和障碍；管理者的及时问候和关心可以减轻员工的压力，使员工受到鼓舞和激励	管理者如果掌握不好走动的频率及方式，会让员工感觉管理者是在监视其行为，对其干涉过多，不信任他们，员工容易产生心理压力和逆反情绪
	开放式办公	办公室随时向员工开放，员工随时可以进入办公室和管理者讨论问题，说出自己的想法和意见；将员工置于比较主动的位置，员工可以选择与主管沟通的时间，可以比较多地主导沟通的内容	占用管理者大量时间，使管理效率降低
	非正式会议	包括联欢会、生日晚会等各种形式的非正式团队活动，管理者可以在比较轻松的气氛中了解到员工的工作情况和员工遇到的需要帮助解决的困难	非正式会议导致在共识未达成前的信息被过度解读

无论采用何种沟通方式，管理者都要切实改进和提高沟通技巧，既要学会认真倾听，也要

能够准确地表达，以积极开放的态度与下属进行沟通，努力克服沟通过程中存在的障碍。通过运用以下这些技巧，管理者和员工之间可以实现信息的准确传递，解决现实问题，而与此同时，沟通双方的关系会因为交流而得到巩固和加强。

① 掌握倾听的技巧。

整个交谈的过程中，管理者必须注意倾听员工的需求，管理者做到以下几个方面可以提高倾听的效果：第一，沟通前准备好有关材料；第二，必须保持良好的精神状态；第三，必须创造良好的倾听环境；第四，适时适度地提问，避免一味提问和一味倾听而没有反馈；第五，用动作和表情给予回应；第六，努力营造双方的信任关系；第七，深入理解员工想要表达的内容；第八，沟通结束后，对此次沟通过程进行总结。

② 消除沟通中存在的障碍。

第一，主观障碍。产生这些障碍的主要原因有绩效信息传递受到个人的记忆和思维能力的影响，管理者考虑不周或决策失误而引起的管理者和员工的信任危机，双方经验水平和知识结构上的巨大差距或者是由于双方对信息的不同态度所引起的信息过滤等。因此，在沟通之前，管理者应该考虑周到；在沟通的过程中，要经常及时地进行反馈，以减少误解，同时考虑到信息传递的对象，要尽量采用双方习惯的语言和表达方式。对于组织中不同部门、不同层级的员工，管理者要注意沟通态度和交流语言上的准确性和艺术性。

第二，客观障碍。组织机构过于庞大，中间层次太多，信息传递的时间越长，经过的层次越多，失真的可能性就会越大；信息的发送者和接收者空间距离太远，接触机会少；社会文化背景的不同等都会造成客观障碍。因此，反馈必须及时，减少信息的滞后；采用现代化的信息交流手段，克服时间和空间距离造成的沟通障碍；在进行跨文化沟通时，要先了解对方的社会文化背景，这一点在跨国公司的沟通中需要特别注意。

第三，沟通方式的障碍。发送者在提供信息时表达不清楚，对语言符号的记忆模糊或由于接收者接收失误就会产生误解；沟通的形态和网络多种多样，而且它们都有各自的优缺点和适用性，选择不当就会产生障碍。管理者应根据沟通对象、时间、地点、目的等因素选择最合适的沟通方式。

3．绩效考核的沟通

整个绩效管理过程就是一个持续双向沟通的过程，虽然在绩效目标确立时已经进行了沟通和确认，但是在拟订绩效考核制度时，还需要进一步沟通。企业在制定和修改绩效考核制度时，管理者只有与员工进行充分的沟通，才能得到适合企业发展需要的有效的绩效考核制度。企业只有建立有效的绩效考核沟通机制，探索全方位、多角度的绩效考核方法，才能确保考核的客观性和公正性。如果管理者在制定绩效考核制度时没有与员工积极沟通，一旦双方对考核结果的看法不一致，就可能引起员工对绩效考核工作的不满和抵触。

拟订绩效考核制度不只是管理者的事，还要有员工的积极参与，在考核方案最终确定之前至少要让员工提出意见和建议。在平时，人力资源部要进一步加大与员工沟通的力度，认真听取员工对绩效考核制度的意见和建议，及时反馈信息，探索不断改进和完善绩效考核工作的新途径和新方法。在制定好绩效考核制度之后，企业可以通过进一步的宣传和教育，获得广大员工对考核制度的认同与支持：一方面，企业要进一步加大对员工绩效考核目的及意义的宣传力度，使之更新观念，明白绩效考核对于绩效管理、对于员工个人发展以及组织目标实现的重要意义；另一方面，企业要通过适时沟通对考核制度做出相应的调整。

绩效考核是一项复杂的工作，需要投入较大的精力和物力，而且还不一定能够达到预期的效果。绩效考核不能取得预期的效果，原因是多方面的，其中一个不容忽视的原因就是管理者与员工没有在考核过程中做好充分的沟通。因此，实施绩效考核时，管理者与员工之间必须进行充分的交流沟通，以利于绩效考核工作的顺利实施以及绩效考核结果的公平、公正、准确。

（1）绩效考核前的动员

为了让全体员工理解绩效考核并支持绩效考核，管理者在绩效考核前一定要进行有效的和有针对性的宣传动员。考核前的动员工作主要包括几个方面：第一，向员工宣传绩效考核的科学性；第二，向员工宣传绩效考核的目的和意义，让员工明白绩效考核的出发点和落脚点都是为了推动员工的潜能开发与能力提升；第三，向员工宣传绩效考核的公正性与方法的合理性，强调绩效考核以事实或者材料为依据，以公正为原则，并向员工提供申诉的机会；第四，帮助员工了解绩效考核的有关纪律和要求，让员工明确绩效考核的整个流程与运作程序。动员的形式主要有会议动员、文件动员等。

（2）绩效考核前的培训沟通

绩效考核前的培训一般包括对管理者的培训和对员工的培训两个方面，培训的过程同时也是沟通的过程。在对管理者的培训方面，主要是通过人力资源部的专业人员或外部专家对部门管理人员进行相关培训与沟通，提高他们的绩效考核业务能力，减少考核评定中人为的非正常误差，提高考核的准确度。

对管理者的培训，主要包括两方面内容：一是培养正确的态度，提高管理者对绩效考核及其意义、人力资源开发与管理和考核关系的认识，使其认识到绩效考核不仅对组织至关重要，对员工未来的发展和晋升也有着举足轻重的影响，提升他们的责任意识；二是提高专业知识和技术水平，包括考核中容易产生错误的原因及防范对策、考核方法、文件资料和数据处理的方法、专用工具与设备的使用技术等。

对员工进行培训主要是让员工正确认识绩效考核对他们的意义。管理者要将考核的主体、程序、方法与员工利益之间的关系等内容通过部门会议、小组讨论等方式与员工进行充分交流，使他们对整个考核心中有数。

（3）绩效考核的申诉沟通

考核申诉是为了使考核制度完善化并使考核过程真正做到公开、公正、合理而设定的特殊程序。考核申诉产生的原因如下：一是绩效考核中存在一些误区，如平均趋势、极端倾向、晕轮效应、近因误差及暗示效应误差等；二是被考核员工对考核结果不满，或者认为考核者在评价标准的掌握上不公正。因此，设立考核申诉程序，以从制度上促进绩效考核工作的合理化，达到提高组织绩效的应有作用，就显得十分必要了。考核申诉不仅能使考核结果更加公正，还能完善考核过程，为以后的绩效考核扫清障碍。

考核申诉的处理，一般是由人力资源部门负责。在处理的过程中，应注意以下几点：首先，处理考核申诉时要注意尊重员工个人，申诉处理机构应该认真分析员工所提出的问题，找出产生问题的原因；其次，要把处理考核申诉过程作为互动互进的过程，当员工提出申诉时，组织应当把它当作一个完善绩效管理体系、促进员工提高绩效的机会，而不要简单地认为员工申诉就是员工有问题；最后，处理考核申诉时，组织应当把能让申诉者信服的处理结果告诉员工。如果所申诉的问题属于考核体系的问题，那么管理者应当完善考核体系；如果所申诉的问题是考核者的问题，那么管理者应当将有关问题反馈给考核者，以使其改进。如果确实是员工个人的问题，管理者就应该拿出能使员工信服的证据，并做出恰当的处理。在考核申诉过程中，管理者要特别注意对员工考核结果的保密。在很多员工看来，这属于他们的个人隐私，如果让更多的人知道了员工个人的考核结果，很有可能会引起员工的反感。

绩效考核申诉沟通一般是通过组织申诉员工进行谈话的方式来进行的，可以是单独谈话，也可以是集体会谈。在绩效考核申诉的过程中，主管部门要以具体的事实为依据，并且要注重申诉双方的沟通与协调。在了解情况、掌握事实的基础上，企业或部门主管应努力促进申诉双方当事人的沟通与理解，并与申诉双方当事人探讨基于绩效管理流程的企业绩效沟通，研究协商解决的途径，同时也要给申诉员工一个明确的答复。

考核申诉制度通过发动广大基层员工来约束管理者谨慎使用企业给予的考评权力，能够营造绩效管理的文化氛围；企业通过考核申诉程序，启用相应的调查评议方法，来评价管理者的管理能力，本身也是对管理人员的一个考核办法。一般而言，绩效考核申诉沟通既能提升考核者的工作能力，也能够消除或减少员工的疑问和不满情绪。

5.3 绩效管理沟通的机制

5.3.1 绩效沟通机制的构成

影响企业绩效沟通效果的因素有很多，主要包括沟通主体、沟通环境、沟通系统、沟通渠道和沟通制度等方面的因素。企业绩效沟通机制主要是由绩效沟通体系和绩效沟通环境两大部分构成的，如图 5-3 所示。其中，绩效沟通体系是由绩效沟通的四个环节组成的一系列循环，绩效沟通环境主要包括绩效沟通渠道、绩效沟通制度和绩效沟通文化等要素。

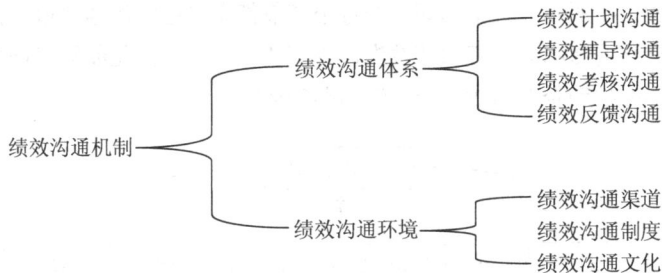

图 5-3　绩效沟通机制的构成要件

5.3.2 建立完善的绩效沟通制度以及沟通文化

1．如何建立企业绩效沟通制度

企业的绩效沟通需要制度化和正规化，在企业内部形成一个沟通的规范，这样才能使绩效沟通体系更好地发挥作用。当绩效沟通的方方面面被以制度的形式记录下来，当作企业的一种沟通规范或工作的一项任务时，它就具有一定的强制性和稳定性，不仅能够督促相关人员的执行，而且能促进他们多学习绩效沟通的相关知识，从而能产生比较好的沟通效果。

① 建立沟通的标准。企业绩效沟通需要建立沟通的标准。首先，企业要构建好自身的绩效管理体系，通过设置明确、科学的绩效目标，用以指导企业行为，包括绩效沟通行为。其次，企业在搭建绩效沟通体系的过程中，通过对绩效沟通各个环节的深入理解，进一步明确各个环节沟通的目标和沟通的主要内容，进而建立相应的沟通标准。

② 制定完善的沟通政策。企业必须实实在在地制定明确的、成文的沟通政策，并逐步完善各项沟通制度。企业能否有一个有效的沟通政策，关键在于管理者的沟通意识、态度和立场。管理者应该有良好的沟通意识，并且鼓励员工积极参与沟通。如果管理者很少进行沟通，那么员工也就会不自觉地少说话了。

2．营造良好的绩效沟通文化

沟通文化能够培育员工在沟通方面共同的价值观念和行为规范，这是员工之间相互沟通的基础，同时，沟通文化的内涵也决定了一个企业的沟通环境和沟通氛围。因此，营造良好的沟通文化是建立企业绩效沟通机制的根本，同时也是制定具体绩效沟通制度依据的主要原则。

① 管理者的沟通理念。管理者都应鼓励员工积极参与沟通，同时他们也要有积极主动的沟通理念，这样才能在企业内部营造良好的沟通文化氛围，做好绩效管理工作。

② 基本的沟通文化。企业在建设绩效沟通机制时，应当努力营造以下几种基本的沟通文化。第一，尊重的文化。管理者应像尊重自己一样尊重员工，始终保持平等的心态。第二，合作的文化。管理者与被管理者之间利益矛盾的存在是不可避免的，但是可通过绩效合作关系改变企业的工作氛围，促使大家为了完成共同的绩效目标而努力进行沟通及协作。第三，服务的文化。管理者应把员工当成自己的内部客户，只有让内部客户满意才可以更好地服务外部客户。第四，分享的文化。管理者与员工在工作当中应当不断地分享知识、经验、目标及一切值得分享的东西，以便能够共同进步。第五，学习的文化。只有会学习的员工才能在工作上有好的表现，只有会学习的管理者才能更好地管理下属。

3．绩效沟通机制的运行模式

在绩效管理的各个流程中，绩效沟通是持续进行的，其中的四个基本沟通环节构成了一个绩效沟通循环，如图 5-4 所示。这个循环中的每个环节都有自己的沟通渠道，都会受到企业的绩效沟通制度与沟通文化的影响。良好的绩效沟通制度和绩效沟通文化能够保证各个环节的绩效沟通工作的顺利开展，并推动企业绩效沟通机制的顺利运行。

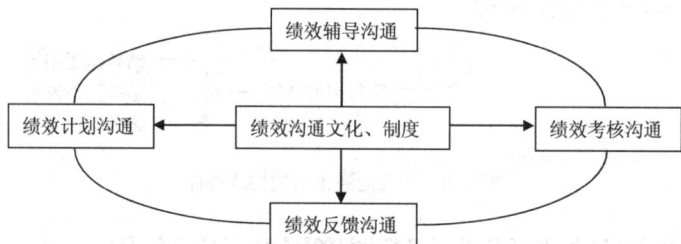

图 5-4　简单的绩效沟通运行模式

5.4　常见的绩效沟通误区和偏差

5.4.1　常见的绩效沟通误区和偏差

1．绩效沟通的误区

绩效沟通中存在的误区主要包括以下两个。

误区 1：单向沟通。管理者和员工在沟通时，整个过程是命令和接受命令而没有就绩效问题进行交流，是不平等的对话，在此，沟通变成了发布命令，很难对绩效工作有质的改进。

误区 2：沟而不通。在绩效沟通过程中，管理者和员工都不明白绩效沟通不是讨价还价的手段，而是讨论绩效问题的方式，最终的目的还是要改进绩效。

2．绩效沟通的偏差

① 认知偏差。企业的管理者对绩效管理的认识存在三个方面的偏差。第一，对绩效管理的本质特点认识不全面。他们简单地将绩效管理等同于绩效考核，即对员工的工作成绩进行评定。事实上，绩效考核只是绩效管理的一个重要环节，在绩效考核之后仍然有重要的绩效管理工作需要由管理者和员工共同完成。第二，对绩效管理的角色认知偏差。管理者认为自己是绩效管理的核心，员工在这个过程中只是被考核者，将绩效管理当作管理层的一种单方面措施来推行，因而很少与员工进行互动和沟通。第三，对绩效管理的目标认知偏差。绩效管理的目标应该是双重的，既要实现企业绩效的提高，又要实现员工的发展，而很多管理者忽视了绩效管理的人力资源开发功能。表 5-2 列举了沟通中容易出现的认知偏差。

表 5-2　沟通中容易出现的认知偏差

偏差类型	偏差描述
寻求支持性证据	乐意收集支持特定结论的事例，而不愿考虑反面材料
非一致性	不能在类似的情形下运用同样的标准
保守主义	不随新信息和新证据的出现而改变自己的思维（或转变得很慢）
实时性	最新的事实优于过去的事实，较少考虑甚至忽略过去的事实
可获得性	依赖易于回忆的具体事件，不考虑其他相关信息
锚定性	预测过分受原始信息的影响，原始信息在预测过程中占的权重很大
偏差类型	偏差描述
虚假关联	认为一定存在某种固定的模式，并将两个没有关系的变量随意关联
选择知觉	人们倾向于以自己的背景和经验看问题
回归效应	一些现象出现频率的持续提高可能是随机原因，但若果真如此，这些随机的原因又会导致以后出现的频率降低。类似的，一些现象出现频率的降低可能造成以后出现的频率提高
成败归因	成功源于某些人的才能，而失败则是由于厄运或者其他人的失误，这种想法将阻碍学习的发生，因为它使某些人无法认识到自己的错误
乐观主义	人们对于某些未来的结果的偏好会影响他们对这种结果预测的准确性
低估不确定性	过分乐观，虚假关联和减少焦虑的需要导致低估未来的不确定性

② 态度偏差。企业进行绩效管理时，管理者在行使考核权力的过程中，戴着有色眼镜，挑剔地审视员工；而企业员工也大都认为绩效管理只是企业为了监管他们而采取的措施或者只是做做样子而已，感到自己处于不公平的被动地位，于是在考核者与被考核者之间存在着严重的对立情绪，导致员工不配合企业的绩效管理工作，甚至消极地抵制这一工作。例如，考核量表的回收率低，填表时敷衍了事、不负责任，提供浮夸虚假的信息等。

③ 操作偏差。在绩效管理的操作过程中，存在着四个方面的偏差：由人事部门单方面制定的考核指标缺乏合理性和针对性；绩效管理信息采集渠道长而不畅，致使信息不全面、不真实；考核结果缺乏反馈，员工不知道自己业绩的好坏，也无法知道今后应如何着手改进工作，从而使绩效考核结果没有起到其应有的激励和改进作用；缺乏对工作过程监督与指导的过程管理，造成员工对考核结果的认同度低，甚至可能出现员工对绩效管理工作的抵触，或者与管理者对立，致使其将不满情绪带到工作中，制约企业目标的实现。

5.4.2 产生绩效沟通偏差的原因总结

以上三个主要方面的偏差，往往导致企业绩效管理的效果与预期目标相差甚远，究其深层原因，关键在于缺少员工的参与，缺少考核双方的持续动态的沟通，企业没有形成一个全面、畅通的沟通网络，没有采取行之有效的沟通方法，具体原因分析如下。

1．人力资源管理的行政性

不少企业的人力资源管理还处于传统的行政性管理阶段，具体表现在以人事为中心，只见事不见人，只见局部而不见整体和系统，强调事的单一静态控制和管理，强调管理者在绩效管理中的主导性，管理的形式和目的都是控制人，缺少沟通和交流。

在我国的某些企业中，由于传统文化的影响，偏重于行政性管理，而忽视激励，进而影响了沟通绩效。

2．沟通渠道非科学化

有些管理者有时喜欢变通办事程序，碍于面子不愿意对别人发号施令，缺乏管理思维和意识，这样就给管理工作带来了很大的麻烦，造成沟通渠道不畅，同时企业的普通员工也因为部门之间协调不畅、任务分配不明晰、时间限制不固定，产生种种抱怨，以至于企业难以建立科学的沟通体系。

3．沟通层级关系过分复杂化

国内企业中沟通强调严格的层级关系，既不能上越位，也不能下越位，即不能超越上级反映情况，同时也不能超越下级去管理下属。因此，信息由最高管理者传递到普通员工，再由普通员工反馈到最高管理者，在此期间信息的损耗和失真很大，以致信息到达终点时，其内容常常与开始的时候大相径庭，严重影响沟通的效率和效果。

4．沟通绩效无效化

沟通的目的不仅在于传达使命说明，还在于培养使命感。我国企业更多采用沟通绩效不高的单向沟通，所以要想满足以上目的，沟通至少必须是双向的，因为员工不仅要了解那些有可能对自身产生影响的事件，还希望有发表自己见解的机会。管理者通过双向沟通不仅可以向员工下达命令，还可以培养他们的责任意识。

5.4.3 克服绩效沟通偏差的方法

1．提高沟通的心理水平

首先，在沟通过程中要认真感知，集中注意力，不要做与沟通无关的事情，以便信息被准确而又及时地传递和接收，避免信息错传和减少接收时信息的损失。

其次，增强记忆的准确性是消除沟通障碍的有效心理措施。记忆准确性水平高的人，传递信息可靠，接收信息也准确。

再次，提高思维能力和水平是提高沟通效果的重要心理因素，高的思维能力和水平对于正确地传递、接收和理解信息，起着重要的作用。

最后，培养稳定的情绪和良好的心理气氛，创造一个相互信任、有利于沟通的小环境，有助于人们真实地传递信息和正确地判断信息，避免因偏激而歪曲信息。

2．正确地使用语言文字

语言文字运用得是否恰当直接影响沟通的效果。使用语言文字时要简洁、明确，叙事说理要言之有据，条理清楚，富于逻辑性；措辞得当，通俗易懂，不要滥用辞藻，不要讲空话、套话。在非专业性沟通时，少用专业性术语。要注意语言文字的情感表达，可以借助手势语言和表情动作，以增强沟通的生动性和形象性，使对方容易接受。

3．保证信息的双向沟通

信息传递链过长，会减慢流通速度并造成信息失真。因此，要减少组织机构重叠，使组织扁平化，拓宽信息渠道。另外，管理者应激发员工自下而上地沟通。例如，运用交互式广播电视系统，允许员工提出问题，并得到高层领导者的解答；公司内部刊物设立有问必答栏目，鼓励员工提出自己的疑问。此外，在利用正式沟通渠道的同时，公司可以开辟非正式的沟通渠道，让领导者走出办公室，亲自和员工们交流信息。坦诚、开放、面对面的沟通会使员工觉得领导者理解自己的需要和被关注，能够取得事半功倍的效果。

5.5　绩效信息收集

在绩效实施阶段，管理者与员工在保持绩效沟通和辅导的同时，还有一项重要的工作就是进行数据的收集和记录。绩效信息的收集和记录是绩效管理的一项基础工作，很多绩效管理失败的原因在于绩效信息的不准确以及管理者考核评价的随意性。准确、及时的绩效信息对绩效考核的顺利实施具有重要的意义。

信息的收集就是得到有关改善组织或个人绩效信息的整个过程。许多管理者会认为数据收集和做文档增加了工作量，是一种负担，而事实上，信息收集和做文档完全可以和管理者们的日常工作联系起来，只需要多加关注，管理者就可以在平时的工作中收集到绩效信息。

5.5.1　收集和记录信息的目的

"记录"是指以管理者为主体将有关员工绩效的行为记录下来；而"收集"则是指通过一定的方式，获取员工实施绩效过程的详细信息的过程。绩效信息收集的原因有以下几点。

1．为绩效考核提供事实依据

绩效考核结果的判定需要明确的事实依据作为支撑。在绩效考核时，将一个员工的绩效判断为"优秀""良好"或者"差"，需要有一定的证据做支持，也就是说管理者依据什么将员工的绩效评判为"优秀""良好"或者"差"，这绝对不是凭感觉，而是要用事实说话。尽管期初确定的工作目标或任务可以反映一些问题，但不足以看出员工是否完全按照规程、制度进行操作，因为随着环境的改变，对员工的要求也会有所变化。而工作过程中收集或记录的数据，就可以作为对员工绩效进行考评的依据。同时，这些信息也可以作为晋升、加薪等决策的依据。

2．为改进绩效提供事实依据

进行绩效管理的最终目的是为了改进并提高员工的工作效率和获取更多的工作产出。通过对员工的绩效进行记录和收集，管理者可以发现员工绩效方面存在的问题。通过和其他优秀员工的对比，管理者可以提出改进的绩效目标。每个员工之间是有差异的，当管理者评判员工哪些方面存在不足或需要改进的时候，要结合员工本人具体的事例以及优秀员工的事例来增强说服力，为员工指明努力的方向和追赶的目标，这样会让员工清楚地看到自己存在的问题以及与优秀员工的差距，有利于员工改进和提高绩效。

3．发现绩效低下和优秀绩效的原因

对绩效信息的收集和记录可以使管理者积累一些关键事件，即工作中发生的具有代表性的好

的和不好的事件。对这些关键事件的收集和分析，可以帮助管理者进一步剖析出优秀绩效背后的原因和优秀员工高效的工作方法，可以将好的工作方法多多宣传，从而利用这些信息帮助其他员工提高绩效，也可以分析不良绩效产生的原因，以便更有针对性地培训员工和解决相关的问题。

4．为可能发生的劳动争议保留重要的证据

收集和记录具体、详尽的绩效信息很重要的另一个原因是有关绩效的详情和沟通等信息是进行纪律处分和处理潜在劳动纠纷及争议的重要证据。不只是奖励员工，惩罚员工也要能拿出令人信服的证据。近些年来，企业和员工之间的劳动争议有上升的趋势，在劳动争议过程中，如果能够有丰富的证据，会对企业在合理的情况下赢得争议十分有利。而保留翔实的员工绩效表现记录就是重要的证据信息来源之一，这些记录既可以保护企业的利益，也可以保护当事员工的利益。

5.5.2　信息收集的内容

收集绩效信息是一项非常重要的工作，数据收集需要时间、精力和金钱，企业不可能对所有员工的绩效表现都做记录，因此必须有选择地收集。通常来说，收集的绩效信息的内容主要包括以下方面。

1．和关键绩效指标密切相关的信息

① 确定绩效好坏的事实依据。例如，每个工人生产的产品数量、废品数量、工作效率、客户不满的情况和客户表扬的情况。

② 绩效问题的产生原因，如员工能力问题、态度问题、生产流程问题或组织没有提供足够的支持等。

③ 绩效优异的产生原因，如优秀员工的工作方法、工作思路、工作流程、工作经验和先进技术等。

④ 为确定员工是否达到了工作目标和标准提供的依据。

⑤ 目标和标准达到或未达到的情况。

⑥ 员工因工作或其他行为受到的表扬和批评情况。

⑦ 证明工作绩效突出或低下所需要的具体证据。

⑧ 对管理者和员工找到问题（或成绩）原因有帮助的其他数据。

⑨ 同员工就绩效问题进行谈话的记录，问题严重时还应该让员工签字。

2．绩效实施过程中发生的关键事件

在收集的信息中，有相当一部分是属于“关键事件”的信息。关键事件是观察、书面记录员工有关工作成败的“关键性”事实。关键事件在某种程度上能够说明员工的工作为什么达到了目标或者为什么没有达到目标，其主要原则是认定员工与职务有关的行为，并选择其中最重要、最关键的部分来评定其结果，即用关键事件来描述“特别好”或“特别坏”的职务绩效。对每一事件的描述内容，包括导致事件发生的原因和背景、员工的特别有效或无效的行为、关键行为的后果、员工自己能否支配或控制上述后果等。在大量收集这些关键事件的信息以后，管理者可以对它们进行分类，并总结出职务的关键特征和行为要求。

5.5.3　信息收集的渠道和方法

1．信息收集的渠道

信息收集的渠道有很多，有员工的汇报与总结，有同事的反馈与观察，有上级的检查与记录，也有下级的反映与评价。如果企业中所有员工都具备了绩效信息反馈的意识，就能给绩效管理带来极大的帮助与支持。各种渠道畅通，信息来源全面，信息收集迅速，便于企业做出更真实、更客观、更有效率的绩效考核，使企业的绩效管理更加有效。企业收集绩效实施信息，可以从以下多种渠道入手：

① 定期安排与员工的会面来考评他们的绩效；

② 对照制订的行动计划检查工作进展，考查绩效是否达到目标；

③ 回顾在考评周期开始的时候形成的目标计划；

④ 到各处巡视工作的进展情况，并与员工进行非正式的讨论，细致地了解他们的工作情况；

⑤ 从与员工共事的其他人处得到对员工本人的反馈（正式和非正式的）；

⑥ 检查工作的产出、结果，以了解其工作质量或准确性；

⑦ 要求员工做工作进展报告；

⑧ 提出要求后，检查任务完成情况，或者看是否有需要帮助员工解决困难；

⑨ 关注客户的投诉和满意度（内部或外部），以便考评、检查员工的绩效。

2．信息收集的方法

既然与绩效有关的信息是进行绩效考核时的必要信息，那么企业就需要采取一些系统的方法收集与绩效有关的信息。收集绩效信息的方法主要有考勤记录法、观察法、工作记录法和他人反馈法。

（1）考勤记录法

这是企业经常采用的一种方法，主要记录员工的出勤状况，如出勤、缺勤及其原因，以及对工作时间的统计。管理者通过考勤记录可以了解员工对其工作的基本态度。

（2）观察法

观察法是指管理者直接观察员工在工作中的表现，并对员工的表现进行记录的方法。例如，一个管理者到工作的现场观察客户服务人员如何接待客户投诉的过程、客户服务人员如何平息客户的怒气、如何耐心地聆听、如何帮助客户解决问题的全过程。这些就是管理者通过直接观察得到的信息。管理者通过观察可以获得最直接、最客观的信息，但在使用观察法时需注意不能影响到员工的正常工作。

（3）工作记录法

员工的某些工作目标完成的情况是通过工作记录体现出来的。例如，航空公司的机务维修人员要详细记录下当天飞机的状态、飞机部件出现的问题、问题的详细描述以及如何维修等信息。

（4）他人反馈法

员工的某些工作绩效不是管理者可以直接观察到的，也缺乏日常的工作记录，在这种情况下就可以采用他人反馈的信息。一般来说，当员工的工作是为他人提供服务或者与他人发生关系，管理者就可以从员工提供服务的对象或发生关系的对象那里得到相关的信息。例如，对于从事客户服务工作的员工，管理者可以通过发放客户满意度调查表或以与客户进行电话访谈的方式了解他们对员工的评价，进而获得员工的绩效；对于企业内部的行政后勤等服务性部门的员工，管理者也可以从其服务的其他部门人员那里了解信息。

收集信息时可以综合运用各种方法，因为单一的方法可能只能了解到员工绩效的一个或几个方面，不能够反映全面的信息。

3．信息的载体

绩效实施过程中收集到的信息可以用多种载体记录，可以是传统文档，也可以是电子文档，可以是复杂的表格，也可以是简单的笔录。当今时代是信息时代，绩效管理体系的建立和运作离不开信息网络的运用，信息网络不仅可以加快收集信息和处理信息的速度，也能提升对信息进行分析的准确性。就管理信息系统的功能而言，它是一个由人、计算机等组成的进行信息的收集、传递、存储、加工、维护和使用的系统，它的诞生和发展标志着计算机在管理中的应用达到了一个新的高度。企业在实施绩效管理的过程中，有大量的关键绩效数据需要进行汇总、统计和分析。这些工作单靠人工完成是非常困难的，必须采用信息管理系统，如很多企业现在采用的ERP系统不仅是很好的管理工具，也是很好的信息记录载体。

5.5.4 收集信息中应该注意的问题

1．管理者必须参与到信息收集的工作中

很多企业的部门主管往往把绝大部分的时间花费在具体的技术工作和问题的解决上，而忽略了自身的管理者职能。而管理者职能很重要的一个体现就是管理者要在日常工作中通过观察和沟通，收集被管理者的绩效表现数据和信息，协调被管理者之间的工作，带领他们完成工作任务，并引导他们和企业一起共同发展。所以数据收集和文档工作的好坏是一个管理者是否成熟的标志之一，同时也是企业对管理者工作情况进行判断的一个依据。

2．让员工参与收集信息的过程

让员工参与收集信息的过程也是给员工授权的过程，能大大激发员工的自我管理意识。绩效管理的主要目的是提高员工的工作绩效，从而提升组织的绩效，这是管理者和员工共同的责任。员工参与了信息收集过程：一方面，有利于员工经常性地参照绩效目标进行自我管理，改进工作方法，提升工作效率和效果；另一方面，可以在正式沟通之前让员工根据自身的情况对工作进度进行微调，以利于绩效目标的完成。而且，管理者基于记录的信息与员工进行沟通，更容易和他们达成共识。

要注意的是，让员工参与并不等于全部由员工记录，否则容易出现收集上来的信息不准确，无法反映员工真实工作表现的情况。对于某些信息，可以由员工自己收集记录，管理者抽取采用；还有很多信息仍然是由管理者来收集和记录的，如工作计划的变更、工作差错等。此时，管理者应及时将这些信息向相关员工进行通报，及时对员工进行辅导和纠正。

3．收集信息时要有目的性

收集信息需要耗费一定的人力和物力，如果收集到的信息不被使用，只是封存在档案柜里，这无疑是一种浪费。因此，企业在收集绩效信息之前，一定要弄清楚为什么要收集这些信息，如何使用收集到的信息，这些信息预期会对绩效管理工作有怎样的帮助。通常来说，信息收集工作可以针对关键业绩指标中的相关内容来进行。

4．可以采用抽样法收集信息

管理者不可能时时刻刻来跟踪、记录员工的信息，而且也没有必要这样做。很多信息是由员工自己记录的，因此员工在做工作记录或收集绩效信息的时候可能会有选择地记录和收集，甚至会提供虚假信息。制约员工这种行为倾向的好办法就是抽查，即从员工全部的行为中抽取一部分做记录。这种抽样的关键是样本的代表性，常用的抽样方法有随机抽样法、分层抽样法等。管理者有时也可以凭借自己的能力和经验来将那些与真实情况出入较大的信息进一步地筛选出来。

5．要把事实与推测区分开来

信息收集是指收集那些已成事实的绩效信息，而不应记录对事实的推测。通过观察可以记录员工的行为，但行为背后的动机和原因往往是推测的，很可能是不可靠的。例如，某员工近期经常迟到、早退，而且效率低下，不能按期完成任务。上述内容就是事实记录，但是如果据此记

录员工工作积极性降低、业务水平不高就是推测，因为很可能是其他原因（如家中出现变故等）导致其工作绩效低下的。那些推测出来的信息往往缺乏信度与效度，在运用时很容易受到质疑。企业在收集信息时应当不记录推测或少记录推测并将其明确标示出来。

【关键知识点】

扫一扫→绩效沟通的作用

【启发与思考】

IBM 的绩效管理原则①

IBM 的企业文化是：尊重个人，追求卓越，激发员工的潜能，达到高绩效。IBM 绩效管理有五项原则。

1. 双向沟通原则

沟通是理解的桥梁，而理解是合作的基础。无论是同事与同事之间，还是领导与员工之间，只有建立了充分的理解，才能使公司的工作氛围更加和谐，工作效率更高。IBM 的文化中特别强调双向沟通，不存在单向指令和无处申诉的情况。员工至少有四条制度化的通道可以使其顺畅地提出个人看法。这四条特别通道是建立在 IBM 基本的企业文化基础上的，充分体现了公司尊重员工、尊重个人的企业信条。第一条通道是与高层管理人员面谈（executive interview）。IBM 经常会安排基层员工与公司高层经理直接面谈，这个高层经理的职位通常会比员工的直接经理的职位要高，而且这种面谈是保密的。面谈的内容由员工自由选择，包括个人的意见、自己所关心的问题等。交谈过后，高层经理会将员工反映的问题交由相关责任部门处理。第二条通道是员工意见调查（employee opinion survey）。这条通道定期开通，IBM 通过定期对员工的调查，来了解员工对公司管理层、企业文化、组织效率、工资、福利待遇等方面的意见和建议，以便协助公司不断改进管理流程，营造一个相对完美的工作和学习环境。第三条通道是直话直说（speakup）。这是一条"直通车"，可以使任意一名普通员工不经过其直属经理而获得高层领导甚至 CEO 对其所关心的问题的关注。直话直说的价值在于使员工在不暴露其身份的情况下把问题反映给管理层。整个过程由人力资源部的员工关系协调员进行协调，只有他们知道直话直说者的姓名。如果员工对公司或工作有任何意见和看法，或者想汇报所发现的违法违纪行为或提出任何疑问，可直接从公司"直话直说箱"旁取出表格，填好想法后投入箱中。员工关系协调员会每周检查"直话直说箱"。收到稿件后，其会重新打印所有稿件，并隐去作者姓名，交相关部门经理进行调查处理，并于第 10 个工作日取回调查处理结果，反馈给"直话直说者"。第四条通道是员工申述，IBM 称其为"门户开放"（opendoor）政策。这是一项"历史悠久"的民主文化。员工申述为每一位员工敞开了直接向公司高层领导抒发己见、提出申述的大门。员工可就未能解决

---

① 资料来源：IBM 的高绩效从何而来. 伊莲娜. 载《中国现代企业报》，2006-10-10（A04）.

的、与公司或工作有关的问题向申诉受理人（人力资源部经理或总经理）提出申述，申述的内容既可以是关系到公司利益的，也可以是关系到员工自身利益的。必要时，受理人会亲自或指定一名资深调查者进行全面调查，并尽可能在 30 日内处理完毕。但在此之前，员工必须给自己的直接经理、二线经理解决问题的机会，员工应首先向直接经理反映问题，如果不满意，再向二线经理汇报，管理层会尽力解决员工所反映的一切问题。

2. 透明原则

对员工来说，管理上的透明可以满足员工的"知情权"，能让员工知道目前的成就及如何做得更好，容易让员工有成就感并愿意接受挑战，激发其工作热情和斗志。IBM 要求业绩评估的结果由主管和经理直接在第一时间与员工沟通，以提供信息，消除猜忌。

3. 正面激励原则

IBM 对员工采取积极的激励政策，基本上没有惩罚的方式。IBM 不允许从工资中扣任何的惩罚款项。员工工作做得好，在奖金分配和薪金调整上就会有体现；否则，可能没有奖金，工资也涨不了，员工自然会意识到，没有涨工资或晋升，就等于被惩罚。这种激励文化是建立在 IBM 高素质员工的基础上的，员工的自我实现意识都很强，对企业文化的认同感很高。

4. 指标精练原则

复杂的事情简单做，最简单的往往是最本质的。设定三五个绩效指标所得到的绩效结果远比设定十个或者更多无所不包的绩效指标效果要好。IBM 一般最关注销售收入、存货周转、产品质量、客户满意度和利润等几个指标。

5. 强调执行原则

绩效管理中强调的"沟通"，常常会被部分语言表达能力好、人际关系好、拥有资源多或影响力强的人或业务部门为获得更好的评估结果而利用，这些人常常可以把"想"做什么事表达得非同一般。对此，IBM 绩效管理的原则是，永远根据员工所完成的承诺进行评估，而不仅仅是报告上所说的。

绩效管理是一种结果导向的管理活动，其最终目标是建立高绩效的企业文化，营造具有激励作用的工作氛围。企业的成功，在于扎扎实实地把简单的事情尽可能地做好，绩效管理也是如此。

诚然，绩效管理是一种结果导向的管理活动，其最终目标是建立高绩效的企业文化，营造具有激励作用的工作氛围。

请你结合案例谈谈 IBM 是如何营造这样的氛围的？

【思考练习题】

1. 什么是绩效管理沟通？绩效管理沟通具有什么样的重要性？
2. 简要叙述绩效沟通所应遵循的原则。
3. 如何理解绩效管理沟通体系以及绩效管理沟通机制的运作？
4. 结合你掌握的沟通技巧谈谈其在绩效管理中的应用。
5. 绩效实施过程中收集信息和记录的目的是什么？
6. 绩效实施过程中信息收集的方法有哪些？

【模拟训练题】

管理者与员工进行一对一的面谈沟通是持续绩效沟通中比较常用的一种沟通方式，请你选择一家企业进行走访，根据与人力资源管理者的交流，总结管理者和员工定期面谈的优缺点，填写表 5-3。

表 5-3　管理者和员工定期面谈的优缺点

优点	缺点

【情景仿真题】

请您选择传统制造类企业中的生产部门做一次企业调研，然后根据调研情况完成表 5-4。

表 5-4　2018 年　季度绩效沟通反馈表

部门：　　　　　　姓名：　　　　　　岗位：

日期：　年　月　日

第一部分：沟通前准备内容	
员工自己对本季度绩效完成情况进行自我评估总结，做好沟通准备（员工面谈前填写）	
1. 本季度绩效计划评估得分与等级情况	
2. 本季度完成情况自我综合评价　表现优秀的方面	
表现欠佳的方面	
3. 对扣分项进行原因分析（外部环境、资源配置、自身能力与态度、自身行为措施等）	
4. 自我提升业绩或者能力水平的建议	
主管对下属本季度绩效完成情况进行评估总结，做好沟通准备（主管沟通前填写）	
5. 本季度员工的哪些行为表现（或能力方面）让您觉得满意或不满意，希望其如何提升	满意： 不满意： 提升之处：
第二部分：沟通中主管填写部分	
6. 与下属沟通"改进、提升"以及"表现优秀"点并达成共识之处	1. 改进、提升之处： 2. 表现优秀之处：
7. 双方对"改进、提升"与"表现优秀"之处未达成共识点	

第三部分：沟通后员工填写部分

序号	员工提升、改善与发挥优势的行为措施	计划时间	工作标准或要求	工作成果
1.				
2.				
面谈确认	员工签名：		主管签名：	

第6章 绩效评估

学习目标

1. 理解绩效评估在人力资源管理中的作用；
2. 掌握绩效评估的内容和形式；
3. 明确绩效评估主体选择的一般原则；
4. 理解绩效评估的过程及实施步骤；
5. 掌握绩效评估的常见误区。

本章重点解析

引导案例

一个失败，另一个成功①

杰西卡是 Aquatech 公司的中层经理，公司从事浴室和水池给水设备的制造与销售。迈克是该行业另一家公司 Waterworks 的中层经理。两个人都工作专注、聪明、认真尽责。他们俩都对员工持积极态度，都相信大多数的员工真正想取得好业绩。

这两个公司的经理每年都应该对全体人员进行绩效评估。杰西卡和迈克每年至少安排一次绩效评估会谈，因为这是公司的要求。这两位经理都需要做绩效评估。但是，做什么，如何做，以及他们在评估方面的经验却有很大区别。

首先我们来看一下这两位经理对绩效评估过程的体验。杰西卡讨厌绩效评估，当问起她是否期盼绩效评估会谈的召开时，她说："上帝啊，才不呢！我宁愿爬过一堆碎玻璃，也不愿召开这样的会谈。不管是在会上还是会后，都会有一些员工心情十分沮丧。老实说，我厌倦了为员工们评分这样的事情，因为这让我觉得他们好像是幼儿园的小孩一样。"对于同样的问题，迈克给了不一样的答案："嗯，我觉得这样的讨论太有价值了，以至于我无法想象如果没有了讨论会怎么样。我觉得自己是同员工一起工作的，所以我们相互学习，共同进步，而且我认为我的下属也能理解这一点。"

很奇怪，两个同样聪明、同样尽责，有着同样教育水平的人，竟然会对绩效评估有着如此不同的见解。

接下来，我们听听两位经理的下属对绩效评估的理解。杰西卡的下属们普遍不太明白评估的意义何在，只是觉得评估会谈让人感觉很别扭，当会谈结束时，他们感觉不比走进会议室时好。而迈克的下属普遍觉得绩效评估会谈上能同迈克一起共同完成一些工作，认为评估是为了帮助自己，而不是冲他们当头棒喝，认为会谈让他们的工作改进了不少。

为什么两位经理的下属对评估会谈的看法如此不一样？

我们再看两家公司人力资源部的员工对绩效评估的看法。Aquatech 公司的人力资源专家约

---

① （加）罗伯特·巴克沃（Robert Baca）. 绩效评估[M]. 艾茂林，译. 北京：机械工业出版社，2005-01.

翰在谈到绩效评估时，言语之间毫不掩饰："它简直让我发疯。我无法让经理每年都做评估或记录工作。有些员工连续五年以上都没得到考评，那些经理早该知道怎么做，可还要我不停地唠唠叨叨，我彻底烦透了。"Waterworks 人力资源部门的玛丽似乎在谈论一件完全不同的事情："总的来说，我们的经理都能理解评估的重要性，我们还帮助经理们进行评估，这样每一个参与评估的人都能看到做好评估的好处。我们的立场是，对表格的填写不那么关心，我们关心的是，经理们是否能定期坐下来同员工谈一谈，回顾一下过去的工作，并提出改进的办法。"

结果显而易见，Aquatech 公司的绩效评估失败了，Waterworks 公司的绩效评估成功了。那为什么会出现这样的结果呢？到底什么是绩效评估呢？

6.1 绩效评估概述

6.1.1 绩效评估的定义

绩效评估是人力资源管理具体环节的核心部分，即任何一项人力资源管理活动都离不开绩效评估。绩效评估为企业制订人力资源计划和做出人力资源决策提供一定的依据，同时又是检验其他人力资源管理活动的手段。绩效评估活动进行的好坏，关系到员工自身的发展、企业的兴衰，绩效评估活动是促进人力资源管理科学化、规范化的重要途径。

工作绩效评估（Performance Appraisal）又称工作绩效考核或工作业绩评定，是指企业按照一定的标准，利用科学的方法，收集、分析、评价和传递有关员工工作行为和工作结果方面信息的过程。

工作绩效评估作为组织的一项制度，通常应定期进行，组织每月、每季度或每年对员工进行正式的绩效考评。组织中还可能存在着非正式的工作绩效评估，如来自上级的口头表扬或批评，这种非正式的工作绩效评估也对员工工作改进或提高起着一定的作用，但远远不如正式的、采用科学方法和程序的工作绩效评估对企业带来的影响大。

工作绩效评估是一个不断制订计划、执行计划、改正计划的循环过程，体现在整个绩效管理环节，包括绩效目标设定、绩效要求达成、绩效实施修正、绩效面谈、绩效改进、再制定目标的循环，这也是一个不断发现问题、改进问题的过程。

6.1.2 工作绩效评估的作用

工作绩效评估主要有以下几个方面的作用。

1. 工作绩效评估是企业制订人力资源计划的依据

工作绩效评估提供的有关员工工作业绩的信息是人力资源计划制订和调整的重要信息来源之一。工作绩效评估反馈的结果常常能够反映企业人力资源管理系统中的潜在问题和可能的新的增长点，为企业完善下一阶段人力资源计划提供宝贵的参考，也使人力资源计划的制订和实施更加切合实际、有的放矢。另外，工作绩效评估还为人力资源计划中的预算部分的协调提供了一定的依据。

2. 工作绩效评估是企业进行人员配备的基础

工作绩效评估依据每种工作的具体要求来对照员工的实际工作业绩，找出其中的差距和不足，同时分析其中的原因，看差距产生的原因，究竟是员工哪方面不合格，还是工作本身的要求有不合理之处。企业在此基础上确定或修改工作所要求的员工基本素质或条件，或者修改工作相关的内容或范围，为企业下一步的人员招聘与选拔活动提供有效的依据。

3．工作绩效评估是企业进行人员培训与开发的依据

工作绩效评估结果反映了企业人员的基本工作状况，如能否胜任某一项工作，工作熟练程度如何，以及应在哪些方面加以改进和如何改进等，这类信息正是企业进行员工培训和发展所需要掌握的内容。企业通过工作绩效评估的过程和结果讨论，确定出员工培训和发展的方向和目标，同时以员工和上级主管共同商讨的方式制定出切合实际的具体培训方案，使企业人力资源培训取得良好的效果。

4．工作绩效评估为报酬方案的制定提供依据

工作绩效评估结果最直接的应用就是为企业制定员工的报酬方案提供客观依据。每一阶段的工作绩效评估都是对这一阶段的员工工作绩效的评判，企业以此为依据进行报酬的发放和报酬的调整，这样才能真正反映员工对企业的贡献和取得回报的对应关系，起到奖惩和激励的作用。同时，员工总体绩效的考评也为企业整体报酬水平的确定提供了依据。

5．工作绩效评估为员工职业发展提供依据

工作绩效评估结果的分析讨论过程可以帮助管理者发现员工的工作兴趣方向和工作潜力，管理者通过合理的安排和适当的指导，使员工按照一定的职业发展道路顺利前进，满足员工自身兴趣爱好的同时促使其为企业做出更大的贡献。

6.1.3　工作绩效评估的种类

工作绩效评估的种类很多，按照不同的分类方法，我们可以将工作绩效评估划分为不同的种类。

1．按内容划分

按照工作绩效评估的内容不同，我们可以将工作绩效评估划分为业绩考评、工作态度考评和能力评价等。

业绩考评是指对员工在一段时间内的实际工作成果的考评。其基本方法就是用一定期间的计划完成工作任务目标来衡量员工实际完成的工作任务成果，考察员工完成的情况。每次考评的结果都反映了当期被考评者完成工作任务的程度以及对组织的贡献度。业绩考评所采用的考评指标主要包括员工完成工作的任务量大小、完成工作的质量情况、相关职责的完成情况，以及在工作中的改进和创新情况等。

工作态度考评主要是对员工对待工作的相关态度如何，包括工作积极性、工作热情、工作自觉性、工作责任感以及对待组织和相关工作人员的态度等进行考评。对于工作态度的考评，由于缺乏量化的指标来准确反映，因此我们在采用各种主观评定的方法时，应注意对结果的认真分析以及其他信息来源的可靠性和准确性。

能力评价中员工的工作能力可以划分为三个方面，即基础能力、业务能力和素质能力，如图 6-1 所示。其中基础能力和业务能力是工作绩效评估中能力评价的范畴，而素质能力的评价则需要通过智力测试、体能测试以及心理测试等方法取得参考结果，通过适应性考察来评价。

2．按时间划分

企业工作绩效评估的进行在时间上有定期考评和不定期考评之分。很多企业定期进行工作绩效评估，将考评作为一项制度加以贯彻执行，每隔一段时间进行一次考评，总结工作中的成绩和不足之处，不断改进，提高生产效率。工作绩效的不定期考评在企业中的应用也比较广泛，如由于工作任务的特定时间期限决定的阶段性考评，就是因工作项目不同而进行的不定期考评。不定期考评有助于帮助企业及时总结一定任务或工作项目的成果和完成情况，形成经验。定期工作绩效评估的时间期限可以为一年、半年或者一个月等，较长的考评期间不利于及时地考评工作绩效，而过短的工作绩效评估期限又会给员工带来频繁的工作中断及评估压力，使其反感。因此，将适宜间隔期间的定期工作绩效评估与结合项目的不定期考评结合起来应用，有利于组织取得工作绩效评估的最佳效果。

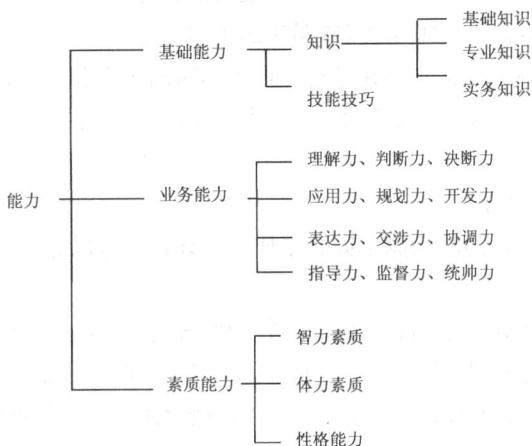

图 6-1　能力结构图

3．按主体划分

按照工作绩效评估的主体来划分，其可以分为上级考评、下级考评、自我考评、同事考评和客户考评等。

被考评人的直接上级对其进行考评，是工作绩效评估的一种主要信息来源。通常来讲，员工的直接上级是比较了解该员工及其所从事的工作的，来自直接上级的评价也就较为明确、客观。但是作为上级，有时对员工实际工作的认识也会有偏见，尤其当上级对下属的工作方式和具体工作情况了解得不够深入细致时，就会产生不正确的主观考评结果。另外，当员工认识到上级要对自己进行工作绩效评估时，常常会主动在上级面前表现自己的长处，而尽量掩盖不足，最终也会造成不客观的考评结果。

对于给一定管理职位上的员工进行考评，可以从其下属处收集相关信息。利用下属的意见来考评上级，经常也能比较客观地反映被考评人员的情况，因为一名管理者工作的直接作用者就是他的下属，下属在接受上级的命令和指示的同时，也感受着他的工作作风和为人，所以能够较为客观地进行评价。与上级考评下属有着类似的问题，下属考评上级也可能出现上级为从下属那里得到好的评价而讨好下属的不良现象，如避免对下属的错误行为给予批评、放松管理、包庇下属的错误等。

自我考评是工作绩效评估中常见的一种考评方式。由于员工对自己的工作最了解，让员工进行自我考评有利于他们客观评价自己，并进一步剖析自我，认识自己的优点和不足。为避免员工自己对自己成绩的有意夸大和忽略缺点，管理者在工作绩效评估之前应该尽量明确考评标准，鼓励员工客观考评，并在考评过程中对他们进行正确引导。

被考评人的同事也可以作为收集被考评人业绩情况信息的来源之一。一起进行工作的同事常常对被考评人有比较深入的了解，日常工作的往来，或者共同完成某项工作的合作，使被考评人的同事在对其进行评价时有一定的发言权。利用同事互相进行考评可以收集到被考评人的工作绩效的相关信息，但是当企业将考评结果用来作为员工奖惩的手段或者这种考评有员工间的相互利益关系存在时，同事间的考评就会产生不良效果，如为争取一定比例的工资晋级而不惜故意降低对他人的评价等。

企业在进行工作绩效评估时，还可以采用其他许多信息来源渠道。如对常常与客户打交道的员工进行考评时，可以利用从相关客户那里收集的信息进行考评。客户对被考评人的印象、工作方式、态度等的评价能够比较真实地反映员工的工作情况。

鉴于以上几种工作绩效评估主体在进行考评工作时的优点和不足，企业在实际工作绩效评估工作中，只有综合运用，从多方收集信息，全方位地进行，才能实现全面考评，给予被考评人公平、客观的评价。

4．按目的和用途划分

按照工作绩效评估的目的和用途不同，工作绩效评估又可以分为例行考评、晋升考评、职称考评等。

例行考评又称常规考评，是指企业定期进行的对各类员工的工作绩效评估，考评的目的一方面是用来决定对员工的报酬发放，另一方面是使员工认识自我、提高自我，最终实现组织生产力的提高。晋升考评是企业为选拔人才而进行的工作绩效评估，是企业工作绩效评估中的重要工作之一。为实现公平竞争，使最合适的人才进入更高一级的岗位，企业经常使用考评的形式来选择候选人，以全面的评价来确保企业干部队伍的良好素质。职称考评是为员工评定职称而进行的一类特殊的考评方式，它一方面是考察员工在本岗位上的工作熟练程度，以决定是否增加职务工资；另一方面考察员工在岗位上的工作能力水平及适应性，以决定是否进行职务调整。

具体来说，一个人想要最大化地发挥自己的能力，就得有一个良好的能力结构与之适应，否则就会因为缺少某一方面的知识而阻碍其他已有能力的发挥。同时，合作者之间也该有配套的能力结构，使彼此间可以能力互补，相长相促。有些情况下，甚至连员工自己都不清楚自己有哪些能力，这就需要管理者制定一套切实可行的绩效评估方案，来对员工进行评测，这样不仅能让员工自己更了解自己，还能让企业根据员工的考核表现分配相应的工作。

6.1.4　绩效评估的过程

工作绩效评估的基本程序主要由五个步骤构成，如图 6-2 所示。

1．工作绩效评估目标的确定

工作绩效评估作为企业人力资源管理活动的一部分，在具体实施之前也要制定明确的目标。在企业总的目标和行动方案的指导下，每次工作绩效评估的具体目标是什么，要达到何种效果，取得何种改进，都应当事先确定下来，以指导工作绩效评估过程的具体进行。

2．建立业绩期望

工作绩效评估首先要明确员工所完成工作的具体要求是什么，有哪些具体的职责和任务，在此基础上才能谈到与实际工作完成情况的对照，实行考评。建立业绩期望实际上也就是通过工作分析的过程建立每一项的工作完成标准，使工作绩效评估活动有据可循，便于考评人员客观公正地进行考评，也有利于员工明确工作标准，进行自我对照，更客观地理解考评结果。另外，建立工作期望还有助于员工依据标准对考评过程给予监督。

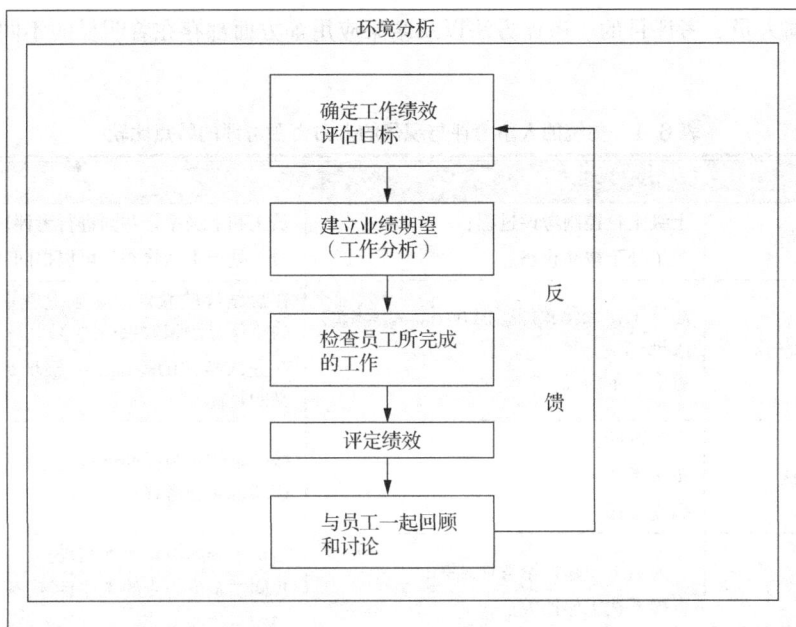

图 6-2　工作绩效评估的基本程序

3．检查员工所完成的工作

建立起工作绩效评估的标准以后，就是企业对员工实际完成工作的检查和对照过程。企业依照一定的工作标准，对照员工的实际工作行为、工作成果和工作质量，衡量员工工作的各个方面。

4．评定绩效

企业将员工实际工作绩效与工作期望进行对比和衡量，然后依照对比的结果来评定员工的工作绩效。评定员工工作绩效的过程十分关键，应尽量按照工作标准来评定，尽量克服评定过程中的主观因素，做到客观、公正，考虑全面。

5．与员工一起回顾和讨论

如果不让员工充分了解工作绩效评估的结果，甚至根本不让他们知道，实际上就丧失了工作绩效评估的意义。企业进行工作绩效评估活动的目的就是帮助员工认识到自己工作中的不足以及长处，以便员工继续取长补短，提高生产率。按照这样的目的，与员工一起讨论和分析工作绩效评估结果的过程就显得尤为重要。企业与员工一起回顾和讨论工作绩效评估的结果，对其不明确或不理解之处做出解释，有助于员工接受考评结果，并能通过分析，使员工更好地理解对工作的改进建议，然后双方共同探讨出最佳的改进方案。

6．反馈过程

企业在将工作绩效评估的结果反馈给员工的同时，还要将总结的经验和问题及时反馈到下一次工作绩效评估的目标制定中去，为下一次循环的工作绩效评估目标的设立、考评方法的改进以及考评信息的收集来源等提供信息。

6.1.5　工作绩效评估的演进与原则

1．工作绩效评估的演进

现代人力资源管理中的工作绩效评估的活动与传统人事管理活动中的绩效考评有着较大的

差异，在参与人员、考评目的、考评方法以及结果应用等方面都存在着明显的不同，如表 6-1 所示。

表 6-1　传统的人事考评与现代的人力资源考评的特点比较

项目	传统的人事考评	现代的人力资源考评
参与人员	上级主管控制考评过程； 员工处于被动状态	员工和上级主管共同进行考评过程； 员工处于主动状态，可以提问和交流
考评目的	总结工作经验教训，但并不着重未来的改进； 更多流于形式	在总结经验教训的基础上着重于改进未来的工作方法和效果； 在完成考评的基础上，实现更多有管理意义的目标
考评方法	主观概括 单头考评 孤立考评	按一定的客观标准进行全方位考评；定期、连续地实施考评
结果应用	不与员工一起讨论考评结果； 直接下达工作任务； 不了解员工的想法； 无助于员工的进一步发展和改进	与员工一起讨论考评结果； 共同制定下一步的工作目标； 了解员工的想法，注重他们的建议； 帮助员工改进不足，促进其发展； 实现组织整体效率的提高

2．工作绩效评估的原则

（1）客观性原则

工作绩效评估必须遵循客观性这一基本原则：一方面，在考评方式的设定和标准的选取方面要保证客观性，也就是说考评方法的选择和使用要尽量与被考核目标的实际情况相符；另一方面，在考评结果的讨论和分析上也要做到与实际考评结果应有的结论相一致，既不能任意夸大或贬低考评结果的实际意义，也不能肆意歪曲考评的结果。只有遵循考评的客观性原则，才能做到工作绩效评估的全面、准确，员工才可能认可考评结果，从而最大限度地调动参与考评的员工的积极性和主动性，取得良好的考评效果。

（2）公开、公平原则

工作绩效评估的过程和结果要对被考评对象公开，即考评的时间、地点，考评采用的标准和方法，以及考评的结果都应该向被考评对象明确，使他们了解考评过程，自觉地参与考评，保证考评过程的顺利进行。同时，向被考评对象公开考评过程和结果也保证了考评的公平性，使大家都能在公开、公平的气氛下接受考评，既保证考评过程中的群众监督，也有助于不断提高考评的质量。

（3）经常化原则

对于组织来说，工作绩效评估不是一劳永逸的事情，员工的工作质量改进和工作效率的提高是一个永不停止的过程。组织的不断发展依赖于组织成员的不断发展和进步。这就要求企业经常进行员工的工作绩效评估，甚至形成一种制度。通过经常性的定期考评，企业可以发现员工工作中的问题以及组织中的一些潜在问题，同时挖掘员工个人的潜力和组织的潜在优势，提高组织的竞争力。

（4）全面性原则

所谓全面性原则是指工作绩效评估过程中对被考评对象的分析要从多方收集信息，全面看待被考评对象，进行综合性考评。不能只知其一，不知其二，或者以点代面，以一家之言代结论。总之，工作绩效评估的全面性原则就是指考评渠道要多元化，考评方式要多样化，考评结果要全面化，形成全方位、多渠道、多层次的立体考评体系。

（5）及时性原则

企业对绩效评估的结果如果不及时加以反馈，将丧失考评的现实意义。每一次的考评结果，企业都应该及时、准确地反馈给被考评对象，让他们了解，双方在此基础上形成改进方案，以达到考评的最终目的。如果被考评对象不能接受考评的结果，那么其反馈信息也告诉了管理者应进一步分析其中的原因，找到解决的办法。

（6）明确性和具体性原则

我们在进行绩效评估时要明确具体，不应该含糊不清，抽象而不易掌握，给执行造成困难。绩效评估的明确性，就是指对不同的绩效考核，要有一个肯定的、既有定性又有定量的规定，不能有"给予适当奖励"这样含糊其词的规定。绩效评估的具体性，就是指这些规定要有明确的界限，例如，获得优秀与获得良好的奖励有什么区别，对此就要有明确的规定，而不能有"绩效评估优良者给予晋升"这样不具体的规定。

（7）可行性和实用性原则

绩效评估的可行性是指任何一次评估方案所需的时间、人力、物力、财力要被参与评估各方所处的客观环境所允许。因此企业在制定考核方案时要考虑以下因素：一是绩效标准相关资料的来源；二是潜在问题的分析，企业要预测在考核过程中可能发生的问题，准备应对措施。

绩效评估的实用性是指绩效评估方案的设计要考虑到实际的情况，即要从企业的、职业的、员工的实际出发来设计考核的方案，遵循实用性原则。在设计考核方案时，要考虑两个因素：一是考核的项目是否有助于组织目标的实现；二是考核的方法和手段是否和相应的岗位以及考核目的相适应。

6.2 绩效评估的内容

6.2.1 绩效评估的基本内容

工作绩效评估的目的、方式和范围是多种多样的，因此考评的内容也是复杂多样的。但是在实践中，工作绩效评估的基本内容主要包括德、能、勤、绩四个方面。

德指的是人的思想政治素质和道德水平。思想政治素质包括一个人的思想作风、政治态度以及政策水平等，它决定了一个人的行动方向和奋斗目标，也决定了一个人达到目标可能采取的行为方式。道德水平包括一个人的社会公德意识和职业道德水平，其是否遵纪守法，是否有敬业精神、责任心和奉献精神等。在社会主义现代化建设的今天，在德的方面对人才的要求是坚持党的基本路线，坚持改革开放和社会主义建设的方针，爱岗敬业，具有责任感和使命感，发扬集体主义精神，团结奋进等。

能指的是一个人的知识技能水平，即认识世界和改造世界的能力。能主要包括知识、技能、智能和体能四个方面：知识是能的基础部分，包括受教育程度、专业知识、知识结构等；技能是指人某一方面的专门能力，如操作能力、协调能力、决策能力等；智能是相对于体能而言的，指一个人的大脑进行分析和解决问题的能力，包括感觉、知觉、想象、思维等；而体能是指一个人的身体素质和健康程度。

勤指的是一个人对待工作的态度，包括员工工作的积极性、主动性和创造性，工作责任感以及纪律性等。勤是一个人内在动力的外部表现，一个人是否对工作真正投入了巨大的精力和情感，可以通过其工作表现反映出来，如出勤率高、工作认真负责等。所以企业在考评员工勤的方面时，应注意观察员工的工作表现，并挖掘其内在动机。

绩指的是员工的工作成果，包括员工工作的质量、数量、效益、效率等。企业考评员工的绩效，在分析工作成果的质量和数量的同时，要注意这些工作成果对企业和社会产生的总的影响，要注意看它们在实现企业目标的同时是否满足了社会效益的需求。

总的来说，德、能、勤、绩四个方面的内容是企业工作绩效评估中要衡量的几个重要方面，这并不表明对不同岗位的人员在评估时考评的内容和层次就完全相同，相反，在对不同岗位、不同类型的员工进行工作绩效评估时，这几个方面的考核内容和重点都会有所不同，企业要依据不同岗位的特点认真选取不同的考评内容和重点。

6.2.2　有效的绩效评估标准

绩效评估标准是指工作绩效在一个可接受的范围内。制定绩效评估标准有两个原因，第一个原因是绩效评估标准引导员工努力去实现这些设定好的标准。下述言论来自美国管理学会前任主席、享誉国际的绩效评估标准专家詹姆斯·L.海斯：如果你和员工一起制定绩效评估标准，并向他们阐明你的期望，那么，即使你从未评估过这些员工的绩效，他们的表现也不会太让你失望，因为大多数员工都希望自己的工作表现在可接受的范围内，他们会更加向你的期望靠拢。制定绩效评估标准的第二个原因是绩效评估标准可以作为有效、公正评估员工绩效的基准。除非管理者制定的绩效评估标准简单明了，否则评估总会因为个人情绪和主观评判而有所偏差。不管企业在绩效评估与考核计划中使用了何种方法，都要明确期望这个过程可以保证计划的有效实施。虽然不同的人对于用什么标准来评价一个绩效管理系统的有效性存在不同的看法，但是我们认为以下五个方面的标准是很突出的：战略一致性、效度、信度、可接受性与明确性。

1．战略一致性

战略一致性是指绩效管理系统引发的与组织的战略、目标和文化一致的工作绩效的程度。如果一家企业强调对客户的服务，那么它的绩效管理系统就应该对其员工向客户提供服务的好坏程度进行评价。战略一致性所强调的是绩效管理系统需要为员工提供一种引导，从而使员工能够为组织的成功做出贡献。这就要求绩效管理系统具有充分的弹性来适应企业的战略形势所发生的变化。

大多数企业的绩效评价系统往往在相当长的一段时间内保持不变，尽管企业的战略重心已经发生了多次的转移。当一家企业的战略改变了的时候，其员工的行为也需要随之发生变化，企业的绩效管理系统也要随之发生变化。

2．效度

效度是指绩效衡量系统对于与绩效有关的所有相关方面进行评价的程度，它常常被称为"内容效度"。如果一种绩效衡量系统不能够衡量出绩效的所有方面，那么这种系统就是存在缺失的。

3．信度

信度是指绩效衡量系统的一致性程度。信度的一种重要类型是评价者信度：即对员工的绩效进行评价的人之间的一致性程度。如果两个人对同一个人的工作绩效所做出的评价结果是一样的（或接近一样的），那么这种绩效衡量就具有了评价者信度。有证据表明，大多数由监督者对员工的工作绩效所做出的主观性衡量都表现出较低的信度，而对于某些绩效衡量指标来说，所有这些评价项目在内部的一致性程度是非常重要的（内部一致性信度）。

此外，对绩效的衡量还应当具有时间上的信度（再测信度）。那种在不同的时间对同一对象进行衡量却会得出截然不同的评价结果的衡量系统是缺乏再测信度的。

4．可接受性

可接受性是指运用绩效衡量系统的人是否能够接受它。许多经过精心设计的绩效衡量系统具有极高的信度与效度，但是由于这些系统要耗费管理者们太多的时间，因此他们拒绝使用这些系统。此外，那些要接受评价的人也可能会拒绝接受这种评价系统。

5．明确性

明确性是指绩效衡量系统在多大程度上能够为员工提供一种明确的指导，告诉他们企业对他们的期望是什么，以及如何才能达到这些期望。明确性与绩效管理的战略目的和开发目的都是相关的。如果一个绩效衡量系统没有能够确切地告诉员工他们必须做些什么才能帮助企业实现自己的战略目标，那么这一绩效衡量系统就很难达到其战略目的。此外，如果这一绩效衡量系统没有能够指出一位员工在绩效中所存在的问题，那么要想让这位员工去改善他的绩效几乎是不可能的。

员工参与制定自己的绩效标准可以使标准更为恰当，并且这能够激励员工实现或超越这些标准。若管理者与员工意见不一致，管理者有最终决定权。

6.3 绩效评估过程

6.3.1 绩效评估主体的选择

绩效评估的主客体有顶头上司、直接下属、同事、本人、外部相关者和小组集体。对于考评主体的比较，如表 6-2 所示。

表 6-2 考评主客体组合类型的利弊及适用范围比较

类型	准确性	可靠性	灵敏性	经济性	接受性	可行性	适用范围
顶头上司考评	较高	较高	一般	较高	一般	较高	常用于反馈、奖惩、配置等方面
直接下属考评	较高	一般	较高	较高	一般	一般	适合民主监督、沟通和组织发展等
同事相互考评	较高	较低	较低	一般	较高	较高	常用于团队性工作或项目小组场合
自我鉴定考评	一般	较低	较低	较高	较高	一般	多用于个人发展和职业管理及沟通
外部相关考评	一般	较高	较低	较低	一般	较低	适合改善组织业绩和形象等目的
小组集体考评	较高	较高	一般	较高	较高	较高	适用于扁平组织工作团队的管理方式

6.3.2　培训评估者

各种研究一致性地揭示出，人类在加工信息方面具有非常大的局限性。正是由于我们具有如此大的局限性，因此，我们往往采用"直观判断法"或者是简单化的机理来进行判断，无论这种判断是对投资的判断还是对人的判断。这些直观判断法也同样经常出现在对绩效的衡量过程中，而它会导致评价者误差的出现。此外，绩效评估过程还有可能会被人为地扭曲。所以，下面我们将讨论评估者的误差问题以及如何培训评估者。

1．评估者的误差

（1）同类人误差

同类人误差是指在下面这种情况下所形成的误差：我们在评价与自己属于相同类型的人的时候，往往会比对那些与自己不是同一类型的人所做出的评价要高。研究已经证明了，这种效应是非常强的，当评价是以像种族或性别这样的人口统计特征为依据的时候，它会导致歧视性的决策产生。我们大多数人都倾向于将自己作为评价的标准，因此，如果别人与自己在种族、性别、背景、态度或信仰等方面相似，那么我们对他们的评价就会更高。

（2）对比误差

对比误差发生在我们将一个人与另外一个人进行对比，而不是将这个人去与客观的标准进行对比的时候。比如说，假定有一位很有能力的员工在与一群非常出色的同事在一起工作，那么，如果这位员工的绩效因为其同事的出色而被评到低于其应得的水平，那么这个时候就出现了对比误差。

（3）分布误差

分布误差是在评价者倾向于仅仅使用评价尺度中的一部分来进行评价的时候所导致的结果：宽大误差发生在评价者对所有员工都给予很高（宽松）评价的时候；而严格误差则出现在评价者给所有员工的绩效评价等级都偏低的情况下——也就是说，将所有的员工都去与不合理的高标准相比；居中趋势误差所反映的是一位管理者将所有员工的评价尺度都集中在中间水平上而导致的误差。上述这些误差带来了两个方面的问题：第一，它们使得对接受同一位管理者评价的不同员工进行绩效区分的工作变得非常困难；第二，它们使得对接受不同管理者评价的不同员工之间的绩效很难进行比较。如果一位评价者所掌握的评价标准非常宽大，而另外一位评价者所掌握的评价标准非常严格，那么接受非常严格的评价者评价的员工所获得的报酬将会显著低于接受宽大评价者评价的员工所获得的报酬。

（4）晕轮误差与角误差

这两种误差是指无法在绩效的不同方面有所区分所造成的误差。晕轮误差发生在这样一种情况下：一位被评价者绩效的某一积极方面导致评价者将此人绩效中的所有其他方面都给予积极评价。举例来说，有些教授因为在教学方面非常杰出就会被评为杰出的研究者。而角误差的作用方向与晕轮误差恰恰相反：被评价者绩效中的某一不利方面导致评价者将其绩效中的所有其他方面均评价过低。

晕轮误差与角误差之所以会成为一个问题，主要原因在于它们给强绩效和弱绩效之间的区分带来了障碍。晕轮误差导致员工们认为自己的绩效中不存在需要改进的地方，而角误差则会导致员工产生挫折感和抵触情绪。

（5）近因误差

通常人们总是对近期发生的事情记忆较深刻，而对较远时间发生的事情记忆印象较淡。在工作绩效评估过程中，考评人也会将被考评人近期的工作行为和表现突出和夸大，而忽略被考评人以前的工作表现，这种错误就是近因误差（Recency）。考评人也许并不是主观有意在这样做，但它会给绩效考评工作带来不良的影响。

2．培训评估者的方法

我们在这里提供两种培训评估者的方法。

一种方法是评估者误差培训，即通过使管理者们意识到评价误差的存在，帮助他们制定将这些评价误差控制在最低水平上的战略。这些培训项目的主要内容是：首先让参加培训者观看一些专门设计的录像短片——这些短片揭示了像"对比误差"这样一些评价误差是如何产生的；然后让受训者进行绩效评价并讨论误差是如何对评价产生影响的；最后，再根据每个人在多大程度上学会了避免产生误差的方法来给每个人评定培训分数。实际情况表明，这种方法对于减少误差是非常有效的，但是同时又有证据表明，减少评价误差的同时也会降低评价的准确性。

另一种方法是评估者准确性培训，这种培训又被称为参照框架培训。它试图强调绩效的多维性质，并且努力使管理者对各种绩效维度的实际内容都加以充分的了解。这种方法的内容包括：对每一种绩效维度都提供各种范例，然后再来讨论这些范例所代表的实际绩效水平或者"正确的"绩效水平。然而，实际情况表明，准确性培训似乎并不会提高评价的准确性，除非在培训的过程中让受训者进行绩效评价的演练，同时对他们所做出的绩效评价的准确性提供反馈。

6.3.3 收集评估的信息

在上个评估期结束到下个评估期开始的这段时间，管理者应当收集更多的信息，这样，评估就会更加公正合理与准确。如果管理者忽略了这一点，评估就只能根据管理者模糊的记忆或者员工最近的行为与业绩进行。

J.C.弗拉纳根创立了一种客观收集评估信息的方法，称为"关键事件法"。这种方法是指管理者收集员工平时工作中的关键事件——良好的与不好的工作表现，在收集好这些事件并制成表格后，再由专门负责绩效记录的主管对事件进行分类。

关键事件法包括以下三个基本步骤：①在关键事件发生时，填写绩效记录表；②总结并评定其结果；③与员工进行一次绩效评估面谈。弗拉纳根建议每六个月执行一次这三个步骤，并建议绩效面谈的时间为半小时到一小时。

绩效记录不是一个衡量标准，也不是一个评估方法，它只是收集员工绩效中重要事项的过程。按照这种方式收集到的信息可以为主管与管理人员最大限度地使用。他们可以利用这些信息帮助员工更好地了解目前所做工作的要求与开发自己的潜能以便未来承担更大的责任。绩效记录包括产量、工作质量、遵从最终期限与进度表、安全、实际成本与预算成本、旷工及消费者与同事投诉的次数。

绩效记录的方法除了关键事件法，还有叙述法、360 度反馈法和其他方法。叙述法是以"讲故事"的形式来描述一名员工的绩效。叙述法可以写在一张附加表格上，可以敲进计算机里，也可以手写；可以只有一篇总体叙述，也可以用事先指定分类的结构。比如说，一张叙述表格既可以包括像"按时出勤""与客户关系"和"销售业绩"这样的类别，也可以用与特定员工工作有关的任何分类项目。叙述的结构可以多样化，分类不受限制。

360 度反馈法涉及收集评估信息的多元性和多角度性。如要评估一个经理的绩效，可能会从他的员工、直接主管、同事，甚至客户那里收集数据、意见和观察结果。要评估一个非管理岗位的员工的绩效，就必须知道他的主管、客户和同事的看法和意见。我们通常用评级法收集这些意见。

所有的评估工具都有一个共同特点，那就是如果缺乏有效的当面沟通，他们就不能改善绩效。一个具备优秀沟通技巧的称职经理能让任何评估方法生效。

6.4 绩效评估规划

6.4.1 绩效评估规划的定义

绩效评估规划是绩效管理的起点，并为以后的绩效评估打下重要的基础。在绩效规划过程中，经理和员工一起讨论，以便对以下问题达成共识：员工需要做什么工作，做到何种程度，为什么要做这项工作，何时完成，以及怎样取得成功。

理解绩效评估规划的最好方法就是用建造房屋这么一个类比。第一，房屋的主人通过与建筑师交谈，可以清楚地知道并敲定自己想要从房屋那里获得什么，房屋应该是什么式样，应该有哪些特征，应该怎样发挥功能。这些是在建筑规划的真正价值之外的东西。这个与规划相联系的思考过程本身就很有价值。第二，规划有助于组织确定建筑房屋所需要的资源。一套完善的房屋规划能告诉我们建筑过程中所需要的材料，因为这取决于我们期望中的房屋构成。第三，规划能够指导建筑过程，减少工作中的直接监管。第四，规划能够协调工作。有了一个整体规划，我们就对建筑过程的全局有一个总的了解。第五，规划详细描述了最终产品的样子和功用，它为房屋的建筑设定了一个标准。这样一来，不管是在建筑过程中，还是在建筑完成后，对建筑过程的评估都会容易得多。

让我们将房屋这个类比应用到绩效上。第一，我们的目标是什么？我们希望员工的工作效率尽可能高，这样才能为企业的成功做出最大贡献。第二，房屋建造需要资源，那么应用到绩效评估规划上，即确定员工实现这个目标所需要的资源。第三，房屋规划就相当于建筑过程中的图纸，同样，规划一旦出来，员工就明白了自己的工作任务。正如房屋规划一样，绩效规划能让我们在评估过程中更好地评价员工的工作进程，因为双方都对工作要求和目标达成了共识。在员工从不知道自己应该完成什么工作的情况下对他们的绩效做评估，必定会在经理和员工之间引起摩擦。

6.4.2 循序渐进地完成规划

完成规划的过程就是实施评估面谈，有效的面谈需要评估者做好准备。第一步是确定想要实现的目标，第二步是做好实现目标的准备。

评估面谈主要有五大目标：①与员工就绩效评估结果达成共识；②识别员工的优势；③识别员工需要改进的工作领域；④与员工共同协商绩效改进计划，提高一个或多个工作领域的表现；⑤就下个评估期要达到的期望达成共识。

在面谈前，管理者应当做好以下准备工作。第一，确定最佳时间。最佳时间是指双方都不会被打扰到的时间。所以，管理者最好确定一个合适的时间，并征得员工的同意。第二，确定最佳地点。私人办公室可能是最佳面谈地点，管理者可以将面谈地点定在自己的办公室或者一个中立的地点，这个地点最好私密性强，可以锁住门，别人无法在门外观望，此外，这个地点很舒适，可以让双方放松。第三，准备好设施、设备，家具的摆放要让员工觉得舒服，椅子可能需要并排摆放，而不是摆放在桌子的两边，把双方隔开，如果可能的话，准备好咖啡或水。第四，收集信息与资料，确保手头上有表格与收集到的信息资料，在整个面谈中可以随时使用。第五，为营造开放的氛围做准备。在面谈前，管理者可以选择面谈话题，是谈论当前的事件还是直接说明面谈的目的，要能够营造良好的面谈氛围。第六，计划面谈方法，从员工的优势开始谈起，然后探讨工作需要改进的领域，在给出你的评估结果之前，询问他/她自己的预期评估，最后与员工交替评估。第七，给予员工足够的时间准备。第八，为结束面谈做准备，管理者应当清楚何时且如何结束面谈，面谈要实现面谈的目标。

6.4.3 评估面谈的开展

评估面谈的目的是绩效讨论，而与员工的个性无关。它以未来而不是过去为导向。评估面谈关注的是员工将来有何需要开发，而不是过去做了什么。然而，过去的绩效是未来绩效的重要基础。开展面谈时管理者必须铭记以下十个准则。

1．建立和维系与员工的关系

这里主要是指面谈的氛围，氛围首先要考虑面谈地点的舒适度，其次确保双向沟通的畅通，以爱好或其他当今时事为话题开始面谈。表6-3列出了建立关系与未建立关系的两种面谈氛围。

表6-3　建立关系与未建立关系的两种面谈氛围

建立关系	未建立关系
自在的、放松的	紧张的、害怕的、焦虑的
舒适的	不舒适的
友好的、温暖的	官方的、冷漠的
自由坦率地发言	不敢坦率地发言
相信、信任	挑战
倾听	打断
理解的	不理解的
开明的	守旧的
虚心接受批评	反感批评
安心提出异议	争论、贬低

2．明确阐述面谈的目的

向员工说明想要实现的目标，用积极的口吻来说明。例如，"这次面谈的目的是我们共同探讨你的绩效，讨论你所具备的优势与你所需要改进的领域。然后，我们会谈到你的未来及如何共同工作。"

3．鼓励员工发言

面谈是双向沟通的过程，在某些情况下，管理者需要问一些具体的问题，员工才愿意发言；在另外一些情况下，员工不需要管理者的激励就能自由发言。

4．仔细倾听，不要打断

在倾听的过程中，倾听者应关注对方的想法与感受，仔细倾听，不要随意打断。

5．避免对峙与争论

尽管双方的意见会不一致，但管理者应当尽量避免对峙与争论。尽管管理者权力更大，也应避免对峙与争论，破坏与员工建立的关系。自由开放的讨论才能达到共赢，双方的需求才能得到满足。

6．关注绩效，而不是个性

每个员工都有自己的独特性，性格特点千差万别，心理学研究表明，没有哪一种个性必然会影响绩效。

7．关注未来，而不是过去

管理者应该强调的是员工过去所学的对未来有什么样的帮助。

8．强调优势与需要改进的领域

每个员工都具备一定的优势，也有需要提升绩效的某个方面，管理者不要忽略员工的优势。

9．适时结束面谈

在以下情况下结束面谈是合理的：未能建立关系、管理者或员工因事不得不去某个地方、工作日末、进展缓慢、疲倦或其他有必要的中断。

10．以积极的态度结束

确保员工是抱着积极的想法离开的，而不是对讨论中的消极面怨恨不已。在结束面谈时，管理者应与员工热情地握手并辅以热情的话语。

6.5　绩效改进计划

6.5.1　制订有效的绩效改进计划

绩效改进计划是指员工采取一系列具体的行动步骤来提升绩效的过程。绩效改进计划应该包括具体内容、执行对象和时间。在评估面谈中，管理者应当指出员工需要改进的工作领域。下一步是选择最先改进的绩效职责，如果员工需要改进的领域太多，这说明任务过多，有可能无法达成目标，管理者与员工应当共同决定需要最先改进的那项绩效职责。绩效职责的选择取决于以下四个标准。

① 管理者认为什么是最重要的？管理者可能希望员工先提高带来严重问题的弱项，也可能希望员工先加强自己的优势。

② 员工希望改进哪方面？这个因素很可能突显了员工提升绩效的动机，因为员工一般不会选择他/她不想改进的领域。

③ 哪个领域的改进最快有结果？这个成功的经历将有助于改进其他领域。

④ 考虑到所花费的时间、精力和金钱，哪个领域的改进将带来最大的回报？根据事实与逻辑所做的决定会比较客观。

共同选择需要改进的绩效职责有助于建立管理者与员工的关系及增进双方的理解。

6.5.2　绩效改进的标准

一份有效的绩效改进计划应当满足四个标准，具体如下。

1．实用性

计划应具体涉及需要改进的绩效领域。如果只是泛泛而谈，制订绩效计划时没有考虑到实用性，就如同我们读一本理论书却抓不到重点，难以将理论与实践相结合，或者和修一门并不实用的工业心理学的课程一样，都是浪费时间和成本。

2．受时间的限制

管理者与员工应当共同设定一个具体的、切合实际的最终完成期限。

3．具体

计划的内容要具体、清晰。例如，如果需要改进的领域是与其他员工的有效沟通，那么，实现这一目标的其中一种方式可能是让员工阅读一本书。管理者应当列出具体的书名，而不是笼统地说："阅读一本与沟通相关的书。"

4．承诺

计划应获得管理者与员工的肯定，并且他们能共同承诺顺利实施计划。计划应当是实用的、受时间限制的、具体的。计划的执行也需要管理者与员工的共同承诺。这些要求建议甚至强调了管理者与员工共同制订绩效改进计划的必要性。此外，计划的制订还需要一个培训与开发的专家。由专家们根据他们的经验帮助业务主管与员工选择需要阅读的书籍以及参加的会议。制订绩效改进计划后，员工和管理者应当针对自身的职责修正计划。另一种值得提倡的做法是明确以下三种可采取的具体措施：员工要做什么、管理者要做什么、有哪些条件或状况会发生改变。为了计划的顺利实施，管理者与员工需要共同承担起责任。

【关键知识点】

扫一扫→绩效评估在绩效管理中的动作流程

【启发与思考】

没有下属的庆功宴①

诺维德南洋（中国）饮料有限公司华南区的销售数字正在节节上涨，业绩也正在明显改善，但当总经理欧方礼专程赶赴深圳，为新启用的美籍市场拓展部华南区经理包大伟和他的团队颁发奖品时，却在庆功晚宴上惊异地发现，除了包大伟，市场拓展部已经没有几个他认识的员工……

为了实现华南区的销售增长，欧方礼从市场部提拔了一位名为包大伟的员工担任业务拓展部经理，一方面包大伟对于中西方文化都有所了解，另一方面他身上具有那股冲劲十足的感觉，充满对工作的激情，基于这两点原因，欧方礼做出这一决定。

包大伟上任之后就做出一系列改革：要求下属每周提交工作计划，计划要详细到每个小时的工作安排；每一个市场拓展部的业务员都需要定期制作市场计划或市场状况回顾，但这种做法渐渐地有些流于形式，一些业务员每次做出来的计划都差不多，或者只是逐次增加一个固定的百分比。虽然他的改革措施有些严厉，但公司的员工表现得还是非常配合，毕竟大家都希望诺维德的业绩得到提升，但是随着时间的推移，一些不和谐的声音开始慢慢出现。

公司每年两次对职员进行绩效评估，每个职员的绩效 80%来自业务的实际成果，20%来自能力（包括对当前市场的评估能力、有价值提升的市场计划能力、执行公司策略的能力、管理日常运营的能力和与同事相处沟通的能力，共五项，每项 20 分）。每人先将自己半年来的业务实际成果罗列出来，将每项业绩按照重要程度设定比重进行自我评估，并且根据自己的优缺点提出有针

---

① 本文刊登于《商业评论》2006 年 8 月，笑天，彭韧，译.

对性的培训需求或者职位变更申请。评估报告完成后首先交由直线上司，直线上司在看完报告后再安排时间与员工单独面谈交换各自的看法，最后以直线上司所打分数作为职员的实际成绩。总成绩共分为五个等级：CE（Clearly Exceeding，工作表现突出），90—100 分，获得该等级的员工一般会得到升迁；ME（Meets and Exceeds，工作总体表现良好，有时表现突出），75—89 分；SM（Successfully Meets，工作表现总体符合职位要求），50—74 分；MS（Meets Some，工作表现总体不符合职位要求，有时能达到要求），20—49 分，职员如被评定为该等级，将会收到公司的警告信，连续两次评估收到警告信将不能续签合同；FM（Fails to Meet，工作表现不符合工作要求），0—19 分，被评定为该等级的员工将无法获得续签合同的资格。尽管看上去非常严格，但是上司在打分时，大多凭借自己的印象，只要不太离谱，一般不会对员工自评提出太多异议。但包大伟不同，在上交报告的第二天，包大伟就将下属的评估报告全部打了回去，原因是业绩目标和实际成果的描述不够量化和细化，必须重写，标准的每个指标都必须用准确的数字描述，不能模棱两可。等到包大伟给下属评定的分数一一出来，大家惊异地发现，原本一般可得 80 分、90 分的项目，包大伟只给了 50 分、60 分，甚至出现了 30 分、40 分。市场拓展部资格最老的职员赵宏宇急得第一个跳出来拿着自己的评估报告到了包大伟办公室，质问他为何自己有一项指标只得了 40 分。包大伟似乎早有准备，他轻松地解释道："这项业务主要依据的是你负责的清爽果茶的市场推广状况，原计划是在 6 月前完成 100 万标准箱的销量，结果只完成了 40 万箱销量，那么非常遗憾，我就只能给你 40 分。"

"这太不公平了，难道清爽果茶是我一个人卖的吗？100 万箱是根据其他地区的上市情况设定的，销量不好有多方面原因，包括品牌形象、广告投放、市场活动执行等。作为市场拓展主任，我的职责只是协助完成上市计划，跟踪市场计划的实施，及时协调并改进不足，帮助达到销售目标，而不是直接为销量负责。"赵宏宇情绪有些激动。包大伟针锋相对地回答道："负责该产品的市场拓展就应该为销量负责，否则就失去了绩效评估的意义。"两人争执不下，闹到人力资源部，最后还是以包大伟的评分作为最终结果。此事在赵宏宇心中留下了心结，他想尽办法如愿地离开市场拓展部调到其他部门。这只是一个开始，市场拓展部开始陆续有员工离开，可是公司产品在市场上的整体销量却是逐渐上涨的。

根据给出的案例，请思考：员工为何纷纷离去？包大伟的绩效评估方法在何处出现问题？

【思考练习题】

1. 简述绩效评估设计所应遵循的原则。
2. 简述绩效评估的内容、特征与实施流程。
3. 如何对员工绩效进行评估？
4. 论述各种绩效评估方法的适用范围和主要特点。
5. 如何制订一份有效的绩效改进计划？简述具体程序和方法。

【模拟训练题】

一家企业的绩效评估是否生效在于评估体系的成功与否，如果我们用一个变量就能将良好的绩效评估和拙劣的绩效评估区分开来，事情就好办多了。这个变量可以是员工的生产率、现金流量、股票价格和价值以及获利能力等。请你选择两家企业进行走访，对它们以上的变量进行分析，区分有效绩效评估和无效绩效评估，并说明两者之间的区别以及各自的特点。

【情景仿真题】

某著名的跨国公司，在世界 66 个国家拥有 233 000 名员工和 340 多个办事机构，其业务范围包括电子、机械、航空、化学、金融和汽车等领域。该公司在中国各地投资兴建了几十家生产和销售公司。由于各个公司的运营时间都不长，内部管理制度建设还不完善，因此在绩效考核中采用了设计和实施相对都比较简单的强制分布评价方法。生产人员和管理人员都是每个月进行一次绩效考核，考核的结果对员工的奖金分配和日后的晋升都有重要的影响。但是这家公司的高层很快就发现这种绩效考核方法存在着很多问题，但是，又无法确定问题的具体表现及其产生的原因，于是他们请了北京的一家咨询公司对其员工绩效考核进行诊断和改进。

咨询公司的调查人员在实验性的调查中发现，该公司在中国的各个分公司都要求在员工的绩效考核中将员工划分为 5 个等级。其中，A 代表最高水平，E 则代表最低水平。按照规定，每次绩效考核中要保证员工总体的 4%～5%得到 A 等评价，20%的员工得到 B 等评价，4%～5%得到 D 等或 E 等评价，余下的大多数员工得到 C 等评价。员工绩效考核的依据是工作态度占30%，绩效占 40%～50%，遵纪守法和其他方面的权重占 20%～30%。被调查的员工认为在绩效评价过程中存在"轮流坐庄"的现象，绩效考核受员工与负责评价工作的主管的人际关系的影响，这使评价结果与员工的工作绩效之间联系不够紧密，因此对他们来说，绩效考核虽然有一定的激励作用，但是不太强烈。而且，评价的对象强调员工个人，不考虑各个部门之间绩效的差别。因此在一个整体绩效一般的部门工作，即便工作能力一般的员工也可以得到比较高的评价（A或者 B），而在一个整体绩效好的部门，即使员工工作非常努力，也很难得到 A 或者 B。员工还指出，他们认为绩效考核是一个非常重要的问题，这不仅是因为考核结果将影响到自己的奖金金额，更主要的是员工需要得到一个对自己工作成绩客观、公正的评价。员工认为绩效评价的标准比较模糊、不明确。在销售部门，销售人员抱怨自己的销售绩效不理想在很多情况下都是市场不景气、自己所负责销售的产品在市场上的竞争力不强造成的，这些因素都是自己通过努力无法克服的，但是，在评价中却被评为 C 甚至 D 等，所以他们觉得目前这种绩效考核方法很不合理。

问题：请你针对该案例并结合自己实际工作的经验与体会撰写一份绩效评估方案。

第 7 章　绩效反馈

学习目标

1. 了解控制理论及信息论与绩效反馈的关系；
2. 了解绩效反馈的基本内涵及内容；
3. 掌握如何对绩效考核结果进行有效反馈；
4. 熟悉绩效反馈面谈的基本原则和技巧。

本章重点解析

引导案例

集合式绩效面谈[①]

2013 年 3 月 18 日、19 日，研究院北京分院第一次以部门为单位集体开展绩效面谈，打破了以往只有领导与下属一对一面谈的惯例，以一种全新的方式邀请部门全体员工一起参加部门绩效面谈，北京分院领导出席，众人一起参与，针对部门的绩效完成情况和内部管理，提出各自的见解，并讨论相应的解决方案。

"集合式绩效面谈"立足于将各部门内部的管理（不论好坏）全部公开，部门负责人勇于在员工面前展示自己的不足，将经营管理理念深入每一位员工的内心，充分调动员工参与部门经营和管理的主观能动性，结合团队的力量和智慧，全面提升部门的管理能力。

（1）让每一名员工参与管理。"集合式绩效面谈"是一次管理创新的尝试。在绩效面谈开始之前，为打消部门领导和员工的顾虑，主管领导首先说明"集合式绩效面谈"的目的是提高每一个人的责任意识，以这种开放式的平台将部门内部管理精细化。实施伊始，大家还是有所迟疑的，在部门领导对现阶段 DOMA 完成情况和内部管理情况进行陈述后，会议室格外安静，无人发言，员工都不敢当众表达自己的想法。对此，研究院北京分院院长在会上明确了"集合式绩效面谈"的目的：一是为了将内部管理更加公开透明化，让每一个人都能了解部门内部的管理和经营情况；二是给大家提供一个展示能力的机会，让每一个人都参与到管理中来，管理不是部门负责人一个人的事，只有发挥每一个人的聪明才智，大家共同努力才能实现部门乃至公司的全面管理提升。明确目的后，有员工开始主动发言。当员工的建议得到领导的肯定和大家的认同时，盘旋在大家心头的疑虑才开始真正逐渐消散。随后，与会领导就员工的建议，提出现有重点项目进度是否有改进空间等跟进性问题。有了前一个员工的带头发言，大家开始就重点项目的进度安排开展了热烈的讨论。通过大家的集思广益，原计划要六个月完成的项目，最终压缩到三个月，并确定在两天内拟订具体的执行计划，明确各部分的责任人和时间节点，予以实施。至此，各部门"集合式绩效面谈"顺利实施，员工纷纷主动发言，为部门的经营管理献计献策。

（2）提供平台挖掘集体智慧。鼓励员工积极发言的效果是非常明显的，越来越多的人开始

---

① 何海燕. 研发人员绩效考核管理创新探索——"集合式绩效面谈". 中国人力资源开发，2016（2）：93.

主动发言，说出自己的感受和想法。原有的只限于项目进度等关键考核指标的讨论范围也逐步扩展，有员工开始从个人职业发展的角度提出自身的培训、学习需求，新员工提出希望能够更多地参与到部门的技术研究项目中，更有人表达了对于这种创新讨论方式的认同。大家的思路也就此拓展开来，不再拘泥于原有单纯的目标讨论。

基于此，研究院北京分院采用"集合式绩效面谈"的方式，为全体员工搭建了一个可以畅所欲言、充分展示自我，同时还能够用自己的智慧参与管理的平台。员工能够在这个平台上平等交流，展现自己的才华；中基层管理者能够直面各方的建议，并加以改进和完善；而领导者能够从中了解更加全面的信息，掌握员工的思想动态。这种方式在挖掘员工智慧的同时，也推动了部门领导甚至分院领导的工作，改进了绩效。更为关键的是，活跃的思维可以碰撞出更多灵感和火花，这也是研究院北京分院管理层一直坚持积极开放的管理思路和管理创新的重要原因。

7.1 绩效反馈概述

7.1.1 绩效反馈及其目的

绩效反馈是绩效管理过程中的一个重要环节。它主要通过考核者与被考核者之间的沟通，就被考核者在考核周期内的绩效情况面谈，在肯定其成绩的同时，找出其工作中的不足并加以改进。绩效反馈的目的是为了让员工了解自己在本绩效周期内的业绩是否达到既定的目标，行为态度是否合格，让管理者和员工双方达成对评估结果的一致看法；双方共同探讨绩效未合格的原因并制订绩效改进计划，同时，管理者要向员工传达组织的期望，双方对绩效周期的目标进行探讨，最终形成一个绩效合约。由于绩效反馈在绩效考核结束后实施，而且是考核者和被考核者之间的直接对话，因此，有效的绩效反馈对绩效管理起着至关重要的作用。

一旦预期的绩效已经被界定清楚，并且对员工的实际绩效也进行了评价，接下来就需要将绩效信息反馈给员工，帮助他们纠正自己的绩效不足。但是绩效反馈过程是非常复杂的，并且对于管理者和员工双方来说都是非常不舒服的。一想到要指出别人的弱点，很多人都会觉得非常尴尬。然而，如果说向别人发出负面反馈信息是令人痛苦的，那么得到这种信息的人更是极度痛苦的——虽然如此，绩效反馈过程也是不能省略的，依然是非常重要的。

绩效反馈是指组织在绩效考评结束后选择适当的时机将考评的结果告知被考评者、充分吸纳被考评者的意见和建议的过程，如图 7-1 所示。绩效反馈的目的如下。

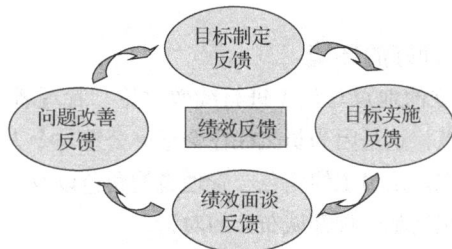

图 7-1 绩效反馈循环

① 组织通过向员工反馈其工作完成的情况和结果，使员工了解自己的优缺点，培养员工以自我认知为基础的自我开发精神。

② 通过反馈面谈，双方就工作中出现的某些问题和员工的发展需求探讨改进措施，并共同制订工作绩效提升计划。

③ 在上级管理人员的协助下，员工独立自主地制定自我开发目标，加深员工对所从事工作的认识，以培养员工的责任感。

④ 正确地把握员工的心理特点、能力及素质，为人力资源管理的运用提供参考。

7.1.2　绩效反馈的重要性

绩效反馈是绩效考核的最后一步，是由员工和管理人员一起回顾和讨论考评的结果，如果管理人员不将考核结果反馈给被考评的员工，考核将失去极为重要的激励、奖惩和培训的功能。因此，有效的绩效反馈对绩效管理起着至关重要的作用。

1．绩效反馈是提高绩效的保证

绩效考核结束后，当被考核者接到考核结果通知单时，在很大程度上并不了解考核结果的由来，这时就需要考核者就考核的全过程，特别是被考核者的绩效情况进行详细介绍，指出被考核者的优缺点，特别是考核者还需要对被考核者的绩效提出改进建议。

2．绩效反馈是增强团队竞争力的手段

任何一个团队都存在两个目标：团队目标和个体目标。个体目标与团队目标一致，能够促进团队的不断进步；反之，就会产生负面影响。在这两者之间，团队目标占主导地位，个体目标处于服从的地位。

7.1.3　绩效反馈的基本原则

如果不让员工们意识到他们的工作绩效并没有达到预期绩效的要求，那么几乎可以肯定的是，他们的绩效是不会有所改善的。事实上，情况可能会变得更糟。因此，有效的管理者应当以一种能够诱发积极行动反应的方式来向员工提供明确的绩效反馈。下面的这些反馈原则将会产生有利于增强绩效反馈过程的潜在作用。

1．反馈应当是经常性的，而不应当是一年一次

其原因有两点。首先，管理者一旦意识到在员工的绩效中存在缺陷，就有责任立即去纠正它。如果员工的绩效在 1 月时就低于标准要求，而管理人员却非要等到 12 月再去对其绩效进行评价，那么这就意味着企业要蒙受 11 个月的生产损失。其次，绩效反馈过程的有效性的一个重要决定因素是——下属员工对于评价结果的重视程度。因此，一个很容易发现的规则就是，管理者应当向员工提供经常性的绩效反馈，从而使他们甚至在正式的评价过程结束之前就基本能够知道自己的绩效评价结果。

2．为绩效讨论提供一种好的环境

管理者应当选择一个中立的地点与员工进行绩效讨论。管理者本人的办公室通常并不是进行建设性绩效反馈的最佳地点，这是因为员工往往会把办公室与令人不愉快的谈话联系在一起。管理者应当把绩效会谈描绘成讨论员工的角色、管理者的角色以及二者之间关系的一个机会。管理者还必须表明，绩效会谈应当是一种开诚布公的对话。

3．在评价面谈之前让员工本人先对个人的绩效进行自我评价

让员工在参加绩效评价面谈之前先完成自我评价的做法是有意义的。它要求员工认真思考一下自己在本次评价周期内所达到的绩效，并鼓励他们寻找自己的不足。一方面，用于管理目的的自我评价往往会被被评价者人为夸大；而另一方面，员工在用于开发目的的自我评价中又往往

比监督者对自己所做出的评价要低。自我评价具有效力的另一个原因是，它可以通过将面谈的重点放在上下级之间存在分歧的问题上而使得反馈过程得以更快地进行，而这会提高绩效反馈的效率。最后，对自己过去的绩效进行过认真思考的员工更有能力完全参与到反馈过程的讨论中。

4．鼓励下属员工积极参与绩效反馈过程

在绩效反馈的过程中，管理者可以采取以下任一种方法：第一种方法是"讲述—推销法"，即管理者告诉员工自己对他们做出了怎样的评价，然后再让他们接受自己对他们做出这种评价的理由；第二种方法是"讲述—倾听法"，即管理者告诉员工自己对他们做出了怎样的评价，然后再让他们谈一谈对这种评价持怎样的看法；第三种方法是"解决问题法"，即管理者和员工在一种相互尊重和相互鼓励的氛围中讨论如何解决员工绩效中所存在的问题。尽管研究已经证明了"解决问题法"的效果是最突出的，但是大多数的管理者却仍然依赖"讲述—推销法"。

当员工参与到绩效反馈过程中时，他们通常都会对这一过程感到满意。参与的形式包括让员工发表他们对于绩效评价的看法以及参与制定绩效目标的讨论。一项研究发现，参与除了会促使下属员工提高对上级监督者的满意度外，还是预示员工对于绩效评估反馈过程满意程度高低的一个最重要的因素。

5．通过赞扬肯定员工的有效业绩

人们通常认为，绩效反馈过程的焦点应当集中在找出员工绩效中所存在的问题，然而事实却并非如此。绩效反馈的目的是提供准确的绩效反馈，这其中既包括查找不良绩效，同时也包括对有效业绩的认可。赞扬员工的有效业绩会有助于强化员工的相应行为。此外，它通过清楚地表明管理者并不仅仅是在寻找员工绩效的不足而增加了绩效反馈的可信程度。

6．把重点放在解决问题上

管理者在绩效反馈方面通常会犯的一个错误是，他们往往把绩效反馈看成是一个对绩效不良的员工进行惩罚的机会，因而总是告诉这些员工他们的绩效是如何的糟糕。而这种做法只会伤害员工的自尊以及强化他们的抵触情绪，不利于员工的绩效改善。

为了改善不良的绩效，管理者首先必须努力找出造成不良绩效产生的原因。这包括与员工一起找出导致不良绩效的实际原因，然后就如何解决这些问题达成共识。举例来说，一位销售人员之所以没有能够完成预期的销售目标，可能是由于他本人缺乏推销技巧、缺乏产品知识或者是由于他的销售额被其他销售人员窃取等。而每一种原因都要求管理者采取不同的解决方法。然而，如果不采用这种解决问题法来进行绩效反馈，那么纠正不良绩效的方法可能永远都不会被找到。

7．将绩效反馈集中在行为上或结果上而不是人的身上

管理者在进行负面反馈时需要做的非常重要的一件事是要避免对员工作为一个人而存在的价值提出疑问。而要做到这一点，最好的办法就是把绩效反馈的重点放在员工的行为或者结果上，而不是直接放在人身上。举个例子来说，如果管理者这样对员工说："你把事情搞得一团糟，你根本就没有用心去做！"那么必然会导致员工产生抵触心理和很强烈的反感。相反，如果管理者对员工这样说，那么结果可能会好一些："你之所以没有能够按时完成这个项目，是因为你在其他项目上花的时间太多了。"

8．尽量少批评

显然，如果一位员工的绩效低于规定的标准，那么必然要对其进行某种批评。然而，一位优秀的管理者应当抵挡住抽出"进攻之剑"的诱惑。当一位员工面对个人所存在的绩效问题时，

他往往是同意自己应当在某些方面有所变化的。因此，如果这时管理者仍然是一而再再而三地举出其绩效不良的例子，那么员工无疑会产生一种防卫心理。

9．制定具体的绩效改善目标，然后确定检查改善进度的日期

制定目标的重要性不能被过于夸大，它只是绩效最有效的激励因素之一。研究表明，目标的制定有利于提高员工的满意度，激发员工改善绩效的动力以及实现绩效的真正改善。但是，除了确定目标以外，管理者还应当确定对员工达到目标绩效要求的进展情况进行审查的具体时间。这就提供了另一种激励措施来使员工严肃认真地对待目标，并且为达到这一目标而努力工作。

7.1.4　绩效反馈的内容

1．谈工作业绩

工作业绩的综合完成情况是管理者进行绩效面谈时最重要的内容，在面谈时管理者应将评估结果及时反馈给员工。如果员工对绩效评估的结果有异议，就需要管理者和员工一起回顾上一绩效周期的绩效计划和绩效标准，并详细地向员工介绍绩效评估的理由。通过对绩效结果的反馈，员工结合绩效达成的经验，找出绩效未能有效达成的原因，为以后更好地完成工作打下基础。

2．谈行为表现

除了绩效结果以外，管理者还应关注员工的行为表现，比如工作态度、工作能力等。对工作态度和工作能力的关注可以帮助员工更好地完善自己，提高员工的技能，也有助于帮助员工进行职业生涯的规划。

3．谈改进措施

绩效考核的最终目的是改善绩效。在面谈的过程中，针对员工未能有效完成的绩效计划，管理者应该和其一起分析绩效不佳的原因，并提出具体的绩效改进措施。

4．谈新的目标

绩效面谈作为绩效管理流程中的最后环节，管理者应在这个环节结合上一绩效周期的绩效计划完成情况，以及员工新的工作任务，和其一起提出下一绩效周期中的新的工作目标和工作标准。这实际上是帮助员工一起制订新的绩效计划。

7.2　绩效考核结果的反馈

绩效考核结果的反馈主要包括绩效考核结果报表的编制、绩效考核结果的公布、绩效考核结果的分析及备案四个部分。

7.2.1　绩效考核结果报表的编制

绩效考核结果报表也可以理解为绩效考核结果的汇总表，是指将绩效在不同考核阶段的结果或者由不同人员评价的结果汇总在同一张报表上。如将日常考评成绩登记表汇总为每月考评成绩登记表，然后将每月考评成绩登记表最终汇总为年度考评成绩登记表。

1．绩效考核结果报表的编制原则

编制人员在制作绩效考核结果报表时应当遵循以下三个原则。

（1）准确性原则

在将不同时段或者不同人的评价结果汇总时，可能会出现统计的错误，这就要求编制人员细心、细致，避免出现错误。

（2）完整性原则

在汇总时，一定不能遗漏任何一个方面，否则会影响报表的有效性和全面性。

（3）客观性原则

汇总是专业人员的工作，个人的主观局限难免会影响结果的客观公正性。因此，最终呈现的报表要经过多方面的检查、核实。

2．绩效考核结果报表的示例

表 7-1 是一张简单的绩效考核结果报表，基本涵盖了绩效考核结果报表所应包括的内容。

表 7-1　绩效考核结果报表示例

部门名称			考核周期		部门考核结果	
员工姓名			岗位		职称	
职业素质汇总						
工作能力汇总						
工作表现汇总						
部门负责人确认					_____年_____月_____日	
人力资源部复核					_____年_____月_____日	
主管高层管理人员审批					_____年_____月_____日	

3．绩效考核结果报表的注意事项

① 绩效考核结果报表一式两份，一份由人力资源部保存，另一份存档在被考核者的档案中。

② 绩效考核结果报表在填写时可使用蓝色或黑色墨水笔，也可打印，但签字必须是手写的。

③ 绩效考核结果报表报送的时限必须明确规定，企业可以根据自身的情况规定。

④ 绩效考核结果报表的附件主要是各阶段考评的成绩登记表。

7.2.2　绩效考核结果的公布

"奖一人而励十人、罚一事而警十事"，要达到这样的效果，企业就必须及时公布绩效考核结果。所谓绩效考核结果的公布，就是企业将部门或者个人的绩效考核结果以文书的形式向部门或被考核者公开告知，使其对考核周期内的绩效表现有整体的了解。

1．绩效考核结果公布的原则

（1）公开性

绩效考核结果公布的公开性就是指考核结果要向一定范围内或特定范围内的人员公开，要让大家知道和了解，具有较强的透明度，不存在任何秘密和暗箱操作。

（2）周知性

所谓周知性是指绩效考核结果的公布是让关注它的人了解是怎么回事，从而参与其事。

（3）科学性

绩效考核结果公布的时间要合理，不但要反映出公布的过程，更要反映出员工的意愿。公布的内容并不是最终的决定，公布的对象还可以对内容提出质疑。

（4）民主性

民主性是指绩效考核结果公布的过程与结果，都是公开、公平、公正的，都是有群众参与和监督，并为他们所认可的。

2．绩效考核结果公布的常见问题

在绩效考核结果公布的过程中，经常会出现公布时间短、公布范围窄、公布内容不清晰等问题，具体如表7-2所示。

表7-2　绩效考核结果公布的常见问题

公布的问题	具体解释
公布时间短	考核结果公布期过短，被考核部门和被考核者因工作或其他原因，无法在过短的时间内及时发现问题并提出考核申诉
公布范围窄	考核结果公布范围窄，部分被考核部门和被考核者无法在公布期内了解到考核结果，导致考核结果公布的有效性差
公布内容不清晰	考核结果公布内容不全，如仅公布被考核者的部分考核结果，未明确申诉处理部门及联系方式等，导致被考核者对考核结果持有异议

针对绩效考核结果公布中出现的问题，企业管理人员可以采取以下措施解决。

① 考核组织管理部门应做好调查分析工作，充分了解被考核部门、被考核者理想的公示期限，进行综合衡量后确定公布期限。一般情况下，月度考核结果公布期限应不少于3天，年度考核结果公布期限应不少于7天。

② 考核组织管理部门应尽量选择受众面广的渠道发布考核结果，或通过多种渠道同时发布考核结果，以确保所有被考核者能够了解考核结果的相关信息。

③ 考核组织管理部门负责人应审核公布内容，确保内容齐全、准确后再发布，同时要做好结果公布的监督工作，针对突发状况及时进行处理。

3．绩效考核结果公布的格式及内容

（1）标题

关于××绩效考核结果的公布。

（2）正文

其包括进行公布的原因、绩效考核结果的基本情况展示、公布的起始及截止日期（以工作日计）、意见反馈单位的地址及联系方式、发布单位的名称（加盖公章）及发布时间。

4．绩效考核结果公布的示例

绩效考核结果公布的示例如图7-2所示。

7.2.3　绩效考核结果的分析

绩效考核完毕后，人力资源部应当及时对绩效考核结果进行统计和分析，通过分析绩效考核结果，可以为员工培训、职位变动、薪酬调整、员工解聘服务，为企业的人事决策提供信息来源和决策依据，为企业的人力资源发展战略提供参考。

1．绩效考核结果分析的注意事项

（1）多维度、全方位的分析

对绩效考核结果不仅要进行各指标的分析，更要注重从点到面的分析，统筹分析绩效考核结果与目标完成的匹配度。

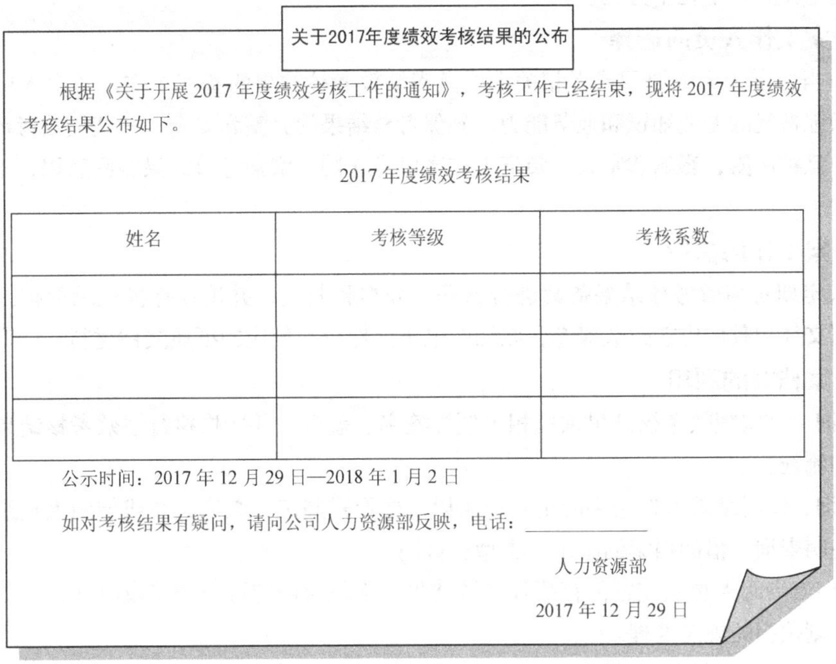

<table>
<tr><td colspan="3">关于2017年度绩效考核结果的公布</td></tr>
<tr><td colspan="3">根据《关于开展 2017 年度绩效考核工作的通知》，考核工作已经结束，现将 2017 年度绩效考核结果公布如下。</td></tr>
<tr><td colspan="3">2017 年度绩效考核结果</td></tr>
<tr><td>姓名</td><td>考核等级</td><td>考核系数</td></tr>
<tr><td></td><td></td><td></td></tr>
<tr><td></td><td></td><td></td></tr>
<tr><td></td><td></td><td></td></tr>
</table>

公示时间：2017 年 12 月 29 日—2018 年 1 月 2 日

如对考核结果有疑问，请向公司人力资源部反映，电话：_____

人力资源部

2017 年 12 月 29 日

图 7-2　绩效考核结果公布的示例

（2）分析顺序有先后之分

绩效指标中有难以量化的能力类指标和可量化的业绩类指标。业绩是通过能力的投入而产生的，因此应当首先对业绩类指标进行分析，然后进行能力类指标的分析。

2．绩效考核结果的总体分析

绩效考核结果的总体分析主要包括四方面内容：一是按类别计算出各类人员的平均分数；二是按权重对平均分进行加权处理，得出某人的最终评价总分；三是对数据质量进行检测，包括数据的有效性、可信度和有效度；四是进行全体数据的统计分析。

企业通过对绩效考核结果的总体分析，可以看出在哪些方面统计结果分布不正常，进而分析是企业的考评系统问题还是绩效的确比较差。

3．绩效考核结果的纵横比较分析

（1）横向比较分析

横向比较分析是指在同一个考核期内，针对员工的各考核指标进行比较分析，可以发现员工绩效表现优异和表现较差的地方；对不同员工在同一个考核期内进行比较分析，可以确定员工间的绩效等级，便于评优和岗位的调整；对不同部门在同一个考核期内进行比较分析，可以确定部门对组织的贡献及任务完成的先后顺序。

（2）纵向比较分析

纵向比较分析是指对考核结果在不同考核周期的比较分析，通过对本期绩效考核的各项指标完成情况与上一绩效考核周期或任何一个绩效考核周期进行对比，观察是否有进步及进步的大小。这样比较，最有利于企业制订绩效改进计划。

7.2.4 绩效考核结果的备案

绩效考核结果的备案是指将绩效考核结果存档、备案，以备审查，方便查找。绩效考核结果的备案应当注意以下几个方面。

1．备案工作人员的选择

企业应当指定人力资源部或者相关人员负责绩效考核结果的备案工作。负责人应当提高备案意识，增强备案的专业知识和业务能力，确保考核结果的完整和安全。一些绩效考核结果保密性很强，一旦被泄露，影响非常大，负责人应当以身作则，增强考核结果保密意识，不得向任何人透露。

2．备案工作的执行

负责人定期对绩效考核结果备案进行整理、分类和归档，并用计算机记录保存。绩效考核结果的书写文件和载体应能耐久保存，归档的电子文件应与相应的纸质文件材料一一对应。

3．备案档案的利用

① 查询、借阅绩效考核结果须经相关领导签字、盖章，并严格执行绩效考核结果查询、借阅的手续和流程。

② 查询、借阅绩效考核结果的记录应当以表格形式制定，查询人员或借阅人员须在表格上签字，并注明查询、借阅档案的事由、类型和日期。

③ 查询或借阅人员须完整保存绩效考核结果，不得对内容进行删减或添加，不得改变其原有状态，否则按相关规定处理。

④ 查询或借阅人员归还绩效考核结果时，负责人须对考核结果的原有状态进行审核，并记录在案。

4．档案的移交和销毁

① 根据企业有关规章制度及部门职能的相应转变，绩效考核结果应按有关手续移交到新的部门。

② 绩效考核结果保存到一定期限后，经领导审批通过后可进行销毁。

7.3 绩效反馈面谈

绩效评估结果是拿来使用的，而不是存档的，企业没有及时地将绩效评估结果反馈给被考核人员，就失去了绩效考核的意义。考评双方只有掌握完全的信息，真正地把握问题的要害，才能明确应当从何处着手、以何种方式更好地解决问题，从而提高员工的工作绩效和部门的整体绩效，最终促使企业目标得以实现。

绩效反馈的一个重要方式是绩效反馈面谈。绩效反馈面谈是绩效管理的重要组成部分，在绩效管理中起着沟通、传递、计划的作用。

7.3.1 绩效反馈面谈的目的

绩效反馈面谈是指管理者要对员工的绩效表现进行打分，确定员工本周期的绩效表现，然后根据结果，与员工做一对一、面对面的绩效沟通，将员工的绩效表现通过正式的渠道反馈给他们，让员工全面地认识自己表现好的方面和不好的方面，使员工在下一个绩效周期做得更好，达到改善绩效的目的。

绩效反馈面谈可以帮助员工检讨过去、把握现在、展望未来。它主要包括以下五个目的。

（1）考核者和被考核者就考核结果达成一致看法

由于考核者和被考核者所处的角度不同，双方的认知能力、理解能力及价值观等不同，考核者与被考核者对考核结果会存在一些分歧。因此，绩效反馈面谈的一个重要目的是通过沟通达成对考核结果的一致看法，这也是绩效反馈面谈能够继续进行的前提。

（2）帮助被考核者认识自己的优势

在进行绩效反馈面谈时，考核者应使被考核者了解自己的优势。被考核者一旦受到表扬，就会使自己的潜能在更大程度上得到发挥，从而达到更高的绩效水平。尤其是在绩效反馈面谈中，被考核者得到考核者的认同，会增强其工作的信心，也会使其能够接受自身的缺点。

（3）帮助被考核者了解自己的不足

绩效考核的另一个主要目的是发现被考核者存在的不足，因此，考核者在绩效反馈面谈时应当以一定的技巧告知被考核者还存在哪些不足，需要提高的地方还有哪些。通常来说，绩效反馈面谈的重点不应当以指出被考核者的不足为重点，重要的是帮助考核者确定如何提升自己。

（4）制订绩效改进计划

制订绩效改进计划是绩效反馈面谈非常重要的目的：一方面，被考核者可以通过这一点意识到自己还是为企业所用，不至于灰心；另一方面，考核者也可以借此考查被考核者在工作中是否有自己相应的工作安排。在制订绩效改进计划时，考核者可以主动向被考核者提供企业可以提供的资源和支持，被考核者也可以积极提出自己的要求和建议。

（5）确定下一轮绩效管理周期的目标和考核标准

在绩效反馈面谈即将结束时，考核者应积极地与被考核者共同商定下一个考核周期的考核目标和考核标准。下一个考核周期的考核目标和标准的制定应当参照上一考核周期的目标和标准，同时要结合绩效改进计划的内容。

7.3.2　绩效反馈面谈的准备

一个成功的绩效反馈面谈来自事前双方的精心准备。绩效反馈面谈需要由主管人员和员工（即被考核者）共同完成，不仅需要主管人员做好准备，也需要员工做好相应的准备。

1. 主管人员的准备

（1）准备面谈资料

主管人员在与被考核者进行面谈时，需要准备以下资料。

① 绩效计划。绩效计划是绩效反馈面谈的依据，也是绩效反馈面谈的主要内容，主管人员所罗列的事实必须来自绩效计划。

② 岗位说明书。岗位说明书中明确规定了岗位的职责和工作目标，也是绩效考核时的重要凭据。在绩效反馈面谈前，主管人员要认真阅读被考核者的岗位说明书，做到面谈时有理有据。

③ 绩效评估表。绩效评估表中明确记载了被考核者的绩效完成情况及等级，通过了解被考核者的绩效情况，主管人员可以想出以什么样的语言、什么样的方式与被考核者面谈。

④ 被考核者的工作记录。被考核者的工作记录是考评结果的依据之一，主管人员只有充分了解被考核者的工作情况，才能理解其得到这种绩效结果的原因，这样在双方对绩效考评结果进行确认时才能更加有理有据。

（2）准备面谈计划

面谈计划主要是对面谈的内容、地点和时间等做出相应的安排。

① 面谈内容分析。绩效反馈面谈的主要内容如图7-3所示。

绩效反馈面谈应更注重未来而不是过去，虽然面谈中有很大一部分内容是对过去的工作绩效进行回顾和评估，但其目的是从过去的事实中总结出一些对未来发展有用的东西，从而制订未来的发展计划。在不同的面谈阶段，所需面谈的内容也不同，如表7-3所示。

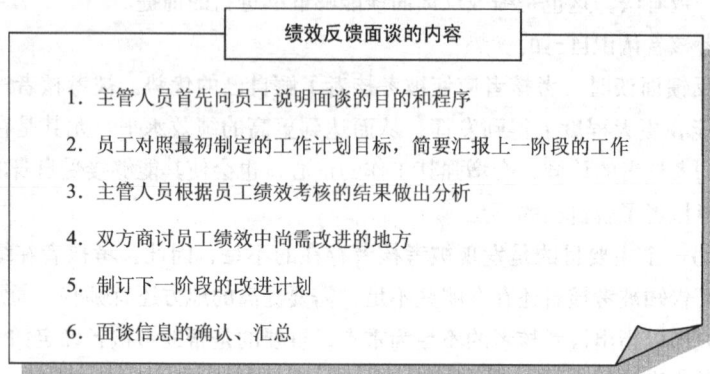

```
┌─────────────────────────────────┐
│         绩效反馈面谈的内容          │
├─────────────────────────────────┤
│ 1. 主管人员首先向员工说明面谈的目的和程序 │
│                                 │
│ 2. 员工对照最初制定的工作计划目标，简要汇报上一阶段的工作 │
│                                 │
│ 3. 主管人员根据员工绩效考核的结果做出分析 │
│                                 │
│ 4. 双方商讨员工绩效中尚需改进的地方   │
│                                 │
│ 5. 制订下一阶段的改进计划           │
│                                 │
│ 6. 面谈信息的确认、汇总            │
└─────────────────────────────────┘
```

图7-3 绩效反馈面谈的内容

表7-3 某企业绩效反馈面谈实施进程

面谈步骤	内容	人员	面谈内容要点
暖场	创造良好的谈话氛围	主管	1. 感谢员工的辛勤工作 2. 建立真诚、信任的气氛，让员工放松 3. 说明面谈的目的
面谈正式阶段	告知考评结果	主管	1. 从员工的优点开始点评工作表现 2. 对员工绩效表现不足之处进行分析 3. 肯定员工的进步与努力
	鼓励员工发表意见	主管、员工	1.（主管）多采用开放式的问题 2.（主管）多用肯定或赞美的语气 3.（主管）认真倾听
	双方沟通	主管、员工	1.（主管）了解员工对此次考核的意见 2. 对考核结果再次进行确认，若有偏差之处，可做相应的调整与纠正
	绩效改进	主管、员工	1. 共同制订绩效改进计划 2. 初步确定下一阶段的工作计划目标
结束阶段	——	主管	1. 对上述内容的总结与确认 2. 企业对员工的期望 3. 下次绩效面谈的时间 4. 感谢员工的参与 5.（主管）整理面谈记录

② 面谈地点的选择。应当注意选择中立的、和谐的、安静的合适地点，同时要注意保密，不宜使面谈受到太多人的关注。

例如，对犯有错误、性格外向、喜欢交际的人，可以选择办公室这种严肃的地点；对于希望能够增进双方了解、密切双方关系的面谈，可以选择咖啡厅这种亲切、平等的地点；对于情绪低落、消沉的人，可以选择公园或林荫路等平等、非正式的地点。

在座位的安排上，一般有面对面谈判式、合作友好式、支持协商式三种位置安排。主管人员在绩效面谈时最好选择能给人轻松、友好感觉的座位形式，不过也要结合被考核者的性格特点，有的被考核者可能不喜欢过于近距离的位置安排。

③ 面谈时间的选择。绩效面谈是一件非常严肃的事情，需要主管人员认真对待，应当选择双方都有空闲、能集中注意力交流的时间段。当主管人员拟订一个面谈时间后，一定要询问员工这个时间是否可行，这样一方面可以表示对员工的尊重，另一方面可以确认员工这段时间是否有其他的安排。另外，主管人员还应该计划好面谈将要花费的时间，这样有利于员工安排好手头的工作，给绩效面谈留下足够的时间，避免讨论受到干扰。面谈的时间不宜太长，一般为 30 分钟至 1 个小时。

主管人员应当提前将绩效面谈的通知告诉员工，以方便员工有时间做各项准备。通常一个主管人员有若干个下属，但不可能同时与一群人面谈，只能一个一个单对单地面谈。所以其必须有一个统筹的安排，根据自己的工作安排，与员工进行适当的沟通之后，拟订一个行之有效的面谈计划，并告诉员工面谈的时间、地点、目的与准备事项，让员工有一个心理和行动上的准备。

2．被考核者的准备

（1）填写自我评价表

该表的主要内容包括对前一段工作绩效的回顾、对个人工作绩效的描述及自我评价。

① 回顾绩效。被考核者首先应当对自己在绩效考核期的工作成果进行回忆，看自己达到什么样的绩效层级，做到心中有数。

② 工作描述。被考核者应当对照着绩效标准描述工作表现，说明没有完成的绩效是由于什么样的原因，完成的绩效是否还有进一步提高的可能。

③ 自我评价。自我评价是指被考核者在绩效反馈面谈前首先对自己的工作表现进行总体概括，看自己的评价与绩效考核结果有何异同。

（2）准备好下一考核周期的发展计划

绩效反馈面谈的重要目的就是根据上一阶段的工作情况提出下一阶段的发展计划，只有个人根据自己的情况制订发展计划，主管人员才可以以此为依据，帮助被考核者改进绩效。

（3）准备好个人提出的问题

个人提出的问题应当包括两方面：一方面是自己可以对绩效考核结果提出疑问；另一方面是可以提供一些证据和资料证明自己在某些绩效标准上未实现的原因。

（4）提前安排好工作

绩效反馈面谈一般会占用一些工作时间，被考核者应当提前就手头上较为紧要的工作做好交接，只有这样，才能放心去面谈，避免外界的干扰。

7.3.3 开场白、谈话过程及结束方式

1．如何开场

开场白有很多种形式，主管人员可以先谈最近发生的大事和新闻，也可先谈员工家里最近发生的小事或其引以为傲的好事，或者干脆单刀直入谈本次面谈的目的。到底采用何种方式开始面谈，取决于具体的谈话对象和情况，不管采用何种方式，一定要是最自然且能营造最佳面谈气氛的。

2．谈话过程与方式

绩效反馈面谈的过程有多种方式，例如：①首先谈员工本期工作表现的优点，对成绩加以

肯定，再谈其不足和有待改进的地方；②在提出自己的评价之前，先让员工自己说出他（她）的看法，或让员工把考评表上的所有项目都先看完，再逐项让其说明；③直接就考评表中的内容逐项与员工进行沟通，如果双方的认识一致就进行下一项讨论，如果双方意见不一致就通过讨论争取达成一致，对于实在无法达成一致的意见，可暂时放在一边，事后再做进一步沟通。无论采用哪种方式，目的都是使双方能就如何提高工作绩效达成一致的看法。

3．如何结束面谈

一般来说，在双方对绩效考评中的各项内容基本达成一致意见后，就可以结束面谈了。如果某些问题还未达成一致，在面谈结束时主管人员要向员工提出自己的建议，并约定再次面谈的大致时间。

7.3.4　绩效反馈面谈的原则

为确保绩效反馈面谈收到良好的效果，在绩效反馈面谈过程中必须遵循以下原则。

（1）开门见山的原则

主管人员在绩效面谈的一开始就应当明确指出此次面谈的目的，在话语表述上应主要采用积极的词汇，主要倾向于对未来计划的讨论。例如，"我们今天面谈的目的主要是谈一下你最近的工作情况，遇到什么样的难题，总结一下经验，并提出下一阶段的工作计划。"

（2）相互信任的原则

相互信任的原则是非常重要的，如果双方彼此不信任，就会有所保留，难以发现问题，这样必然会影响绩效面谈的有效性。同时，建立在不信任基础上的面谈，也会导致面谈难以顺利进行。

（3）具体全面的原则

对于员工绩效考核的结果，主管人员不能使用抽象、空洞的词语来形容，应当拿出有力的支持性数据、实例作为依据。例如，客户投诉率、缺勤、迟到、检查报告、任务完成进度等。

（4）双向沟通的原则

绩效面谈本来就是一个双向沟通的过程，主管人员应当鼓励员工多说话，认真倾听，并积极给予反馈。可以使用一些较为开放型的问题，例如，"你认为哪些方面还需要再提高一下呢"，也可以说"请再列举一些事实"。因此，在绩效面谈中，应当坚持二八定律，即80%的时间留给员工，20%的时间留给自己。主管人员要充分利用20%的时间，既要对员工给予指导，又要适时地提出疑问。

（5）不要绕弯子的原则

对于员工确实存在的问题，主管人员虽然不能简单粗暴地指出，但也不能含含糊糊地表达，让员工摸不着头脑，搞不清到底是什么含义；一般可以列举一些事例加以说明，或者说一些别人对其工作的看法等，让员工直接领悟其意图。

（6）求同存异的原则

在绩效面谈中，由于双方的定位和利益不同，而且面谈一般都会直接关系到员工的利益，因此难免会出现对立和分歧。在这种情况下，主管人员要积极向员工解释，争取员工的理解，同时也要多站在员工的角度，设身处地为员工着想。如果分歧较大，可以换个思路，着重探讨解决问题的方法，或者暂时搁置这个问题，探讨其他方面，通过其他方面导向这个问题。

（7）基于工作的原则

绩效反馈面谈针对的是员工的工作绩效及工作表现，而不是员工个人的性格特征。性格本身没有好坏之分，通常也不是绩效考核的依据。虽然一些性格会影响绩效的完成，但是也不能作为批判的焦点，主管人员可以引导员工采取其他措施改善自己。

（8）分析原因的原则

在面谈的过程中，主管人员一般会更加关注"如何做"，往往忽略去深入挖掘问题出现的原因；而找原因才是解决问题的前提，只有找到问题出现的根源，才能从根本上解决问题，切忌"头痛医头，脚痛医脚"。

（9）关注未来的原则

面谈的核心目的是制订未来的发展计划，绩效反馈面谈虽然绝大部分的内容是对过去绩效的回顾，但也不要忽略对未来发展有益方面的探讨。

（10）行动落实的原则

绩效面谈的最终目的是落实发展计划，付诸行动，将计划的内容与日常工作结合起来，提升工作效率，改进工作方法。

（11）愉快结束面谈的原则

在面谈结束时，主管人员应当设法让员工以积极的情绪结束此次面谈，让员工受到鼓舞，增强工作的干劲。

7.3.5　绩效反馈面谈的注意事项

主管人员根据考核结果，与员工做一对一、面对面的绩效沟通，将员工的绩效表现通过正式的渠道反馈给他们，让员工对自己表现好的方面和不好的方面都有一个全面的认识，以便在下一绩效周期做得更好，实现改善绩效的目的。

1．面谈中应注意的问题

通常一个员工的绩效表现有正反两个方面，有表现优秀值得鼓励的地方，也有表现不足需要加以改进之处。所以，绩效反馈面谈也应该从正反两个方面着手，既要鼓励员工发扬优点，也要鞭策员工改进不足。

（1）对于正面的绩效反馈面谈，要特别注意三点

① 真诚。真诚是面谈的心理基础，主管人员在面对员工的时候，既不可过于谦逊，也不能夸大其词。通过绩效面谈，主管人员要让员工真实地感受到你确实是满意他的表现，你的表扬确实是你的真情流露，同时，通过绩效面谈，主管人员也要让员工感受到你确实是在帮助其进步。只有这样，员工才会把你的表扬和建议当成激励，在以后的工作中更加努力。通俗地说，你的表扬和溢美之词一定要"值钱"，不是什么都表扬，也不是随时随处都表扬，而是在恰当之处表扬，表扬要真诚，发自肺腑。

② 具体。我们知道，笼统地说一个人表现很好，没有任何价值，这样的话谁都会说，员工不会从中获得任何有价值的信息。因此，在表扬和激励员工的时候一定要具体，要对员工所做的某件事有针对性地提出你的表扬。比如，员工为了赶一份计划书而加了一夜的班，这时你不能仅仅说员工加班很辛苦、表现很好之类的话，而是要把员工做的具体事情特别点出来，比如："小王，你加了一夜的班赶计划书，领导很赞赏你的敬业精神，很满意你编写的计划书，它不仅结构很清晰、逻辑很严谨，而且体现了你的文字水平和理解能力。"这样，小王就会明白不仅加班受到了表扬，而且计划书也通过了，得到了领导的赏识。两相比较，后面的话可能对小王更有激励作用。

③ 建设性。主管人员对员工的绩效表现提出自己的意见和建议的时候，不能仅仅指出问题就停止了，那样对员工没有任何帮助。所以，主管人员在指出员工绩效表现存在改善空间的时候，也一定要给出自己的改进建议。比如："小王，我发现你的时间管理技能需要提升。在过去的一个绩效周期内，你有五次不能按时完成工作计划，导致工作被动。因为你的计划延期，工作流程多次中

断，其他部门对你的工作也有一些抱怨，我想你需要提升时间管理的技能。我这里刚好有一个时间管理的课件，我回头发给你，你可以自己学习一下，如有疑问可以直接找我交流。另外，我也想请你列一个时间管理技能提升的计划，我们可以一起来做好这个工作。我的任务就是帮助你获得提升，所以不要有什么顾虑，需要帮助尽管和我说，我发现了问题也会直接给你指出来。希望在很短的时间里，你可以学会时间管理的技巧，学会合理安排时间，把时间用在关键的地方。"

（2）对于负面的绩效反馈面谈，要注意以下几点

① 描述而不判断。具体描述员工存在的不足，对事而不对人，描述而不做判断。你不能因为员工的某一点不足，就做出员工如何不行之类的感性判断。其实，人们都不喜欢别人评价自己，尤其是对自己做出不好的评价，这样会引起人们的反感。而恰恰很多主管人员喜欢对员工做出判断，他们经常"直言不讳"，完全不顾及员工的感受。这是很伤害员工感情的行为。

所谓描述而不判断，这里有一个小例子。某单位的小王下午来上班的时候喝了很多酒，被上级主管刘经理发现了。刘经理就斥责他说："小王，你喝醉了还来上班，还酗酒滋事，成何体统？"实际上，这就是一个判断，而不是描述。也许小王只是多喝了几杯，并不一定是喝醉了，走路有点打晃，站立不稳，也没有故意滋事。所以，刘经理应该说："小王喝了很多酒，来上班的时候，站立不稳，还碰倒了几个桌子，文件都落到地上了。"这就是一个描述，这样的描述既不会伤害员工的感情，也不会让员工不服，因为刘经理客观地描述了小王喝酒上班并因此给办公场所造成混乱的事实。这样的描述性话语既能让小王接受，也能提醒他以后要注意，上班不要喝酒，喝了酒更不能在工作场所制造混乱，因为办公室里不允许出现这样的行为。

② 不指责。绩效反馈面谈的目的是帮助员工改善绩效，因此，主管人员要避免指责员工，指责只能引起员工的抗拒，制造矛盾。所以，主管人员要客观、准确、不指责地描述员工行为所带来的后果。你只要客观准确地描述员工的行为所带来的后果，员工自然就会意识到问题的所在。例如："小王，这个月你所提报的数据有几处错误，我在办公会上汇报的时候，被财务部经理指了出来，这显得我们部门的工作不仔细，给人留下不好的印象。希望你在下次提报数据的时候，多检查几次，避免出现类似的错误。"

③ 聆听。很多主管人员在面对员工不好的表现的时候喜欢教导，喜欢告诉员工该怎么做，这种做法是很不可取的。在绩效反馈面谈的过程中，主管人员的职责是倾听而不是演讲，也就是说，主管人员要做的是更多地聆听员工的想法，听员工怎么说，听员工怎么想，听员工想怎么做，而不是一味地告诉员工该怎么想、该怎么做。多听少说，有利于主管人员从员工那里获得真实详细的信息，从而帮助员工分析问题，提出建设性的改进意见。这才是主管人员最需要做好的工作。

④ 制订改进措施。针对员工不好的绩效表现，面谈只是改善的基础，最重要的还是后期的改善计划，因此主管人员要与员工探讨下一步的改进措施，共同商定未来工作中如何加以改进，并形成书面内容，双方签字确认。

2．绩效反馈面谈的两个重要技巧

绩效反馈面谈是一项管理技能，有可以遵循的技巧，掌握得好，可以帮助主管人员控制面谈的局面，推动面谈朝积极的方向发展。这里介绍两个技巧供参考。

（1）BEST法则

所谓BEST法则，是指在进行绩效反馈面谈的时候按照以下步骤进行：

Behavior description（描述行为）；

Express consequence（表达后果）；

Solicit input（征求意见）；

Talk about positive outcomes （着眼未来）。

例如，某公司市场部的小周经常在制作标书的时候犯同样的错误，这时候，主管人员就可以用 BEST 法则对他的绩效进行反馈。

B：小周，8 月 6 日，你制作的标书，报价又出现了错误，单价和总价不对应。这已经是你第二次在这个方面出错了。

E：你的工作失误使销售员的工作非常被动，给客户留下了很不好的印象，这可能会影响我们的中标及后面的客户关系。

S：小周，你怎么看待这个问题？准备采取什么措施改进？

小周：我准备……

T：很好，我同意你的改进意见。希望在以后的工作里，你能按照你说的那些措施进行改进。

BEST 法则又叫"刹车"原理，是指主管人员指出问题所在，并描述了问题所带来的后果，在征询员工想法的时候，主管人员就不要打断员工了，适时地"刹车"；然后，以聆听者的姿态听取员工的想法，让员工充分发表自己的见解，发挥员工的积极性，鼓励员工自己寻求解决办法。最后，主管人员再做点评总结即可。

（2）汉堡原理（Hamburger Approach）

所谓汉堡原理，是指在进行绩效反馈面谈的时候按照以下步骤进行：

先表扬特定的成就，给予真心的鼓励；

然后提出需要改进的"特定"的行为表现；

最后以肯定和支持结束。

例如："小王，上一绩效周期内，你在培训计划编制、培训工作组织、培训档案管理……做得不错，不但按照考核标准完成了工作，而且还做了不少创新，比如在××工作中提出了××建议，这些建议对我们公司的培训管理起到了很大的帮助作用，值得提倡……前面我们谈的是你工作中表现好的方面，要继续发扬这些成绩。另外，我在你的考核中也发现了一些需要改进的地方，比如培训效果评估。这个工作一直是我们公司的难点，以前做得不好，你的工作中也存在这个问题，比如很多培训结束后没有做效果评估，有的虽然做了评估，但都停留在表面，这样就容易使培训流于形式，不利于员工素质的提升。我想听听你对这个问题的看法。""我是这么想的，培训效果评估……""嗯，不错，我同意你对这个问题的想法，那么我们把它列入你的改进计划，好吗？"

汉堡原理的作用在于提醒主管人员，绩效反馈面谈的作用在于帮助员工改善绩效，而不是抓住员工的错误和不足不放，因此，表扬优点，指出不足，然后肯定和鼓励，才是最佳的面谈路线，值得学习。

【关键知识点】

扫一扫→从医院病人欠费问题探讨绩效反馈的重要性

【启发与思考】

朗讯——互动反馈的沟通方式①

朗讯按业绩提供报酬，全公司每年都要进行非常周密的业绩考评。朗讯通过一个 3×3 的矩阵给员工打分，告诉每位员工他自己的业绩情况。每个人的报酬增长情况的最终决定权在业务部门，业务部门要真正知道谁是它们的业务骨干。

在人力资源管理中，业绩评估是最敏感的部分，因为它直接关系到员工的升迁和薪金。业绩评估不恰当，会影响到员工的情绪，会影响到部门的工作。甚至有些经理不愿意进行严格的评估，或者说中层主管对公司制定的考核员工的制度往往有抵触情绪，不愿意执行，因为执行过程中需要"揭短"，有人际关系风险。研究表明，大多数员工认为自己表现优秀，评估结果往往与他们的自我认知相差甚远。

业绩评估是非常"实"的一部分，需要实实在在地兑现，也实实在在影响着员工的心理和行为。所以公司要制定一个合理的评估制度，以尽可能得出准确公平的评估结果。有些公司弱化评估，就是因为评估是一个主观性比较大、尺度不太好把握的过程，如果有失公允的地方太多，伤害到业务骨干的情绪，甚至导致业务骨干跳槽，反而得不偿失，所以搞平均主义是许多公司无耐的选择。此外，评估是一个非常精细的管理流程，需要完善的管理制度的支持，所以在整体管理制度低下的情况下，业绩评估的正面影响难以发挥，而负面作用会突出，这也是评估制度被搁置的原因。但是有一点必须明确，在公司规模越来越大、人才竞争激烈的今天，对员工实行粗放管理，让管理缺乏力度，将会导致管理涣散，使公司陷入被动并失去活力。

朗讯的业绩评估系统是一个闭环反馈系统，这个系统有一个形象的模型，即一个 3×3 的矩阵，员工工作业绩的最后评定会通过这个矩阵形象地表达出来。这就像一个矩阵形的"跳竹竿"游戏，如果跳得好就不会被夹脚出局，而且会升迁涨薪。朗讯的员工每年要"跳矩阵"一次，但是评估过程从目标制定之日起就已经开始了，可以说是做到了每天评估。

1. 朗讯的业绩评估系统

每年年初，员工都要和经理一起制定这一年的目标，经理要和更高层的经理制定自己的目标。这个目标包括员工的业务目标（Business Objective）、GROWS 行为目标和发展目标（Development Objective）。在业务目标里，一个员工要描述未来一年里的职责是什么，具体要做一些什么事；如果你是一名主管（Supervisor），还要制定对下属的指导（Coaching）目标。在GROWS 目标里，员工必须根据朗讯的 GROWS 文化分别指出自己在 G、R、O、W、S（G 代表全球增长，R 代表注重结果，O 代表客户关心，W 代表开放和支持的工作环境，S 指速度）上该怎么做。

在发展目标里，员工则可以明确提出自己在哪些方面需要培训。当然并不是自己想学习什么就能得到什么培训，这个要求需要得到主管人员的同意。员工的每一个目标的制定，都是在主管人员的参与下进行的。主管人员会根据你的业绩目标、GROWS 行为方面的差距、需提升的能力三个方面提出最切实的发展参考意见。

制定业务目标：员工在制定自己的业务目标时，他必须知道谁是自己公司内部和公司外部的客户，客户对自己的期望是什么。如果是主管人员，还应知道员工对自己的期望是什么。员工可以通过客户、团队成员和主管人员的意见，将自己的业务目标尽可能和朗讯的战略目标紧密结

---

① 资料来源：绩效管理，杜映梅. 北京：中国发展出版社，2011.

合。员工要在业务目标中明确定义自己的关键目标。一个主管人员还要制定指导员工和发展员工的计划，建立和强化团队的责任感。

制定 GROWS 目标：每个员工通过制定 GROWS 行为目标，强化对朗讯文化的理解认同和具体执行。

制定发展目标：从你的职责描述、你的业务目标和主管人员那里来定义自己必需的技能和知识，评估自己当前具备的技能和知识。员工参考以前的业绩评估结果，通过多种途径的反馈和主管人员对你的参考意见，帮助自己全面正确地评估自己的能力现状，这个评估结果对自己的发展是非常重要的。

在主管人员的协助下，员工制定完这三大目标，双方在目标表上签字，各保留一份，在将来的一年中员工随时可以以此作为自己的行为参照。

2. 履行自己的计划

在制定了目标后的一年里，每个员工在执行目标时会有来自三个方面的互动影响，一种是 Feedback（反馈），一种是 Coaching（指导），还有一种是 Recognition（认可）。

Feedback 通常是在员工与员工、员工与主管人员、主管人员和员工之间常用的一种沟通方式；朗讯的每位员工在工作中都有可能充当教师的角色，Coaching 主要指主管人员对员工的激励和指导的反馈；Recognition 是一种特别的反馈，用来表示对员工工作成绩的认可。这三种方式是员工和主管人员沟通的三种常见方式，每位员工有义务通过这三种方式开展日常工作，实现工作目标。朗讯将员工的评估，通过这些方式细化到每天的工作中。

每个员工都非常重视这些互动反馈的信息，因为业绩评估中反馈是一项重要的依据。每位员工要收集好别人给你的反馈，记录下一些重要的反馈，而且要与主管人员讨论这些反馈。如果员工在收集反馈时遇到问题，可以参考以下七种执行好反馈的方法。

① 员工应该主动采取一些方式，例如，向其他员工、主管人员、客户等所有与工作有关的人索要这些反馈；

② 员工要善于听取别人的反馈意见，认真思考他们说的是否正确，避免出现对别人的反馈不重视的自我保护行为；

③ 要认真思考这些反馈，以免自己做出过度的反应或提出不恰当的意见；

④ 向给你反馈的人做出响应，告诉他们你针对他们的意见所做的改进；

⑤ 让提反馈的人参与到你的改进行为中去，看他们能否提出更进一步的建议；

⑥ 针对反馈改进你的行为，记录你的改变，比较一下前后变化；

⑦ 每 3~4 个月追踪那些给你反馈的人，看他们是否感觉到了你所做的改进。

这七种行为将是你完成反馈的基本方法。

这种类似于批评和自我批评、不断提高自己的效率和沟通技巧的工作方式，将业绩评估贯彻到日常工作中的每一天。

对于有培养员工职责的主管人员来说，他还必须执行好 Coaching 职责。这个职责简单来说由英文缩写 S.M.A.R.T.来概括：S 即 Specific，即指出对员工行为的看法；M 即 Measurable，指量化员工工作的一些指标；A 即 Agreeupon，是指员工与经理要协商一致；R 即 Realistic，指出员工能够实现的效率；T 即 Timely，要及时给员工提出反馈信息。每个主管人员都要记录自己在 Coaching 上所做的事，这些是其年终评估的一项。

认可（Recognition）是一种良好的文化，无论是员工与员工之间，还是主管人员和员工之间，都存在工作的认可。认可甚至越过公司内部，延伸到客户中。

朗讯鼓励用一些简单的认可方式来鼓励员工，这些认可可能是一封感谢信、一个表扬奖状，或者一个停车位、一份杂志，甚至还可以是两张电影票、戏票。

认可形式是多种多样的，虽然只是表达一种正向的反馈，但是能够让大家在工作中获得好的情绪。朗讯对认可有几个指导方针：①将合适的鼓励给合适的人；②鼓励的方式要和他的成绩匹配；③鼓励要及时；④说出为什么要鼓励他。

这种相互鼓舞的机制可以让员工分享新的思想，也能鼓励不同的观点，使他们共享信息，减少官僚作风，为做重大决策打下基础。

3. 业绩评估

随之开展的业绩评估是整个系统中最关键的一个环节，因为它使以前大家所做的一切有一个"说法"。朗讯的评估过程非常精细和严谨，目的是使这个评估尽可能地公平，尽可能体现每一位员工和主管人员在过去一年里的作为。

评估围绕三个方面进行：第一个是当前的业务结果，即针对当初的业务目标进行的，通过比较每位员工自己设定的目标和完成的目标，以决定他在这一项的表现如何；第二个是GROWS，即朗讯的文化行为模式；第三个是员工在发展自己的知识和技能方面做得如何。

每位员工一年中有两次评估，一次是年中评估，这是在半个财政年度内执行的，主要看目标的执行情况；另一次是整个财政年度的评估，是看其是否实现了目标。

【思考练习题】

1. 请描述绩效反馈面谈的概念。
2. 列举绩效反馈面谈的目的。
3. 绩效反馈面谈前需要做哪些准备？
4. 绩效反馈面谈需要遵循哪些原则？
5. 绩效反馈面谈应当讲求哪些技巧？

【模拟训练题】

A 公司准备实施绩效反馈面谈，你是人力资源部主管，请写出常见的肢体语言的形式并进行解读，部分内容已经给出，请完善其余部分。

肢体语言又称身体语言，是指通过头、眼、颈、手、肘、臂、身、胯、足等人体部位的协调活动来传达人物的思想，形象地表情达意的一种沟通方式。

在绩效反馈面谈时，肢体表现应当是身子稍稍前倾，面部保持自然的微笑，表情随对方谈话内容有相应的变化，恰如其分地频频点头，而不要频繁地耸肩、手舞足蹈、左顾右盼、坐姿歪斜、晃动双腿等。常见的肢体语言所代表的含义如表 7-4 所示。

表 7-4　肢体语言的解读

肢体语言	解读内容
	不同意、厌恶、发怒或不欣赏
走动	发脾气或受挫
扭绞双手	紧张、不安或害怕
	注意或感兴趣
懒散地坐在椅中	无聊或轻松一下

肢体语言	解读内容
抬头挺胸	自信、果断
	不安、厌烦或提高警觉
坐不安稳	不安、厌烦、紧张或提高警觉
正视对方	
避免目光接触	
点头	
摇头	
晃动拳头	
鼓掌	
打呵欠	
轻拍肩背	
	迷惑或不相信
	紧张、害怕或焦虑
	紧张
	愤怒、不欣赏、不同意、防御或攻击
	愤怒、不欣赏、不同意、防御或攻击

【情景仿真题】

请依据本章引导案例设计绩效反馈面谈，并填写表 7-5。

表 7-5　绩效反馈面谈表格

面谈内容					
内容					
	内容		原因		
主要强项					
主要弱项					
下一步行动方案					
差距	下阶段目标	行动方案	负责人	改进所需时间	所需支持
事业机会、职务安排、培训建议					

第8章 绩效考核结果应用

学习目标

1. 了解绩效考核结果应用的重要性；
2. 掌握基于绩效考核结果的薪酬设计；
3. 熟悉如何将考核结果应用到员工的晋升与培训中；
4. 正确运用绩效考核结果；
5. 顺利将绩效考核结果与薪酬挂钩；
6. 利用考核结果促进员工成长。

本章重点解析

引导案例

绩效考核完成后该做些什么[①]？

又是一个财政年度的年末，A公司除了忙着做今年的会计决算和来年的财政预算外，经理和员工们开始了一年一度的被他们称之为"表演"的绩效考核了。

王经理直接管理着16名员工，因此他忙于填写16份内容相差不多的绩效考核表。由于人力资源部已经催了很多次，所以他必须在周末完成这些表格，否则，下周一又该接到人力资源部经理的催"债"电话了。

他确实想到了一个好办法。他把表格发给每位员工，让员工自己打分，然后收齐后在上面签上名，再交给人力资源部。问题似乎很快就得到了解决，纸面上的工作都按人力资源部的要求完成了，人力资源部也很满意，于是每个人都又结束"表演"回到了"现实的工作"中，忙碌一时的绩效考核工作就这样"完成"了。

王经理的绩效考核工作是不是真的完成了呢？如果你是王经理的老板，你会对他的这些表现满意吗？

我相信你不会！因为他的工作完成得并不出色。

实际上，在绩效考核结束后，作为直线经理，仍有大量的工作需要做，因为绩效考核的完成并不代表着绩效管理的结束！

其实，对于整个绩效管理工作来说，绩效考核的完成不是整个工作的结束，而是刚刚开始。如果后期的工作不能及时跟进，不做或者没有尽心去做，那么前面的工作都是无用功。你认为呢？

案例分析题：

1. 如何高效利用绩效考核结果？结合案例进行说明。
2. 如何看待绩效考核结果在绩效管理系统中的作用？

---

① 资料来源：绩效管理. 郝红，姜洋. 北京：科学出版社，2011.

8.1 绩效考核结果的运用范围及有效性

8.1.1 绩效考核结果运用的意义

绩效考核是指考评主体对照工作目标或绩效标准，采用科学的考评，评定员工的工作任务完成情况、员工的工作职责履行程度和员工的发展情况，并且将评定结果反馈给员工的过程。从概念上看，我们可以认识到：绩效考核是以企业经营目标为出发点，对员工的工作进行考评，并把考核结果与人力资源管理的其他职能相结合，发现企业中存在的问题并且不断改进；也可以认识到绩效考核结果运用在企业管理中发挥着承上启下的作用。这体现在：一方面，它是组织人力资源管理等职能开展的基础；另一方面，它是企业提升管理水平促进绩效改进的途径之一。

对全体员工进行考核以后，管理者可以根据最终的考核结果采取各项有效措施，推动绩效目标的实现。如何发挥绩效考核助推器的作用？实现企业与员工的双赢是绩效管理的关键所在。考核结果的合理转化和利用是发挥绩效考核作用、提高制度化管理水平的关键。绩效考核本身不是目的，而是一种手段，因此必须重视考核结果的运用。只有及时合理地将考核结果运用于管理工作的各个环节，健全激励机制，增强员工自身的压力和危机感，才能调动和扩大员工的工作积极性。

对于企业而言，通过绩效考核结果，其能够发现自身存在的问题并不断改进，在提高绩效的同时，增加人力资源价值；能够做出正确的用人决策，使正确的人做正确的事情，并且能够奖励及留住表现最好的员工。

对于员工而言，绩效考核结果能够使自身获得参与目标设定的机会，获得对技能及行为的反馈，不断改进学习，获得讨论及计划个人发展及职业生涯的机会，增加认同感，而且这还与个人利益密切相关。

8.1.2 绩效考核结果运用的范围

绩效管理是一个闭合的循环管理系统，包括绩效计划、绩效实施、绩效考核、绩效反馈与沟通以及绩效考核结果运用等各个子系统。绩效考核结果运用是其中一个关键的子系统，包括绩效改进和导入以及其他人力资源管理环节的应用。它是绩效管理产出效益的重要环节。

1．从管理角度看，绩效考核结果可以为人力资源管理的各个层面服务

（1）给员工定期与上级就绩效进行沟通的机会，以改进工作绩效

绩效管理最直接的目的是提高员工的工作绩效。因此，绩效考核结果最突出的运用就是为绩效改进服务。绩效改进是绩效管理的一个重要环节。传统绩效考核的目的是通过对员工工作业绩的考核，把结果作为确定员工薪酬、奖惩、晋升或降级的标准。而现代绩效管理的目的不限于此，员工能力的不断提高以及持续的绩效改进才是根本目的。所以，管理者应将考核结果及时反馈给员工。通过反馈，管理者与员工及时进行沟通，有利于员工认识自己的工作成效，发现自己工作中的短板，认识当前存在的问题，使员工真正认识到自己的缺点和优势，扬长避短，积极主动地改进工作，也能够帮助管理者和员工建立绩效伙伴关系。管理者向员工传递需要改进的工作绩效的方面，并共同探讨改进工作绩效的手段，以达到提高员工"资质"的目的。

（2）给上级提供衡量员工优缺点的途径

绩效考核结果可以帮助上级在执行管理的过程中，依据不同对象的具体情况采用不同程度

的强化、激励与指导行为，让员工的绩效朝着与管理者商定的方向发展，从而达到符合期望的行为发生或者增加其出现的频率的目的，或者减少、消除不期望的行为。

（3）作为薪资或绩效奖金调整的依据

企业除了基本工资外，一般都有业绩工资。业绩工资是直接与员工个人业绩挂钩的。这是绩效考核结果的一种普遍用途。它是为了增强薪酬的激励效果，在员工的薪酬体系中部分与绩效挂钩，薪资的调整也往往由绩效成果来决定。

（4）作为晋升或降级等职务调整的依据

绩效考核结果可以为职务变动提供一定的信息：若员工在某方面的绩效成果突出，就可以通过晋升让他在某一方面承担更多的责任；若员工在某方面的绩效不够好，可能是因为员工本身的能力不足，不能胜任工作或者目前的岗位不适合他，可以通过岗位调整，使他从事更适合他的工作；若员工本身存在态度不端正的问题，经过提醒和警告仍无济于事，则可以考虑将其解雇，作为组织成员提高竞争意识与危机感的手段。

（5）作为发掘教育培训需求和人才培育的依据

培训是一把双刃剑。盲目开展培训，对员工能力的提高没有什么效率，对于企业的发展也没有什么效率，但绩效考核结果可以有效地克服培训的盲目性。绩效考核结果可以作为培训开发有效性的判断依据。员工绩效不佳的原因往往在于知识、技能或能力方面出现了"瓶颈"，企业可以通过绩效考核结果及时认识到这一问题，组织员工参加培训或者接受再教育。

（6）绩效考核结果可以作为招聘和甄选有效性的一个依据

企业根据绩效考核结果的分析，可以确认采用何种评价指标和标准作为招聘和甄选员工时的依据，以提高绩效的预测效度，提高招聘的质量，达到降低招聘成本的目的。

（7）作为涉及人力资源方面法律诉讼的书面依据

绩效考核结果提供了有关个人绩效的书面记录。这些记录能够有效地帮助企业解决劳动关系纠纷问题，保护企业免遭不合理的诉讼。

（8）有利于制订员工职业生涯规划

职业生涯规划是一个关注员工长远发展的计划。它是根据员工目前绩效水平与长期以来的绩效提高过程和员工协商制订的一个长远工作绩效和工作能力改进提高的系统计划。明确员工在企业中的未来发展途径，不仅有利于对目前员工的绩效进行反馈，还可以增加员工对企业的归属感和满意度，是促进其绩效提升的强有力的动力。

2．从个人发展角度看，绩效考核结果为评价员工优缺点和提高工作绩效提供了一个反馈的渠道

无论处在哪个工作层次的员工，绩效考核结果都有助于其消除潜在的问题，并为其制定新的目标以达到更高的绩效；有助于员工制订发展和成长计划，有助于改善员工的工作方式，为提高员工工作建立一个合理的基础，使管理者在绩效考核中的角色由法官转变为教练，承担着督导与培训的责任；建立管理者与员工之间的绩效伙伴关系，表现在结合绩效考核结果的现状制订合理的绩效改进计划、实施适合员工发展的职业生涯规划、为员工晋升和培训工作提供依据等方面。

8.1.3　绩效考核结果运用存在的问题

目前，国内企业纷纷建立了自己的绩效考核制度，绩效考核工作也搞得轰轰烈烈，但是对考核结果的运用却不能让人满意。绩效考核作为有效管理工作的一个环节，是过程而不是目的，关键在于考核结果的运用。绩效考核结果运用得差，会使得绩效考核流于形式。究其原因，企业绩效考核结果的运用存在以下问题。

1．企业的管理者没有足够重视绩效考核结果的运用

管理者心目中的考核无非是奖优罚劣，一些企业的领导人员特别是高层领导除了对以"选拔"干部为目的的考核较为重视以外，对工作中员工的绩效并不太重视。在他们看来，考核仅仅是人事部门的例行工作罢了，与其他人事工作没有必要的联系，更与企业经济效益和发展不沾边。在这种错误的认识下，管理者容易在考核工作中违背本应遵循的原则，甚至错误地执行考核结果，员工则会惧怕、逃避和拒绝考核，从而给企业带来不应有的管理矛盾，最终会影响到企业的士气和战略。出现这种错误认识的主要原因在于管理者没有明确绩效考核的最终目的，也就谈不上对绩效考核结果的合理运用了。

2．绩效考核结果缺乏反馈沟通，未能实现绩效改进

如今有许多企业在进行绩效考核时都存在某些误区：只重视考核结果的获得，忽视了结果的正确处理。一方面，一些企业的绩效管理过程只进行到绩效考核即告一段落，其往往认为填写完评估表格，算出绩效考核的分数就算是完成绩效考核了。企业上下齐心协力、辛苦努力才使每个人都有了一个考核结果，但这些结果却被锁进抽屉，放进了档案室尘封起来，无任何用武之地，管理者都觉得很累而且充满了疑惑。另一方面，不少企业在考核结束后，仅仅公布了一下考核结果，就开始强制执行"机械式"的奖惩升迁，完全不考虑员工的反应。这些主要是由于企业没有建立一个良好的沟通和反馈机制或者是广大考核者和被考核者认为没有沟通反馈的必要，又或者是考核者认为将考核结果与员工进行沟通太麻烦了等。这就造成了在绩效管理过程中，考核者和被考核者没有进行良好的反馈沟通，仅是为了完成考核而考核，导致很多工作上存在的问题、沟通上存在的问题仍然没有通过反馈来解决。由于反馈沟通的不足，绩效考核对绩效改进没有起到较大的作用，更谈不上实现绩效考核的目的——让广大员工发现自己的不足，然后在管理者的辅导及自己的努力下，去改善和改进工作。

3．绩效考核过程中出现的问题导致考核结果无法运用

考核的过程就是比较的过程，是收集信息与考核标准进行客观对比的过程。由于在考核过程中存在以下问题，考核结果产生了偏差。例如，一直被评价为"工作出色"的部门，员工的工作成绩大家有目共睹，但是考核结果反而不如其他被评为"表现一般"的部门。原来是"工作出色"的部门的主管打分时标准过高、过严。再比如，"老好人"现象：一场考核下来，满眼90多分甚至满分，没有几个不是优秀，大家你好他好我也好，彼此没有任何差异。此外，还有考核中存在的无根无据不公平的考核等。为什么会出现这些情况？因为绩效考核过程中容易出现两类问题：一类与考核标准有关；另一类与考核者有关。

与考核标准有关的问题有：首先，考核标准不严谨。考核项目设置不严谨，考核标准含糊不清，加大了考核的随意性。考核标准大而笼统，没有具体的评价指标。考核标准中有过多难以衡量的因素，致使大家对标准的理解不同，难以使员工信服。其次，考核的内容不够完整，无法正确评价员工的真实工作绩效。另外，德、能、勤、绩等定性化指标过多，无可避免地会造成考核者判断的主观随意性，在一定程度上失去了考核的公正性与有效性。

考核者的主观随意性及某些心理倾向，如晕轮效应、宽严倾向、平均倾向、成见效应和近因效应等，也会使绩效考核结果出现偏差。以上几个因素导致了考核结果不符合实际，从而使其无法正确地运用。

4．绩效考核结果没有与薪酬、晋升和培训相挂钩

在企业人力资源管理中，绩效考核对于人员的培训与发展、薪酬调整和晋升调岗，都具有非常重要的参考价值，是进行人事决策的基础。但是目前国内的许多企业，能够把考核结果直接与薪酬、晋升和培训等挂钩的，真是少之又少。就算有部分企业勉强应用了绩效考核结果，却会引起大家的不满。这在一定程度上挫伤了广大员工对考核的积极性。同时企业对于长时间绩效较好的员工也没有一个培训和人事的调整机制。久而久之，绩效考核工作就流于形式，导致广大员工对绩效管理的积极性不高，甚至有抵触情绪。

8.2　绩效考核结果与绩效改进

绩效改进是绩效考核结果运用的另一个方面，通过绩效改进，企业可以确定下一轮的绩效考核内容。因此，我们有必要了解绩效改进的方法与工具。

绩效改进计划又称个人发展计划（Individual Development Plan，IDP），是指企业根据员工有待发展提高的方面所制订的一定时期内完成有关工作绩效和工作能力改进与提高的系统计划。很多人认为，绩效考核是绩效管理最重要的环节，但实际上绩效改进计划要重要得多。究其原因，主要在于绩效考核仅仅是从反光镜中往后看，而绩效改进计划是往前看，以便在不久的将来能获得更好的绩效，而不是关注那些过去的、无法改变的绩效。由于绩效考核的最终目的是为了改进和提高员工的绩效，因此制订与实施绩效改进计划是绩效考核结果最重要的用途，也是企业成功实施绩效管理的关键。

8.2.1　制订绩效改进计划的流程

1．回顾绩效考核的结果

每个人都有被他人认可的需要，当一个人做出成就时，他希望得到其他人的承认。所以，首先，主管人员应对员工在绩效期间的成绩和优点加以肯定，从而对员工起到积极的激励作用。然而，员工想要听到的不只是肯定和表扬的话，他们也需要有人中肯地指出其有待改进的地方，因此，接下来主管人员可以指出员工的绩效中存在的一些不足之处，或者员工目前绩效表现尚可但仍需要改进的方面。主管人员和员工可以就绩效评估表格中的内容逐项进行沟通，在双方对绩效评估中的各项内容基本达成一致意见后再开始着手制订绩效改进计划。

2．找出有待发展的项目

有待发展的项目通常是指在工作的能力、方法和习惯等方面有待提高的地方，可能是现在水平不足的项目，也可能是现在水平尚可，但工作需要更高水平的项目，这些项目应该是通过努力可以改善和提高的。一般来说，在一次绩效改进计划中应选择最迫切需要提高的项目，因为一个人需要提高的项目可能有很多，但不可能在短短半年或一年时间全部得到改善，所以应该有所选择。而且，人的精力是有限的，也只能对有限的项目进行改善和提高。

3．确定发展的具体措施

将某种待发展的项目从目前水平提升到期望水平可以采取多种形式。许多人一想到绩效改进的方法就会想到安排员工参加培训。其实，除了培训之外，我们还可以通过许多方法提升员工的绩效，而且其中大部分方法并不需要企业进行额外的经费方面的投入。这些方法包括：征求他人的反馈意见、工作轮换、参加特别任务小组、参加某些协会组织等。

4．列出发展所需的资源

"工欲善其事，必先利其器"，企业要落实绩效改进计划，必须要有必要的资源支持。这些资源包括工作任务的分担、学习时间的保证、培训机会的提供和硬件设备的配备等。在这方面，主管人员一定要统筹安排，提供帮助，尽量为员工绩效的改进创造良好的内外部环境。

5．明确项目的评估期限

员工工作的能力、方法和习惯等方面的提高是一项长期的任务，需在一个较长时间段内才能得到准确评估。员工需要一个宽松、稳定的环境，企业不应增加太多的管制。因此，如果评估周期过短，有可能造成员工的逆反心理，这样不但分散了员工的精力，影响工作进度，还有可能使员工疲于应付评估，使得评估效果适得其反。所以建议将评估周期设定为半年到一年，这样安排也可以与企业半年或年终总结相衔接。

6．签订正式的改进计划

当人们亲身参与了某项决策的制定过程并做出了公开的表态，他们一般会倾向于坚持立场，并且在外部力量的作用下也不会轻易改变。因此，在制订绩效改进计划的过程中，让员工参与计划的制订，并且签订非常正规的绩效改进契约，也就是让员工感到自己对绩效改进计划中的内容是做出了公开承诺的，这样他们就会倾向于坚守这些承诺，履行自己的绩效改进计划。如果员工的计划只是口头确定，没有正式签字，那么就很难保证他们坚持执行这些承诺的计划。

8.2.2 实施绩效改进计划的要点

1．保持持续的沟通

员工和主管人员通过沟通共同制订了绩效改进计划，达成了绩效契约，但这并不等于说后面的计划实施过程就会完全顺利，主管人员就可以高枕无忧，等待收获成功的果实了。在绩效改进计划实施的过程中，员工与主管人员还必须进行持续的沟通：一方面，计划有可能随着环境因素的变化而变得不切实际或无法实现，这时就需要对计划进行调整，使之更加适应内外部环境的变化；另一方面，员工在执行计划时可能会遇到各种各样、层出不穷的困难，员工不希望自己在改进的过程中处于孤立无援的状态，他们希望自己处于困境时能够得到主管人员的帮助，持续的沟通有助于问题及时得到解决。

2．注意正强化的运用

绩效的改进从本质上说是促进一些符合期望的行为的发生或增加发生的频率，或者减少或消除不期望出现的行为，因此企业可以运用正强化的方法来进行绩效改进。正强化是指给予员工一种愉快的刺激，促使某种行为反复出现。按照行为强化原理，人们会根据对行为后果的判断来决定是否采取某种行为，而且人们可以从过去的行为结果中得到学习。所以在绩效改进的过程中，主管人员要及时鼓励员工已经取得的进步。任何行为的改善都是逐步的过程，当员工的行为开始有所改善时，主管人员应该及时给予认可和称赞，以激励员工取得更大的进步。

3．适当采取处罚措施

在实施绩效改进的过程中，如果不是因为外在的因素，如工作任务繁重、没有得到应有的资源保证等，而是因为员工个人主观上对工作改进不积极、不主动，主管人员采取帮助措施仍然不能奏效时，主管人员应考虑采取一些必要的处罚措施，如职务调整、取消奖金等。但处罚只是手段不是目的，最终还是期望通过这种方式促进员工改进绩效，所以主管人员在采取处罚措施时要注意几个问题：一是采取处罚措施之前要事先与员工沟通，让员工了解为什么要采取处罚措施、所要采取的措施是怎样的以及在怎样的情况下自己将要被处罚；二是所采取的处罚措施要合乎情理，而且要由轻渐重，不要过于严苛；三是采取措施之后要注意监控和评估处罚后的结果。

8.3 绩效考核结果与人事调整

人事调整主要是指根据员工绩效考核结果的优劣，人力资源部门或直线经理对该员工进行职位晋升、降级、职位调动以及解雇的调整。职位晋升或降级的具体条件可以参照相应的人事调整制度。

8.3.1 职位晋升

企业在发展过程中，因业务扩大或原有职位的员工离职而产生职位空缺时，内部选拔和招聘往往是企业补充人才空缺的重要途径。选拔往往表现为职位的晋升或薪资的增加，相应地，被选拔者所承担的责任也增大，对所需的知识、经验、技能的要求也更高。在内部选拔和招聘的过程中，绩效考核结果发挥着举足轻重的作用。在绩效考核结果中，业绩又是最重要的，在考核分数中占有很高的比重，如很多企业的绩效中，业绩占 70%。好的业绩意味着较高的工作质量、较高的工作效率以及较低的工作误差，因此，企业将业绩考核结果作为人才选拔的先决条件，以鼓励员工创造出更高的业绩。但是如果仅凭业绩高低选拔人才，企业可能会陷入彼得原理中，即企业的员工有可能被选拔到不称职或不能胜任的职位上。因为，业绩是过去行为的结果，业绩优秀表明该员工胜任现在的工作职位，但并不一定能证明他有能力胜任将要被任命的工作职位。因此，在人才选拔的过程中，绩效结果中的能力指标和道德素质指标的考评分数也是选拔的制约条件。

传统上，晋升意味着管理职位的提升或向管理职位的提升，如员工升为科长、科长升为处长或经理、经理升为副总经理等。但是，管理职位在企业中是稀缺资源，是相当有限的，如果企业把管理职位的提升作为晋升的唯一通道，对广大员工和专业人员是不公平的，而且，企业中的管理人员会越来越多，而优秀的普通员工和专业人才会越来越少，不利于企业的长远发展。因此，对于绩效优秀的员工，职位晋升不宜过多、频繁地使用，而应设立不同的职位等级族，在不改变现在工作职位或岗位的基础上，可以提升他们的职位等级，如 1～8 级技工、1～5 级主管、1～5 级经理。这样，企业就形成了以职位族为基础的晋升通道，借助于绩效考评的结果，来实现科学的职位优化和绩效激励。

8.3.2 职位降级

在一个企业里，绩效优秀的员工可以升职，绩效低劣的员工也可以被降职。降职（级）是把某位绩效低劣的员工调到低一级职位或保留原来职位而降低等级，由此，工资也会相应低一级。一个人被降职（级）时，通常会情绪激动，在同事中失去自尊，感到尴尬、愤怒和失望，其工作绩效可能会进一步降低，所以，企业在使用降职时通常应谨慎。一般来说，这种人事调动是以绩效考评结果为依据的，也是公正、合理、理所当然的，但是，人力资源部门在对某人做出降职决定时，也应该注意方式方法，事先征求当事人的意见，应该充分肯定当事人为企业所做的贡献，努力维护当事人的自尊，并说明晋升通道是永远畅通的，只要他在今后的工作中表现优秀，符合晋升条件，还有机会被提拔上来。这样，我们就可以在企业里营造一种员工能上能下、能降能升的良好工作氛围，真正达到通过绩效来激励员工努力工作的理想效果。

8.3.3 职位调动

职位调动是指企业内员工的横向移动。调动可以由人力资源部门提出，也可以由员工提出申请。调动可以满足以下几种目的。第一，可以满足企业调整组织结构的需要。绩效考核可以反映出组织机构设置的效率。当组织机构不合理，影响整体运营效率时，企业就可以考虑对组织机构进行调整，相应地进行人员调动。第二，有利于优化人力资源配置，将合适的人调配到合适的岗位上。对于工作绩效总是表现一般的员工，也许换个岗位更有利于发挥他的潜能，在另一个岗位上，他的工作绩效可能会很出色。第三，有利于缓解紧张的人际关系给员工绩效带来的压力。有的企业在实施绩效考核制度时，片面重视个人的绩效和能力，员工们为了个人绩效而互相排挤，尤其是在实行"末位淘汰"制的企业，人人自危，团队合作精神十分淡薄，员工关系十分紧张，有的人换个环境后可能绩效表现会更好。

8.3.4 解雇

解雇就是淘汰企业中无法完成预期绩效目标或者表现出拙劣绩效水平的员工，因此，绩效考评结果往往成为员工优胜劣汰的晴雨表。常用的解雇员工的办法是"末位淘汰"制，这是企业纯粹为了追求高绩效所采用的一种极端手段。随着市场竞争的加剧，"末位淘汰"制在全球企业界被普遍采用。有资料显示，美国已有20%的企业采用了类似的制度，其中包括著名的高盛、微软、美国运通和惠普等企业，越来越多的国内企业也开始采用"末位淘汰"这一法宝。例如，华为公司明确地指出：一切员工在公司长期工作的基础是诚实劳动和胜任本职工作，通过坚定不移地铲除沉淀层，保持市场压力在公司内部的无依赖传递。

但是，"末位淘汰"在实际运用中也有许多负面效应。第一，由于员工对"末位淘汰"目的的误解，可能导致内部过度竞争，部门之间、个人之间不合作。例如，为避免"教会徒弟，淘汰师傅"，老员工不愿意"传帮带"新员工。第二，经验不足，导致操作过程的不公平。例如，有的企业通过员工互评来产生"末位员工"，留下了平庸的老好人，淘汰了有潜力的但不注意人际关系的"棱角分子"。第三，强制性的"末位淘汰"容易使员工人心惶惶，难以产生归宿感和主人翁责任感，更不可能产生献身精神，因此员工的忠诚度很低。第四，企业实施"末位淘汰"制以后，对绩效差的员工直接淘汰，容易忽略员工的在职培训，从市场上招聘来的新员工可能又难以满足企业的需要，这样，企业可能会陷入"淘汰—招聘—再淘汰"的恶性循环，人力资源开发不足最终可能导致人力资源的长期匮乏。第五，新员工被招聘进来之后，往往并不能马上适应工作，工作绩效与老员工相比可能差距很大，新员工的绩效损失加上原来被淘汰员工的补偿，企业的实际管理成本会有所上升。

8.4 绩效考核结果与员工培训

员工培训是企业根据组织或个人的实际工作需要，为提高员工专业技能、知识素养、管理能力，并最终提高员工现在或将来的工作绩效而进行的有计划、有组织的培养和训练活动。绩效考核结果主要应用于员工培训中的培训需求分析和培训规划。

培训需求分析主要包括以下内容：①分析组织整体和各个部门、各个岗位的培训需求以及各类员工的个人学习需求；②分析组织战略目标与组织绩效状况之间的差距，以及员工绩效目标与员工现有绩效状况之间的差距；③根据组织和个人之间的绩效差距，分析哪些员工需要培训以及培训的内容是什么。

绩效差距分析法是一种被广泛采用、非常有效的培训需求分析方法。绩效差距分析法，也称为问题分析法，就是把绩效考核的结果与绩效的标准和目标进行对比，分析绩效结果与绩效标准之间存在差距的原因：是不能做还是不想做？然后进一步分析知识、能力和行为改善方面存在的差距程度，最后确定培训的具体选择——培训的内容、类型和方法。从传统上看，绩效差距分析侧重于考查实际绩效与绩效指标之间的差距，现代培训需求分析的重点是考查未来组织战略目标和绩效需求与现实绩效考评结果之间的差距。因此，绩效差距分析应将组织战略目标、绩效考评结果、员工培训三者紧密结合起来。

绩效差距分析主要聚焦于个体绩效问题而不是组织系统问题，其推动力在于解决绩效问题而不是系统分析；重点分析员工绩效差距产生的原因而不是问题的后果，因为这直接关系到培训能否解决实际绩效问题。原因分析实际上就是搞清"不能做"和"不想做"的问题。当然，更进一步的原因可能来自组织，也可能来自个人，培训需求分析中主要是了解来自个体方面的原因，了解员工的知识技能、工作能力、工作方法、工作态度以及工作认识方面的不足或薄弱环节，了解员工是否有通过培训提高其能力和绩效的潜力。如果差距是来自组织或个人其他方面的原因，如工作设计不合理、薪酬设计不合理、绩效标准定得太高、工作过程中组织没有提供必需的条件和支持、激励手段运用不当、人际关系矛盾等，那么这种难题就不是仅靠培训可以解决的。

根据以上绩效差距分析，培训经理和直线经理通过充分协商，制订出一份详细的员工培训规划，针对不同的需求采取不同的培训方法和培训内容。

8.5 绩效考核结果与薪酬管理

8.5.1 绩效考核离不开薪酬

企业的绩效管理、绩效考核离不开薪酬。企业绩效管理不成功的关键原因就在于绩效考核的最终结果没与薪酬挂钩。考核的目的不是发奖金，但如果不与奖金挂钩，考核就丧失了部分意义，因此必须正确认识薪酬。

1．绩效的构成

薪是以货币形式支付给员工的经济性报酬；酬是以非货币形式支付给员工的非经济性报酬。

（1）薪

经济性报酬有直接、间接和其他之分：直接的经济报酬包括基本工资、加班工资、奖金、奖品和津贴等；间接的经济报酬包括公共福利、保险计划、退休计划、培训、住房和餐饮等；其他经济报酬则包括有薪假期、病事假和休息日等。

（2）酬

非经济的报酬包含工作和企业两方面：工作包括有兴趣的工作、挑战性、责任感和成就感等；企业方面则包括个人的社会地位、个人成长和个人价值的实现等。

2．薪酬的制定

薪酬是激励员工的方式、方法。企业想要留住员工，必须使其从职业人变成事业人，才能从根本上解决问题。企业通过给员工加工资并不能让员工都满意，但不加工资员工肯定不满意。

IBM 和微软的工资涨幅

IBM 在招聘员工时，工资不是行业中最有竞争力的，但是被招聘后，工资涨得比较快；而微软招聘员工时，开出行业中最有竞争力的薪酬，但涨得比较慢。不同的工资薪酬制度，有相同的目的，实际上都是想把员工留下来。

IBM 主要做硬件，没必要在招聘时就找到行业中最优秀的人才，也没必要早期付出太多薪酬，所以无须开出行业中最有竞争力的工资。员工进入工作状态以后，涨的幅度比较大，优秀的员工也就留了下来。

微软主要开发软件，需要找到行业中最优秀的人才，必须刚开始时就给予员工行业中最有竞争力的薪酬，把最优秀的人才找来，之后涨的幅度就比较慢，员工产生意见，尽管想跳槽，但看到其他企业给的薪酬高不过现在的薪酬，就又留下来了。

从案例可见，根据赫兹伯格的双因素理论"满意的对立面是没有不满意"，可以说，最合理的工资是让员工没有满意，也没有不满意。可见，薪酬是企业和员工博弈的最高境界。

企业在制定薪酬时，需要注意两个关键点：一是薪酬和职位有吸引力、竞争力。企业绩效考核的前提条件是要保证企业的薪酬和职位有吸引力，并且在同行业中有竞争力。企业要想使薪酬和职位在同行业中具有竞争力，就必须设置合理的薪酬水平。一旦企业的薪酬在同行业排名 50 位以下，薪酬没有竞争力，即使考核员工也不会在乎。所以，企业可通过购买每年的行业薪酬调研报告，大致了解企业薪酬所处的位置，从而及时采取有效措施。

二是在现有基础上提高薪酬。企业只要引入绩效考核，薪酬在现有基础上至少涨 20%，否则无须考核。只有把现有薪酬提高 20%，考核后的工资才会和原来差不多，才不致引发员工的抵触情绪。薪酬与考核挂钩时，薪酬的总量一定要有竞争力。

3．影响薪酬结构体系设计的要素

薪酬结构体系设计主要基于市场、职位、人和绩效表现四大要素。

（1）市场

即 market，是指薪酬的总量在市场上具有的竞争力。市场是总的大因素。

（2）职位

企业即 position，每个职位的价值不同，企业要引入员工的任职资格体系。所谓任职资格体系，是指企业对员工进行职业生涯规划，每个职位有相应的任职资格要求。

员工要成长，职位一成不变就无法激励员工。企业必须建立任职资格体系，对每个职位做要求，让员工升级。等员工达到任职资格后，企业基于岗位、职位，再给予其相应的薪酬待遇。

（3）人

即 people，每个人的能力有差异，企业要做出相应的区分，如给予不同薪酬。为此，企业要引入技能，对人的岗位、人的胜任力进行评价。

（4）绩效表现

即 performance，指员工在这个岗位上能不能产生绩效。

薪酬的总量要在市场上具有竞争力，体现岗位的价值，体现个人的能力，体现工作的绩效，体现忠诚，由此企业可引入工龄工资。为体现长期激励，企业甚至可以引入股票期权。

8.5.2　绩效如何与工资挂钩

不管工资如何划分，其都是总量工资的一部分，而把工资分成若干部分是为了激励员工。

1．绩效工资发放

对于不同员工，绩效工资的发放方式应不同。

（1）高管人员

对高管人员，企业可以采用年薪制发放绩效工资。需要注意的是，对采取年薪制的高管，企业平常要发岗位基本生活费。

（2）中层管理者

对中层管理者，企业可以采用岗位工资加绩效工资加能力工资的组合薪酬。不同的中层管理者，绩效在薪酬中占的比例不同。如营销人员的绩效薪酬应该占相对较大的比例，行政人员的绩效薪酬比例则可以低一些。

（3）基层员工

对基层员工，企业可以采用计件工资。计件工资本身是绩效工资，但很多企业在采用计件工资时，没有考虑发放方式、如何计件等，此时就必须做好前期测评。需要注意的是，计件工资的前提条件是必须保证活做不完，否则就无法发挥激励员工的作用。

2．薪酬透明化

（1）薪酬透明化的作用

薪酬透明化，有助于避免企业与员工在薪酬方面产生矛盾。具体来说，它有两个方面的作用。

第一，企业在招聘员工时，必须清晰地告诉员工，企业对岗位付出的总体薪酬幅度，以及薪酬结构和发放方式。

第二，员工在与企业谈薪酬时，必须主动地详细了解企业的薪酬结构和发放方式。

（2）薪酬透明化程度

职业人和企业之间薪酬透明与否，各有利弊。薪酬不透明，会引起员工的好奇心理；但透明则容易引起员工的相互攀比。因此，薪酬要注意透明化程度，做到不严格保密也不要太透明。

薪酬透明化程度与企业文化有关：企业文化向上、优秀，则薪酬可以相对公开；若企业文化不够优秀且员工攀比心理较强，则不妨将薪酬保密。

企业一定要根据企业的发展阶段、员工的成熟度来制定薪酬结构。薪酬结构没有一劳永逸的解决办法，一定要在一两年之内做出微调。

8.6 绩效考核结果与员工成长

如何高效地运用考核结果帮助员工成长而促进企业发展，现需要企业做到以下几点。

1．做好员工职业生涯规划

要保证员工不断成长，企业就要建立员工的职业生涯规划系统。

企业建立员工职业生涯规划的前提是企业必须高速发展。要想真正给员工做职业规划，必须有新员工成长，老员工退出，要求企业高速发展。高速发展的企业，可以让员工不断晋升；对于不高速发展的企业，可在岗位上引入任职资格体系，让员工在岗位上得以局部发展、暂时发展，在岗位上尽量延长员工的职业生涯规划。

2．建立高绩效员工的素质模型

在企业中建立高绩效员工的素质模型，能有效帮助员工开发潜能。员工职业规划有两个通道：轮岗和晋升。

（1）轮岗

企业在设计轮岗时，要注意技能要求高、薪酬高的岗位才能轮换。以人力资源经理和营销经理为例，人力资源经理可以轮岗为营销经理，但营销经理却无法轮岗为人力资源经理，原因就在于素质模型不同。尽管人力资源经理和营销经理都需要很强的沟通能力和抗压能力，但是人力资源经理更容易获得营销经理具备的技能，而营销经理则不容易获得人力资源经理具备的技能。

（2）晋升

晋升不会存在上述轮岗存在的问题。企业要让技术人员、营销人员等都能得到晋升，但不是让所有人都"当官"。通俗地说，技术人员做到高级工程师后，薪酬与企业副总差不多，通过这种措施，企业可以减少员工"当官"的想法。

此外，企业应该实行"适者上"，而不是"能者上"的策略。每个人的特质和潜能不一样，企业必须把员工放在合适的位置，为其建立相应的任职资格体系，这样才能产生绩效。企业可以通过培训与开发，发现员工的特质，进而为其提供合适的工作岗位。

3．建立培训与开发体系

（1）培训的注意事项

企业培训时，必须分不同主体，包括基层员工、中层管理者、高层，进行有针对性的培训，否则只是浪费时间和精力。

（2）建立培训与开发体系

企业要根据员工的个性特征、发展阶段、企业战略、员工的职业生涯规划等，建立一套企业的学习与成长系统，让员工和企业共赢。对于表现突出的员工，企业可及时鼓励，包括物质和非物质奖励，如晋升、加薪等。

4．建立学习型组织

彼得·圣吉在《第五项修炼》中提出建立一个学习型组织。

学习型组织的重要性：学习型组织的形成，标志着企业管理系统的真正形成。

学习型组织的内容：学习型组织中提出五项修炼，即系统思考、自我超越、改善心智模式、建立共同愿景、团队学习。

在现实中，由于企业没有形成学习型组织，老板经过外部培训后，没有及时培训基层员工，造成老板进步，而基层员工落伍的现象。企业要加强团队学习、集体学习，这样才能真正让企业和员工共同成长。

【关键知识点】

扫一扫→绩效评估结果的应用

【启发与思考】

肯德基的绩效传导[①]

和同事到肯德基去吃快餐，为了提高效率，我们在去的路上就商量好吃奥尔良鸡腿堡，然后我去找座位，他去点餐。当他将餐食端到餐桌的时候，他对我说，服务员说这个"德克萨斯"比那个"奥尔良"好吃多了。我开玩笑说，你是不是中了服务员小姐迷人微笑的招了？但我忽然反应过来，这两天，肯德基通过狂轰滥炸的广告在推这个德克萨斯新口味的汉堡，这有效地反映到服务员的具体工作之中，最后让"奥尔良"变成了端到眼前的"德克萨斯"。

为什么"奥尔良"变成了"德克萨斯"呢？这个问题至少包括三个层面（当然应当声明的是，我基本没有了解肯德基内部的具体管理细节，我所了解的主要是公开资料）。

1. 绩效传导机制——"奥尔良"变"德克萨斯"

从一个微观层面来看，在肯德基对下属各单体店的考核体系中一定存在一个考核指标，大概可以叫作新品销售额——当然，为何要在指标体系中设置这样一个指标，我们稍后再说。

这样一个指标当然是与每个单店的收入挂钩的，这样对于每个店长就形成了一个非常清晰而强烈的导向：卖出更多的新产品是这段时间内的一项重要工作。

接下来，店长就可以根据肯德基提供的新品销售指南对员工进行培训，员工向顾客推荐、询问是否愿意尝试新品。

上面的这个过程大致是可以被确定的，只是不知道新产品销售情况是否与员工个体的业绩和薪酬挂钩。我想，如果要挂钩，在肯德基的售货机上是可以做到的；但是这一点似乎没有必要，因为如果过度强调与员工个体挂钩，则可能适得其反。

当然，这个指标还形成多部门的协同，一方面是营销体系猛烈的市场攻势，另一方面是物料供应系统的支持（比如各类原材料、包装等），还必须包括提前进行的培训（比如汉堡制作、销售行为等），然后才执行销售，而且还要包括在全国各城市统一的步调。这种组织动员能力是多么强大。

通过这个分析我们可以知道：①绩效指标是一个指挥棒，通过指标的层层分解可以实现多层级协调行动；②大多数员工只去做被要求做的，当然企业还必须清楚地告诉员工如何去做。

2. 指标从哪里来——为何要做新品

但是，这个绩效新品销售的绩效指标是从哪里来的呢？很显然，如果从企业经营的战术层面来理解，对于一家餐饮企业而言，持续成功地推出新产品是一项非常重要的能力。推出新产品一方面要依赖从市场需求开始的整个研发和市场营销计划，另一方面则依赖销售渠道的销售。任何新产品在推出初期都面临一个尴尬的问题，即新品被销售者充分认知是一个或长或短的过程，这个过程中就需要销售体系顶住压力、持续推进，直至大卖，否则很可能一个非常有潜力的产品由于销售者执行不力而不能得到相应的市场地位。

从短期来看，销售系统要将各种资源倒向新品销售，可能导致销售额的下降；而从长期来看，如果企业不能持续推出新品则面临产品老化，待到产品生命周期末端而没有后续产品，市场将拱手让人的困境（这一点在营销上有相当详细的解释，在此不做赘述）。但是，不要指望销售部门自动、自发地按照企业的长期利益行动，他们一定会更看重短期的销售额，因为其主要关注的也是这个问题。

---

① 郝红，姜洋. 绩效管理. 北京：科学出版社，2012，199.

但无疑，上面将新品销售额作为具有一定权重的指标起到了相当的平衡作用，这样企业就在短期和长期利益之间形成了一定的均衡。

可见，这个指标是具有战略意义的一个重要指标。也就是说，通过这一系列指标，肯德基就将战略传导到了站在柜台的每一个服务员身上，直到将我的"奥尔良"变成了"德克萨斯"。肯德基的成功就在这里，战略意图跨越多个层级直达最基层的具体执行。

必须指出的是，这涉及一个对行业本质、市场特性认识的问题。对于餐饮行业而言，"喜新厌旧"是非常突出的，新口味、新吃法是吸引消费者的一个重要手段。比如，北京东直门簋街几乎每年都会炒作出一个新的品类来吸引顾客，如前些年流行的麻辣小龙虾、接下来的烤鱼，不一而足。这实际上是餐饮企业的一个关键成功要素。

当然，这里分析的只是一个指标，企业所需要的是一个指标体系，依照战略分解为多个层级，指标之间相互关联。

3. 配套体系——只有指标体系还是不够的

正如上面所说，只有绩效指标是不够的，还必须有配套体系：一是与绩效指标相关联的奖惩机制，这是非常容易理解的；二是与具体执行相配套的操作手册、培训体系。

指标以及与之关联的奖惩机制保证了将各层级行动引导到与企业长期发展相一致的方向上，并使他们有充分动力去贯彻执行。但是方向正确、动力充分并不能解决如何做的问题，那么具体的操作手册和培训体系则是贯彻实施的保证。好比军队打仗，战略正确、士气高涨是必需的，但是还必须将战术执行到位。

4. 员工能力——组织能力下谈员工能力

通过上面的分析，我们可以断定组织能力是一个企业制胜的关键，进一步，我们在任何时候去谈员工能力的强弱都不能忘记组织能力这个大前提。也就是说，在肯德基的组织体系之下，每一个员工都非常有能力，而如果将该员工从这个大体系下剥离出来，他可能与其他企业的员工差别并不大。

也就是说，企业应当是一个"蚂蚁"军团，弱小的"蚂蚁"组成了一个庞大而高效运转的组织，因此企业不要舍本逐末，过度强调个体员工的能力，即使一个能力超强的员工，在一个组织能力低下的组织内，也可能表现平平。

请总结肯德基运用绩效考核结果的成功经验，并用相关管理理论进行分析。

【思考练习题】

1. 绩效考核结果运用的意义是什么？
2. 绩效考核结果运用的范围有哪些？
3. 绩效考核与员工培训的关系是什么？
4. 绩效考核与员工奖励晋升是什么关系？
5. 绩效考核与薪酬管理是什么关系？

【模拟训练题】

A 集团于 1980 年创立于美国，业务遍及全球近 48 个国家或地区，集团拥有个人保健品和营养补品两大产品线，为消费者提供最先进和高品质的产品。

公司现在想对绩效进行改进，但不知哪些方法比较好，请你说明绩效改进的方法有哪些、每种方法的优缺点和适用范围（见表 8-1），并为公司选择合适的绩效改进方法。

表 8-1 绩效改进方法表

序号	绩效改进方法	优点	缺点	适用范围
1	技术更新改造法			
2	培训教育辅导法			
3	组织流程再造法			
4	机器替代人工法			
5	单位时间效益法			
建议选择：				
选择原因：				

【情景仿真题】

你是 B 公司人力资源部门的工作人员，现在公司需要制订一份销售人员的绩效改进计划表，所针对的员工是去年绩效考核没有达标的人员。你打算用两周完成。表 8-2 已经给出部分内容，可参照此表进行设计。

表 8-2 销售人员绩效改进计划

填表人		所属部门	
入职时间		填表日期	

1. 绩效考核中存在的不足及其原因

2. 拟采用的解决方法

3. 改进计划

（1）改进计划的时间自_____年_____月_____日至_____年_____月_____日。

（2）具体改进目标。

指标	具体指标	权重	衡量标准	达到目标
工作业绩	销售计划完成率	15%		
	……			
工作能力	应变能力	5%		
	……			
工作态度	出勤率	2%		
	……			

（3）结果应用

公司将依照此结果，对你进行考核。以此结果作为履行劳动关系、调岗、解雇等的依据。

员工：	部门经理：	总经理：

第三部分

绩效考核方法及应用

第9章 传统的绩效考核方法

学习目标

1. 了解关键事件法的定义、实施步骤与优缺点；
2. 熟悉量表法的定义、实施步骤与优缺点；
3. 掌握 360 度考核法的定义、实施步骤、考核主体的选择、优缺点与推行注意事项。

本章重点解析

引导案例

华为绩效考核的激励战略[①]

华为人力资源管理导向的关键就是冲锋导向，冲锋导向的核心本质就是激励问题，激励问题的核心本质就是要实现"获取分享制"。"获取分享制"的最现实体现就是在 2015 年 7 月，华为宣布上半年业务增长30%的时刻，消费者事业部直接宣布当年发两次年终奖，这是过去从没有过的。这充分体现出获取分享的特点，即获取了之后要尽快分享，员工的分享机制是基于获取的。

华为领导人任正非看到了通过持续的变革，有可能实现员工价值的更大增长。任总看到了四个改变点：①流程组织的优化和再造；②针尖战略的实现；③竞争对手的衰退；④人力资源本身持续的改革。这四种力量有可能最终实现华为利润的增长，实际上我们看到 2015 年华为上半年的利润创了历史新高，达到了 19%，这是制造业不敢想象的一个高利润。这个高利润就要尽快通过分配薪酬包来分享给员工。

这个分享是两方面的分享，一个是股东的分享，另一个是劳动者的分享，但是归根结底，实际还是劳动者的分享，华为必须通过机制来实现劳动者的分享。同时华为对薪酬激励的基本假设是先有鸡才有蛋，也就是我们先要"孵化"员工，先要帮助员工成长，先要投入，给"鸡"更多的精力与时间，最终才有"蛋"，这也是一种耐心。

所以从激励冲锋的角度出发，要差异化管理各类员工的薪酬，激发员工的活力，不是简单地用一套标准化的薪酬激励方式，要根据不同职位、不同员工、不同人群的用工特点、激励方式，来思考更好的激励模式。同时要结合非物质遗产，要把英雄的盘子做大，勇于表彰，更多地回报员工，包括精神回报和物质回报，来激发员工长期的自我激励，实现知识型员工的可持续增长。

讨论：华为绩效管理的亮点是什么？

9.1 关键事件法及应用

9.1.1 关键事件法的定义及作用

关键事件法是由美国学者福莱诺格和伯恩斯在 1954 年共同创立的。它是由上级主管记录员

---

① 蒋伟良. 互联网：华夏基石 e 洞察. 2015.7.24.

工平时工作中的关键事件，一种是做得特别好的，另一种是做得特别不好的，并在预定的时间内，通常是半年或一年之后利用积累起来的记录对被考核者的绩效做出判断和评价的方法。

在预定的时间，通常是半年或一年之后，主管人员利用积累的记录，与员工讨论相关事件，为测评提供依据。它包含了三个重点：观察；书面记录员工所做的事情；有关工作成败的关键性的事实。

其主要原则是认定员工与职务有关的行为，并选择其中最重要、最关键的部分来评定其结果。它首先从领导、员工或其他熟悉职务的人那里收集一系列职务行为的事件，然后，描述"特别好"或"特别坏"的职务绩效。这种方法考虑了职务的动态特点和静态特点。对每一事件的描述内容，包括：导致事件发生的原因和背景；员工的特别有效或多余的行为；关键行为的后果；员工自己能否支配或控制上述后果。

关键事件法在员工绩效管理中的作用主要体现在以下几个方面。

（1）提供绩效考核的事实依据

在绩效实施与辅导阶段，对员工在工作中表现出来的关键事件进行记录，是为了在绩效考核中有充足的事实依据。管理者将一个员工的绩效判断为"优秀""良好"或者"差"，需要一些证据做支持，即管理者依据何标准将员工的绩效评判为"优秀""良好"或者"差"，这绝对不能凭感觉，而是要用事实说话。这些关键事件除了可以用在对员工的绩效进行考核以外，还可以用作晋升、加薪等人事决策的依据。

（2）提供绩效改善的事实依据

绩效管理的目的之一是改善和提升员工的绩效和工作能力。在绩效改进阶段，当管理者对员工说"你在这方面做得不够好"或"你在这方面还可以做得更好一些"时，需要结合具体的事实向员工说明其目前的差距和需要如何改进和提高。例如，主管人员认为一个员工在对待客户的方式上有待改进，他就可以举出该员工的一个具体事例来说明。"我们发现你对待客户非常热情主动，这是很好的。但是客户选择哪种方式的服务应该由他们自己做出选择，因为这是他们的权利。但我发现你在向客户介绍服务时，总是替客户做决策，比如上次……我觉得这样做不太妥当，你看呢？"这样就会让员工清楚地看到自己存在的问题，有利于他们改善和提高绩效。

（3）提供优秀绩效的事实依据

主管人员不仅在指出员工有待改善的方面需要提供事实的依据，即便是在表扬员工时也需要就事论事（以事实为依据），而不是简单地说"你做得不错"。由此，主管人员不仅可以向员工传达"管理者对他们的每一件优秀事迹都非常清楚"的信息，而且会促使员工今后更加卖力地工作，同时还可以帮助管理者发现优秀绩效背后的原因，然后再利用这些信息帮助其他员工提高绩效，使其他员工以优秀员工为基准，把工作做得更好。

9.1.2 关键事件法的应用

关键事件法在绩效管理中通常有两种应用形式：年度报告法和关键事件清单法。

1．应用一——年度报告法

年度报告法的一种形式是一线监督者保持考核期内员工关键事件的连续记载。监督者每年的报告包含反映员工表现的工作记录，如表9-1所示。

年度报告法的优点是它特别针对工作，其工作联系性强。而且由于考核是在特定日期就特定事件进行的，考核者很少或不受偏见的影响。年度报告法的主要缺陷是很难保证员工表现的精确记载。由于监督者更优先地考虑其他事情，因此在考核问题上常常不会留出充足的时间给员工用以表现。这种不完善可能是由于监督者的偏见或缺乏时间和精力。如果管理者对监督者进行必要的训练，使他们能客观、全面地记载员工的关键事件，这种考核方法也可以用于开发性目标。年度报告法的另一缺陷是缺乏关于员工的比较数据，很难用关键事件的记录来比较不同员工的绩效。

表 9-1　*****科技有限公司年度工作报告

一、本部门质量/环境目标达成情况汇总

月份	1	2	3	4	5	6	7	8	9	10	11	12	全年平均值
实际达成值													
目标值													

环境管理目标/指标（根据责任部门填写）

项目	目标/指标	责任部门	达成情况	未达成说明
（1）工业废水排放	符合 DB44/26/2001 二级标准达标排放	行政		
（2）生产厂界噪声	符合《工业企业厂界噪声标准GB12348-90》	行政		
（3）火灾/爆炸/生产事故	事故发生次数为"0"	行政/人事/物控		
（4）化学品泄漏事件	泄漏事故为"0"	行政/人事/物控		
（5）固体危险物管理	减少污染，分类收集，要求100%回收处理	行政/各生产单位		

环保产品管理目标/指标（根据责任部门填写）

项目	目标/指标	责任部门	达成情况	未达成说明
（1）原物料/外发/辅料	有害物质超标为"0"	采购		
（2）在制品/生产治工具	污染/混入"0"，治工具维护100%	各生产单位和仓库		
（3）成品	污染/混入为"0"，检测达标100%	包装 A、B		
（4）客户投诉	环境物质超标/污染/混入的投诉为"0"次	工艺工程/PMC		
（5）环保知识培训	培训达标率100%	人事		

二、过程业绩、存在问题及改善建议

1. 对所属部门在本年度实际工作中所做出的突出业绩，如改进工艺、主动改善品质、作业方法以及环境方面进行简述：

（续表）

2. 对所属部门在实际工作中所遇到的问题，如品质改进、信息沟通、人员团结、培训、人员胜任度、客户标准等问题提出：	
问题点	希望改进建议

三、改进建议（对后续规划、持续改进等情况进行考评，包括质量、环境体系改善、人员综合能力、团队建设、信息沟通/协调、培训以及客户服务等方面提出您最宝贵的建议和意见：

注：有些部门/人可能没有涉及质量/环境目标，则直接填写"二、过程业绩、存在问题及改善建议"和"三、改进建议"。

报告人签名：	日　期：

2．应用二——关键事件清单法

关键事件清单法通过一个与员工绩效相联系的关键行为的清单来进行绩效考核。这种考核方法对每一工作要给出 20 个或 30 个关键项目。考核者只简单地检查员工在某一项目上是否表现出众。出色的员工将得到很多检查记号，这表明他们考核期表现很好。一般员工将只得到很少的检查记号，因为他们仅在很少的某些情况下表现出众。

关键事件清单法常常给不同的项目以不同的权重，以表示某些项目比其他项目重要。通常权重不让完成考核的被考核者得知。基于员工关键事件清单上的检查记号汇总以后，考核者就可以得到这些员工的数量型的评价结果。

由于关键事件清单法产生的结果是员工绩效的数字型总分，因此必须为组织内每一不同岗位制定一个考核清单，这种方法费时且成本很高。

关键事件法编写范例——美国 PDR 研究所

指导：

工作会议的最终结果是一份行为导向的等级表。下面是一个为航空服务员进行开发的例子。

以热情友好的方式为乘客提供标准的服务。

例如：热情友好地问候乘客，撕去票根，检验护照；帮助乘客手提行李；准备并热情地为乘客提供餐饮服务；注意乘客的举动，随时满足乘客的需求；向乘客提供杂志、毯子、枕头等，使乘客感觉更加舒服；在履行职责时，与乘客进行个人的交流。

请大家注意不同的工作绩效范例对应了不同的绩效等级，每个范例用短短的三两句话描述了在某个情形下工作者如何进行工作。这样就可以将对评价者进行评价的标准予以统一，也使绩效等级同实际工作联系得更加紧密，评价者更加容易接受。

为了使我们能获得清晰、同工作紧密联系的绩效范例，我们请您写下您亲眼所见或亲耳所闻的工作者是如何进行工作的，这些范例能够体现不同水平的工作绩效，有助于我们开发出绩效评价工具。

编写工作绩效范例：

在编写工作绩效范例时，我们最容易想起的是一些极端的例子，同时我们也要归纳出一些代表一般工作绩效的例子。我们的要求不仅要明确而且要精确。

绩效范例一般有三个主要部分：第一部分，对工作者所面临的状况进行简要的描述。呈现在工作者面前的是何种问题？什么情况下使工作变得尤为重要和关键？必须要记住工作的背景是一个特定工作行为是否有效的重要因素。同一工作行为可能在不同的范例中出现，但是面临的严厉状况可能大不相同，工作行为的有效性也可能大不相同。

第二部分要描述工作者对面临的状况如何做出反应。记录下实际工作中是如何做的，而不是记下从中推断的结果。例如，在编写某个范例时，我们可能会说：工作者表现出坚韧不拔的素质，实际上这是我们推断的结果。更好的描述方式是阐述是什么让我们觉得工作者表现出这种素质。一般来说，我们尽量避免使用那些概括复杂动作的动词，应当使用能表现出工作者直接动作的词语。

第三部分，描述工作者行为的结果。这里再次强调，描述工作结果时注意要直接且明确。

概括起来，一个好的绩效范例应该：

（1）描述在特定的情形下，工作者采取何种行为来完成工作；

（2）精确阐述工作者究竟做了什么，使你觉得在此情形下他/她是有效/无效的；

（3）精确、简短、切中要害，用不长的篇幅描述工作结果。

9.2 量表法及应用

9.2.1 强迫选择量表法

强迫选择量表法（Forced-Choice Scales，FCS）是以多项选择问题的形式与工作绩效相关的个性特征或行为，要求选择出最能反映或是最不能反映被考核者行为选项的一种方法。它是个人绩效考核常用的一种方法。在此方法中，考核者不知道什么样的选项能得高分，不知道各选项的分值。因此在考核过程中，客观性得到保证而主观性受到控制。

9.2.2 行为观察量表法

行为观察量表法也称行为评价法、行为观察法、行为观察量表评价法。美国人力资源专家拉萨姆和瓦克斯雷在对行为锚定等级评价法和传统业绩评定表法不断发展和演进的基础上，于1981年提出了行为观察量表法。行为观察量表法适用于对基层员工工作技能和工作表现的考察。行为观察量表法包含特定工作的成功绩效所需的一系列合乎希望的行为。我们运用行为观察量表，不是要先确定员工工作表现处于哪一个水平，而是应该先确定员工某一个行为出现的频率，然后通过给某种行为出现的频率赋值，从而计算出得分。

行为观察量表法有以下几个优点。①有助于员工对考评工具的理解和使用。它是基于系统的工作分析，从员工对员工所做的系统的工作分析中设计开发出来的，因此，有助于员工对考评工具的理解和使用。②行为观察量表法有助于产生清晰明确的反馈。因为它鼓励主管人员和下属之间就下属的优缺点进行有意义的讨论。因此，避免了一般化。③从考评工具区分成功与不成功员工行为的角度来看，行为观察量表法具有内容效度。考评者必须对员工做出具体而全面的评价，而不只是强调考核他们所能回忆起来的内容。④行为观察量表法的关键行为和等级标准一目了然。由于行为观察量表法明确说明了对给定工作岗位上的员工的行为要求，因此其本身可以单独作为职位说明书或职位说明书的补充。⑤它允许员工参与工作职责的确定，从而加强员工的认同感和理解力。⑥行为观察量表法的信度和效度较高。

行为观察量表法的缺点有以下几个。①有时不切实际。②行为观察量表法需要花费更多的时间和成本。因为每一工作都需要一种单独的工具（不同的工作要求就会产生不同的工作行为），除非一项工作有许多任职者，否则为该工作开发一个行为观察量表将不会有成本效率。③行为观察量表法过分强调行为表现，这可能忽略了许多工作真正的考核要素，特别是对管理工作来说，应更注重实际的产出结果，而不是所采取的行为。④在组织日益趋向扁平化的今天，让管理者来观察在职人员的工作表现，这似乎不太可能，但却是行为观察量表法所必须要做的。

9.2.3 混合标准量表法

混合标准量表法（Mixed Standard Scales，MSS）又称混合标准尺度法，简称混合量表法，它作为与工作标准相比的一种绩效考评的方法，是由美国学者伯兰兹（Blanz）和吉塞利（Ghiselli）于 1972 年在传统的评价量表的基础上提出的。

混合标准量表的基本设计步骤如下。

1．确定考评维度

考评维度往往是由设计者根据组织的实际需要和被考评者所从事的工作性质等因素决定的。Bernadin 和 Kane 曾提出在业绩考评中最常用的六个主要维度：质量、数量、及时性、成本节约、监督的需要和人际关系。

若考评的维度较大，也可以在每一个维度下拟出几个子维度，如在对某一公司的产品营销人员进行考核的混合标准量表中，可以设七个维度，分别为：团队合作、沟通能力、市场洞察力、工作主动性、责任心、纪律性和社交能力。这些维度又可下设子维度。如在团队合作这个维度中，又设了大局观、分享知识、认同和影响力这四个子维度。

2．维度的表达

维度的表达就是为每一个考核维度的好、中、差三等拟出一条范例性的陈述句。若维度中包含子维度，则对每一个子维度做出好、中、差的范例性陈述句。

3．设立每一个维度和子维度的权重

由于考核的角度不同、目的不同，每一个维度的重要性也就不同。如果是对产品营销人员进行考核，团队合作和市场洞察力就显得尤为重要。而相比较而言，纪律性就不是那么重要。每一个子维度又是维度的各个方面的分别体现，因此也可以因重要性而调整权重，但必须确保每组子维度权重之和为 1，维度权重之和也应为 1。

4．打乱次序，掩盖评分等级

对所有的逻辑有效组合，我们给出了一个数字作为其分数。如最好的表现是第一种组合，优于最优者，赋以最高分 7 分。然后依此类推，最差的表现是劣于劣者，赋以最低分 1 分。最

后，把每一个子维度的分数乘以权重，得出维度的分数；每个维度的分数乘以权重，得出总分数。这就是一个考核者对被考核者的评价分数。

5．求得最后分数

对所有的有效的评价分数进行平均，就能得到该被考核者的分数。若是你觉得其中的评价有主次之分，还可以加权平均得到最后的结果。

表 9-2 就是混合标准量表法的范例。

表 9-2　混合标准量表法

评级对象：　　　　　部门：　　　　　评价者：　　　　　评价日期：

被评价的三个维度		绩效等级说明
专业知识；人际交往能力；沟通协调能力		高；中；低
说明：请在每一项陈述后面标明培训专员的绩效是高于陈述水平的（填"+"）、相当于陈述水平的（填"0"），还是低于陈述水平的（填"-"）		
高	具有扎实的专业知识和丰富的实践经验，资历深厚，能参与并指导培训教材的编制	
中	虽然具备的知识不足以参与教材的编制，但是在培训活动上的经验还是能够给予员工有效的帮助	
低	向员工传达的培训信息不完整，有很多不相关信息，与各部门沟通甚少，不能很好地配合各部门的工作	
高	与每个人都能进行友好的交流合作，即便在意见上有分歧，也能与人友好相处	
中	在大部分的时候，能与别人进行愉快的交流，只是偶尔会出现意见上的小摩擦，但并不影响交往	
低	经常与别人有发生不必要的冲突的倾向，与各部门的合作磕磕绊绊	
高	能向员工准确传达培训的目标、内容等，使员工明了培训相关事宜，且能积极调动各部、处的合作与沟通	
中	能按要求完成传达培训的基本概况等事宜，让员工对培训有所了解，与各部门能做到正常的业务性合作	
低	虽然实践经验少，但是在执行培训计划的过程中，学习新知识的能力比一般人强	

9.3　比较法及应用

员工绩效评估的比较是指评价者拿一个人的绩效去与其他人的进行比较，从而确定每位被评估员工的相对等级或名次的方法。这种方法通常是对员工的工作绩效或者是价值从某方面进行全面的评估，并且根据评估结果设法对在同一工作群体中工作的所有员工进行排序。一般来说，比较法可分为：排序法、强制分配法以及配对比较法。

9.3.1　排序法

排序法是指根据被评估员工的工作绩效进行比较，从而确定每一员工的相对等级或名次。等级或名次可从优至劣或由劣到优排列。比较标准可根据员工绩效的某一方面（如出勤率、事故率、优质品率）确定，一般情况下是根据员工的总体工作绩效进行综合比较。排序法可分为简单排序法和交替排序法。其一，简单排序法是指管理者把本部门的所有员工从绩效最高者到绩效最低者（或从最好者到最差者）进行排序。其二，交替排序法则是指管理者对被评估员工的名单进行审查后，从中找出工作绩效最好的员工列为第一名，并将其名字从名单上划去。然后从剩下的名单中找出工作绩效最差的员工列为最后一名，也把其名字从名单中划去。随后，在剩下的员工中，管理者再找出一名工作绩效最好的员工将其列为第二名，找出一名最差的员工列为倒数第二名，以此类推，直到完成对所有员工的排序。

9.3.2 强制分配法[①]

强制分配法同样是采取排序的形式，只不过对员工绩效的排序是以群体的形式进行的。强制分配法是按照事物"两头小，中间大"的分布规律，把评估结果预定的百分比分配到各部门，然后各部门根据各自的规模和百分比确定各等级的人数的方法。其通常呈钟形曲线分布（见图 9-1）。强制分配法会迫使管理者根据分布规则的要求而不是根据员工个人的工作绩效来将他们进行归类。因此，此方法得出的结果是一个相对的概念。比如说，即使一位管理人员手下的所有员工的绩效水平都高于平均水平，这位管理者也会被迫将某些员工的绩效评价为"无法让人接受"。

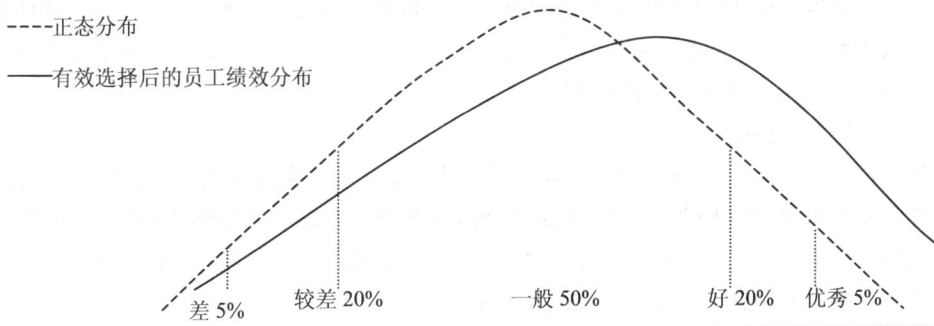
- - - 正态分布
—— 有效选择后的员工绩效分布

差 5%　较差 20%　一般 50%　好 20%　优秀 5%

图 9-1　强制分配法的正态分布

强制分配法有利于管理者对员工进行高、中、低不同水平的绩效评价，同时可以根据不同的绩效水平进行奖惩，高绩效者可以得到奖励及发展，而低绩效者可以通过激励而改善现有水平或者离职。此种方法还能保证不同绩效的员工获得的奖赏是不同的，而不是平均分配给每个员工，有利于提高企业人才水平，逐渐建立高绩效的工作环境，并且提高员工自信心。其缺点是：在某些情况下，管理者可能对员工做出错误划分，如管理者为了满足百分比的要求，可能最终放弃对员工的客观评价；强制分配法还可能增加被评价者的焦虑情绪，也可能因此使企业卷入一些法律纠纷中。

1．强制分配法的使用需要正确分析其适用环境

（1）制度环境

企业的人力资源政策、绩效管理体系、激励约束机制等各项管理系统必须一致。企业愿景应该能够引导员工发展，激发员工热情。

（2）文化环境

强制分配法较之其他评估方法，更需要良好的文化环境。美国通用电气公司（GE）的"活

① [美]罗伯特·马希斯，约翰·杰克逊. 人力资源管理. 第十三版. 赵曙明，周路路，译. 北京：电子工业出版社，2012.

力曲线"之所以能发挥很好的效果，在于其整整花费了 10 年的时间来建立新的绩效文化。坦率与公开性是 GE 绩效文化最显著的特点，人们可以在任何层次上进行沟通与反馈。在这种企业文化中，绩效改进与能力提升是人们关注的重点。

（3）管理水平

领导者的管理水平，尤其是公平、公正的领导水平与沟通能力，是决定强制分配法是否适用及能否成功的重要因素。

2．除环境因素外，强制分配法的适用性及有效性还取决于以下条件

（1）员工工作绩效的可量化程度

如果企业员工的工作绩效可量化程度低，则适宜实施强制分配法，以克服绩效考核中易出现的"过松""过紧"和"趋中"倾向，适当拉开绩效等级分配的距离。尤其是职能部门，如人力资源、财务、行政等岗位，其工作特点决定了一般绩效评估无法达到评估的效果，因此应实施强制分配法，以体现绩效成绩的差异性。而一线人员如生产、销售人员，则不一定实施强制分配法，可以通过与事先确定的绩效标准或任务协议相比较的方法，直接打分、直接定级。

（2）部门人员的数量

强制分配法适用于企业内部人员较多的部门，因为强制分配法是基于概率统计理论中的正态分布规律，而概率统计理论的假设前提是同类的随机现象将大量重复出现。因此，只有随着我们观察次数的增多，大量同类的随机现象才能呈现出明显的规律性。因此，在绩效考核实践中，部门人数少于五人的，不适宜采用强制分配法。

（3）企业经营的稳定性

强制分配法适用于经营成熟期的企业。对于处于高速增长期的企业而言，其经营状况、销售收入和利润增长变化幅度较大，企业内高绩效员工数量明显多于低绩效员工数量；而当企业处于衰退期时，低绩效员工的数量又会大幅增加。在这样的情况下，企业若实行强制分配法，会使员工失去公平感、安全感，容易产生人员流失现象。

（4）企业用工渠道的流畅性

当企业用工渠道不畅时，不适宜采用强制分配法，特别是在强制分配中设定有不合格等级。因为如果企业人员流动渠道不通畅，则无法及时有效地引进应该引进的人才，也无法解除应该解除合同的员工，进而影响企业的经营管理效能。

3．实施过程

① 确定 A、B、C、D、E 各个评定等级的奖金分配的点数，使每个等级之间点数的差别具有充分的激励效果。

② 由每个部门的每个员工根据绩效考核的标准，对自己以外的所有员工进行 0～100 的评分。

③ 对称地去掉若干个最高分和最低分，求出每个员工的平均分。

④ 将部门中所有员工的平均分加总，再除以部门的员工人数，计算出部门所有员工的绩效考核平均得分。

⑤ 用每位员工的平均分除以部门的平均分，得出一个标准化的评价分。评价以"1"为标准，明显大于"1"的员工可以得 B 或者 A 等级的评价，为"1"的员工可以得 C 等级的评价，而小于"1"的则得 D 甚至 E 等级的评价。

9.3.3　配对比较法

配对比较法是管理者将每一位员工与工作群体中的所有其他员工进行一对一的两两比较，

如果一位员工在与另外一位员工的比较中被认为是绩效更为优秀者，那么此人将得到1分。在全部的配对比较都完成之后，管理者再统计一下每一位员工获得较好评价的次数，也就是对所得分数进行加总，得出员工绩效评估的分数，然后根据员工所获分数对员工进行排序。

配对比较法对于管理者来说是一项很花时间的绩效评价方法，并且随着组织变得越来越扁平化，控制幅度越来越大，这种方法会变得更加耗费时间。如果需对 n 个员工进行评估，则需 $n(n-1)/2$ 次的比较。例如，一位手下只有10名员工的管理者必须进行45次（即10×9/2）比较。然而，如果这一工作群体的人数上升到15人，则这位管理者所必须进行的比较次数就上升到了105次（即15×14/2）。例如，管理者需对5名员工进行绩效评估，则需进行10次比较，具体比较如表9-3和表9-4所示。

表9-3　配对比较

员工姓名	A	B	C	D	E
A	⋯	1	1	1	1
B	0	⋯	1	1	1
C	0	0	⋯	1	1
D	0	0	0	⋯	1
E	0	0	0	0	⋯

表9-4　配对比较法的评估结果

员工姓名	配对比较胜出次数	名次
E	4	1
D	3	2
C	2	3
B	1	4
A	0	5

配对比较法的优点是判断范围较小，准确度高。此种方法尤其适用于工作绩效能够量化的岗位。其缺点是若被评估者人数较多，则评估的工作量会很大；而且配对比较法只能评比出下属员工的名次，而无法反映出他们之间的差距范围，被评估者的工作能力、个人品质方面的特点也无法体现。

9.4　360度考核法及应用

9.4.1　内涵与实施步骤

360度考核法又称"全方位考核法"，最早是由英特尔公司提出并加以实施运用的。360度考核法是指从与被考核者发生工作关系的多方主体那里获得被考核者的信息，并以此对被考核者进行全方位、多维度的绩效评估的过程。

被考核者的信息来源，包括来自上级监督者的自上而下的反馈（上级）；来自下属的自下而上的反馈（下属）；来自平级同事的反馈（同事）；来自企业内部的协作部门和供应部门的反馈；来自企业内部和外部的客户的反馈（服务对象）以及来自本人的反馈。

360度考核法的实施流程主要分为四个阶段，即考核的准备阶段、设计阶段、实施阶段、评估与反馈阶段。

（1）考核的准备阶段

① 获得高层领导的支持。获得高层领导的支持是 360 度考核法实施的前提。只有得到高层领导的支持，才能确保 360 度考核的顺利开展，出现问题可及时得到解决。

② 成立考核小组。考核小组由人力资源部牵头负责组织，由被考核者的上级、下属、同事及客户组成考核团队，最后考评结果由人力资源部整理、汇总、分析并反馈。

③ 360 度考核工作的宣传。企业通过宣传，让被考核者扫除心理障碍，避免防御和抵制情绪的产生，让考核者正确认识自己的角色及 360 度考核的作用，从而尽可能地提供客观真实的信息。

（2）考核的设计阶段

360 度考核法的设计阶段主要是确定考核周期、考核人选、考核对象、考核内容以及设计调查工具。360 度考核因为实施和组织成本较大，因此一般是每年一次，时间通常定在每年度的年末，考核人选及对象是中高层领导者，考核内容涉及被考核人员的任务绩效、管理绩效、周边绩效、态度和能力等方面。

360 度考核一般采用问卷调查法。问卷的形式分为两种：一种是给考核者提供 5 分等级或者 7 分等级的量表（称之为等级量表），让考核者选择相应的分值；另一种是考核者写出自己的评价意见（称之为开放式问题）。两种方法也可以综合采用。从问卷的内容来看，可以是与被考核者的工作情景密切相关的行为，也可以是比较共性的行为，或者二者的综合。

考核问卷设计应注意以下三大问题。

第一，确定科学的绩效考核指标体系。科学有效的考核指标体系应根据企业的组织目标、价值观来设计。

第二，考核问卷设计的差异化。不同工作岗位的工作内容、职责及技能要求是不一样的，这就要求设计问卷时在考核指标和内容上应当有所差别。

第三，考虑不同考核者对考核内容的不同侧重。不同层面的考核者会从不同角度对被考核者的工作行为进行考核，如上级考核者注重考核被考核者的领导能力、创新能力等，同级考核者主要考核其协调能力。

360 度考核问卷模板如表 9-5 所示。

表 9-5　360 度考核问卷模板

考核项目	考核内容	评分				备注
		上级考评	同事考评	下级考评	自我考评	
计划控制能力（20分）	按轻重缓急排定工作次序					
	每月能够制订出明确、具体的工作计划					
	对下属的工作进行跟进、回顾，确保目标的达成					
	能够将计划分解，按照员工的能力进行合理分配					
分析决策能力（20分）	决策及时、果断，抓住要害					
	突发事件的处理较为及时、妥善					
	见微知著，能快速采取行动，将不良事件防患于未然					
	较强的逻辑思维能力和分析问题能力，考虑问题全面					
授权与激励能力（20分）	善于激发员工的工作激情与潜能					
	能够根据下属的表现进行及时反馈，做到赏罚分明					

考核项目	考核内容	评分				备注
		上级考评	同事考评	下级考评	自我考评	
授权与激励能力（20分）	善于用人所长，有效地分配工作，并给予相应的权利和责任					
	有效地帮助下属设立明确的有挑战性的工作目标，在工作中适时地给予员工鼓励					
沟通协调能力（20分）	有效地化解矛盾和冲突					
	与下属沟通其工作目标的能力					
	营造一种让员工畅所欲言的氛围					
	积极听取下属的意见并有效地给予反馈					
团队协作能力（20分）	接受和支持团队决定					
	积极促进团队成员的合作					
	主动配合领导、同事及其他相关部门工作					
	能够与上级和下属分享工作成绩，乐于协助同事解决工作中的问题					

注：1. 本评估采用无记名评价方式，请评估者不要有任何的顾虑。

2. 请评估者务必客观公正地对上面的内容进行评价，以保证评估结果的可靠性。

（3）考核的实施阶段

① 问卷发放及填写。对问卷的开封、发放要实施标准化的管理。问卷填写采用匿名评估的方式，整个问卷填写时间不宜过长，15～30分钟为宜。

② 问卷回收。问卷的收卷和加封保密要严格，由相关人员监督执行，避免被篡改。

③ 统计并报告结果。360 度数据统计分析一般采用社会科学统计软件包（SPSS）。评估报告要用数据说话，客观呈现数据结果，内容表述简明易懂。一般情况下，360 度评估报告应当包括维度的定义和描述、被评价者核心能力的确定、不同来源评价观点的比较、被评价者的能力综述及最高和最低的得分项目等内容。

（4）考核的评估与反馈阶段

360 度考核的评估与反馈阶段非常重要，意味着 360 度考核的落实。360 度考核的评估与反馈是一个双向反馈过程，主管领导应积极地将 360 度考核统计结果反馈给被考核者，并与被考核者进行面对面的交流，向被考核者解释每一项评价内容的含义，并协助被考核者制订个人发展计划。

9.4.2　评估主体的选择

根据 360 度考核法的定义及被考核者的信息来源，360 度考核法的考核人员应该是：凡是与被考核者有工作关系的都应当参与到考评当中，即被考核者的上级、下属、同事及服务对象。

1．上级考核

员工的绩效目标是上级与员工共同制定的，上级通过员工提供的工作成果，对员工的业绩表现最有发言权，但是局限在于上级对员工完成工作的过程不了解，在内部加薪、奖金发放时考虑更多的是部门内部资源的平衡，主观性会比较强。

2．下属考核

下属作为被考核者的直接领导对象，对被考核者的领导能力、组织能力和协调能力最为了解，最适合对被考核者的管理能力进行考核。但是也时常会出现下属报复领导者的情况，影响考核结果的公正性。

3．同事考核

同事考核可以比较全面地考察被考核者的合作意识、工作态度和工作能力，但可能会受到关系因素、感情因素及竞争因素的影响。

4．客户考核

客户对被考核者的评价是基于被考核者提供的服务。但是客户评价主观性很强，当客户提出的要求被满足时，他会给出比较积极的评价，但如果是以牺牲企业利益为前提满足客户需求来获取客户的积极评价，显然是违背评价初衷的。

不同考核人员具有不同的特点，具体如表 9-6 所示。

表 9-6　360 度考核主体的优缺点

考核主体	优点	缺点
上级	1．考核结果可以与晋升、加薪、奖惩等相结合 2．有机会与下属更好地沟通，了解下属的需求和想法，发现下属的潜力	1．被考核者心理负担较重 2．可能存在一定的心理误区，如近因效应、晕轮效应等
下属	1．对上级产生一定程度上的权力制衡效果 2．帮助上级完善其管理才能	1．下级员工因顾虑上级的态度及反应而无法真实反映上级的不足之处 2．下级对上级的工作不可能全部了解，容易产生片面的看法
同事	1．比较了解被考核者的真实工作情况 2．促使同事之间互帮互学，有利于全面提高企业绩效	1．可能会造成激烈竞争的局面或出现因其他原因扭曲事实的局面 2．因顾及"朋友关系"或"同事交情"等，影响考核结果的客观性
客户	1．有助于完善信息系统，对企业的发展起到促进作用 2．提供更为详细的外部资源信息，使内部考核和外部考核能很好的结合	考核成本高，使用范围受限制

9.4.3　360 度考核方法使用注意事项

360 度考核方法在使用时需要把握其适用范围、优点、缺点、使用难点和对某些问题的弹性处理。

1．360 度考核方法的适用范围

① 适应于中高层经理人员的考评。

② 主要是考核被考核者的素质、德行、管理能力等与发展相关的绩效。

③ 主要用于职业发展，指导对员工的培训、调级、调岗。

④ 让最了解情况的人来做评价，强调客观结果。

2．360 度考核方法的优缺点

360 度考核方法的优缺点具体如表 9-7 所示。

表 9-7　360 度考核方法的优缺点

优点	缺点
1. 可使组织成员对组织目标和组织绩效进行总结、交流	1. 对整体绩效中最重要的任务难以涉足
2. 可以强化客户中心的概念	2. 容易导致客观性任务绩效指标主观化
3. 可以对被考核者的工作行为、个体特征做出比较全面的判断	3. 评估效率太低，不适合大规模考核
4. 可以为持续改进工作提供参考依据	4. 容易出现人为影响考核结果的情况，员工可能消极抵制
5. 增加了员工的自主性和对工作的控制	5. 考核成本过高，难度较大

3．360 度考核方法的使用难点

360 度考核所需要的内部信息网络平台建设可能处于初级阶段，企业推行 360 度考核需要很高的成本。传统文化导致大部分组织成员自我管理和自我约束的意识较为薄弱，考核者很难客观地给予判断。

4．360 度考核方法使用的弹性处理

① 可以使用相对于 360 度形式的考评，考核者与被考核者密切相关。

② 对评估结果的分析可以采用抽样法。

③ 增加客观性评估的渠道。

④ 利用网络进行评估，消除数据处理过程中的人为主观因素。

【关键知识点】

扫一扫→绩效考核方式的改进

【启发与思考】

360 度考核法在 Z 公司绩效考核中的成功应用①

"听起来很有道理，实施起来很难"，这是众多 HR 在具体的绩效考核工作中运用 360 度反馈法时做出的评价。笔者认为，只要运用得当，完全可以充分发挥 360 度考核法的作用，获得预期的效果。实践也证明了这一点：目前 Z 公司在中层管理人员试用期满考核、内部竞聘上岗、员工年度考核等方面均采用了此方法，都取得了非常好的效果。本文将以 Z 公司中层管理人员试用期满考核为例，分析如何成功地将 360 度考核法用于绩效考核工作实践，供 HR 们参考。

1. 绩效考核背景

Z 公司是南京地区一家拥有多家控股子公司和参股子公司的国有控股上市公司，主要从事市政基础设施、房地产、优质股权投资等业务，其股票目前已入选上证 180 指数样本股、上证红利指数样本股、上证 180 价值指数样本股。公司去年任用的一批中层管理人员即将试用期满，现在希望通过考核决定是否正式聘用。为此，公司要求人力资源部拿出具体的实施方案并组织实施考

---

① 林新奇. 绩效考核与绩效管理. 北京：清华大学出版社，2015：214-217.

核工作，为公司进行人事决策提供参考。

2. 考核方案设计分析

公司中层管理人员试用期满考核工作，是建设一支高素质、高水平中层干部队伍的需要，是满足公司不断发展的战略需要。这项工作的开展直接关系到被考核人的切身利益，关系到公司人力资源效能的发挥，关系到公司的可持续发展。做好这项工作需要采取360度考核法，综合被考核人同级、上级、下级等多方面的意见，对被考核人进行全面、客观、公正的评价。为了达到这一目的，人力资源部在考核内容、民主测评表设计、考核程序、考核组织、考核责任五个方面进行了仔细设计。

（1）考核内容

围绕被考核人的岗位职责和所承担的工作任务，以履行职责和完成目标任务情况为主要依据，全面考核德、能、勤、绩、廉，重点考核工作实绩。这些考核内容在下文即将提到的《Z公司中层干部试用期满考核民主测评表》（见表 9-8）、《Z 公司中层干部考核表》（见表 9-9）以及组织考核中进行了统一，以确保考核内容的一致性。

表 9-8　Z 公司中层干部试用期满考核民主测评表

被考核对象		职务		考核时间	
所属部门					
项目与分值	考核内容		分值区间		测评分数
思想品德与职业道德 10	勤奋敬业，遵纪守法情况 在遵守规章制度方面所起到的带头作用、组织运行规章制度执行情况		不合格　0～5		
			基本合格　5～7		
			合格　7～9		
			优秀　9～10		
组织领导与工作计划 10	组织机构设置合理情况，发现人才、培养干部、知人善用的能力 有工作计划与工作文件，计划执行正常，工作资料齐全 工作计划落实措施情况 工作指导、检查、记录情况		不合格　0～5		
			基本合格　5～7		
			合格　7～9		
			优秀　9～10		
现行职责与工作实施 50	学院下达的定量指标完成情况 对照各岗位职责及任务，定性指标完成情况，职责履行情况 工作开展秩序情况 工作质量和效率情况 每月下基层听取意见，建议不少于一次 每年至少完成工作报告、总结 2篇或完成工作研究论文 1 篇		不合格　0～25		
			基本合格　25～35		
			合格　35～45		
			优秀　45～50		
工作作风与沟通协作 20	服务态度好坏情况 与上、下级交流、沟通情况，从全局的角度出发考虑问题，主动与相关部门沟通，相互配合、协助完成工作情况 对下属员工的工作进行支持、帮助和指导情况		不合格　0～10		
			基本合格　10～14		
			合格　14～18		
			优秀　18～20		

（续表）

项目与分值	考核内容	分值区间		测评分数
廉洁自律与学习创新 10	廉洁自律情况 有计划进行自我学习，接受新知识、新思维情况 工作有无创新意识	不合格	0～5	
		基本合格	5～7	
		合格	7～9	
		优秀	9～10	
合计				

同上表的设计流程相似，我们可以据上表设计出 Z 公司中层干部考核表，如表 9-9 所示。

表 9-9　Z 公司中层干部考核表

工号		姓名		部门		岗位名称		任职时间	
学历学位		专业技术职务		聘任时间		政治面貌		考核年度	2017
岗位职责									
思想政治表现	理论学习								
	团结共事								
	廉洁自律								
工作总结	工作内容及成效（请以条目列出本年度完成的重点工作及成效，除此之外，正职还应填写加强内部管理方面的工作，职能部门正职要填写加强部门自身建设，包括提高服务质量、文明创建、规章制度等方面的工作。学院正职主要填写抓班子、带队伍、规章制度建设情况。兼任党支部书记的中层干部要填写党支部工作。）								
	具体内容	1.							
		2.							
		3.							
		4.							
		5.							
		6.							
		7.							
		8.							
		9.							
		10.							
	创新（特色）工作	1. 在制度、管理、服务、载体等方面的创新做法及效果							
		2.							
		3.							
	存在不足								

（续表）

工作总结	改进措施				
奖励情况		奖项名称			授奖单位
	工作获奖				
	个人获奖				
脱产培训	时间		地点		培训班名称
公开发表管理工作论文	题目			发表刊物（卷期）	作者排名
	个人业务方面的论文，请填写到专业技术考核表中				
承担管理工作课题研究	课题名称			课题来源	排名
	个人业务方面的项目，请填写到专业技术考核表中				
自评结果	（按"优秀、称职、基本称职、不称职"填写。） 填表人签字：　　　　　　日期：				
考核结果	分管校领导（部门正职）意见 签字：　　　　　日期：　　年　　月　　日				
	学校审定意见 签字：　　　　　日期：　　年　　月　　日				
	被考核人意见 签字：　　　　　日期：　　年　　月　　日				
备注					

（2）民主测评表设计

以设计《Z公司中层干部试用期满考核民主测评表》为例。

一是权重的分配。首先，在考核人的权重分配上，考虑到中层管理人员直接向高管汇报工作，中层管理人员之间存在协作关系，中层管理人员在一般员工中起团队领导的作用，基于此，设计高管、中层干部、一般员工的权重分别为 0.4、0.3、0.3。其次，在考核内容的权重分配上，按公司对中层管理人员的要求，设计德、能、勤、绩、廉各项的分值分别为 25 分、20 分、15 分、30 分和 10 分。再次，在优秀、称职、基本称职、不称职四级量表的权重分配上，为了让被考核人的民主测评得分分布在一个合理的区间，确保民主测评结果的精确性，设计优秀、称职、基本称职、不称职的权重分别为 0.95、0.7、0.6、0.5。

二是考核人身份的区分。因为不同考核人的权重不同，所以，为了区分考核人，需要设计考核人身份选项。

三是测评方式。为了保证测评结果的客观性，采取无记名的方式。为了简化测评，方便考核人，测评时用选择的方式代替了常用的打分方式。

四是民主测评结果。民主测评以百分制计分，满分 100 分，结果分为优秀、称职、基本称职、不称职四个等次。优秀：90≤综合评价≤100，称职：70≤综合评价＜90，基本称职：60≤综合评价＜70，不称职：0≤综合评价＜60。

3. 考核程序

考核按个人总结与自我评价、述职与民主测评、组织考核、撰写考核报告、确定考核结果、应用考核结果的次序进行。

（1）个人总结与自我评价。要求被考核人围绕德、能、勤、绩、廉五个方面认真地进行个人总结，填写《Z 公司中层干部考核表》，并做出自我评价，在试用期满前一个月将表格送至人力资源部。要求总结既要肯定成绩，又要找出存在的不足之处并提出改进措施，内容力求翔实，避免空洞。这是为了尽可能地减少个人小结与民主测评出现背离的现象，对被考核人也是一种监督。

（2）述职与民主测评。召开述职与民主测评大会，首先由考核工作小组宣布大会议程和考核有关事项，要求考核工作必须严格执行考核程序，按步骤实施，实现考核工作的规范化，要求所有考核人本着对公司负责、对他人负责、对自己负责的态度，结合被考核人的实际情况对被考核人进行客观、公正的评价，正确行使自己的权利，切忌主观片面或感情用事。再由被考核人进行述职，之后由有关考核人对被考核人进行民主测评。测评之前的被考核人述职，一方面是为了让所有被考核人对考核人有一个更加全面、深入的了解，另一方面也是对被考核人人品的一个很好的检验。

（3）组织考核。组织考核由考核工作小组安排进行，主要向被考核人的同级、上级、下级进一步了解情况，并做好笔录。这里有两点特别需要注意的地方，一是组织考核的环境要有一定的私密性，让被考核人有安全感，进而敢于客观地对被考核人进行评价；二是具体访谈对象要由考核工作小组抽取，避免访谈对象是经过刻意安排的，影响访谈效果。组织考核、个人小结以及民主测评三者可以起到相互验证的作用。

（4）撰写考核报告。考核工作小组根据民主测评结果，结合被考核人的个人小结以及组织考核记录，撰写《考核情况报告》，对被考核人的考核情况进行客观描述，并对民主测评结果的可靠性进行分析，同时提出任免建议。这首先要求报告撰写人员必须全程参与考核，其次要求报告撰写人员在撰写报告时能够做到客观、公平、公正，再者要求报告撰写人员有很强的判断能力、逻辑思维能力和文字功底。

（5）确定考核结果。考核工作小组将《考核情况报告》《Z 公司中层干部考核表》连同民主测评结果，依次送呈人力资源部、人力资源分管副总裁签署考核意见，最终由考核领导小组审议并确定考核结果。

（6）应用考核结果。根据被考核人考核结果，经公司总裁办公会研究后直接任免或向有关控股子公司董事会提出任免建议。考核结果为称职以上（含称职）等次的人员，续任现职；考核结果为基本称职等次的人员，对其进行诫勉谈话后提出任免建议；考核结果为不称职等次的人员，免去其现职，组织另行安排。

4. 考核组织

考核设考核领导小组和考核工作小组，考核领导小组组长由公司总裁担任，副组长由公司副总裁担任；考核工作小组组长由公司分管人力资源的副总裁担任，副组长由人力资源部总经理担任，组员由人力资源部有关工作人员组成。这是为了让考核工作得到公司领导的支持，引起大家的重视，对考核工作的有效开展能起到很好的组织保证作用。

5. 考核责任

要求被考核人把考核视为全面总结自己，提升自身素质的一次机会，给予高度重视，不得弄虚作假或给考核工作小组设置障碍，否则一经查实将取消其考核资格，免去现职。考核责任的落实是为了尽可能地消除被考核人的干扰，打消考核人的顾忌，营造一个宽松的考核环境。

【思考练习题】

1. 传统的绩效考核方法主要有哪些？这些方法的优缺点分别是什么？

2. 有人认为 360 度考核方法非常有效，但也有人认为只有员工的直接上级才了解员工的真实业绩，360 度考核方法没有意义。你如何看待这个问题？

3. 假如你是人力资源管理从业人员，你在绩效考核中一般会采用什么方式？为什么？

【模拟训练题】

A 公司始创于 1996 年，是一家集设计、研发、生产和营销为一体的大型现代化家具企业。产品覆盖民用家具、办公家具、酒店家具三大领域，拥有国际化的家具生产线和电脑全自动加工系统。

公司现在正在进行考核工作，需要对中高层管理人员的绩效考核结果进行等级划分，请根据表 9-10 基层人员的绩效考核结果等级划分样板，完成公司的任务。

表 9-10　基层人员的绩效考核结果等级划分

等级	考核得分	说明
A（优）	90～100 分	各项工作完成出色
B（良）	80～89 分	积极主动完成工作，并取得较好的成效
C（好）	70～79 分	能较好地履行工作职责，完成本职工作
D（合格）	60～69 分	能完成本职工作
E（待改进）	60 分以下	工作表现较差或不能完成本职工作

【情景仿真题】

小王是公司的物流主管，负责将客户从海外运过来的货物清关、报关，并把货物提出来，然后按照客户的需求运到客户那里。这家公司比较小，共有 20 位员工，只有小王一人负责这项工作。在刚进行完一月份考评后，小王 80 多岁的祖母突然病逝。小王由祖母从小养大，祖母的病逝使他很悲伤，他在料理祖母后事过程中生病了。碰巧第二天，客户有一批货从美国运过来，要求清关后在当天 6 点之前准时运到，这是一个很大的客户。小王把家里的丧事放在一边，第二天早上 9 点准时出现在办公室，他的经理和同事都发现，他的脸色铁青，精神也不好，一问才知道家里出事了。但是，小王什么话也没说，一直办理着进出口报关、清关的手续，把货物从海关提出来，并且在下午 5 点就把这批货物发出去了，及时运到了客户那里。

请你用关键事件的 STAR 原则把这件事记录下来。

当时的情景 S 是：

当时的目标 T 是：

当时的行动 A 是：

当时的结果 R 是：

第10章 现代的绩效考核方法

学习目标

1. 了解现代绩效考核方法的特点；
2. 熟悉关键绩效指标法（KPI）的定义、设计方法与注意事项；
3. 理解目标管理法（MBO）的定义、实施步骤与优缺点；
4. 掌握平衡计分卡（BSC）的基本理论、实施步骤、核心作用、注意事项与适用范围。

本章重点解析

引导案例

绩效考核如何才能更加"客观"？[①]

在一次企业季度绩效考核会议上，营销部门经理 A 说：最近的销售做得不太好，我们有一定的责任，但是主要的责任不在我们，竞争对手纷纷推出新产品，比我们的产品好。所以我们也很不好做，研发部门要认真总结。

研发部门经理 B 说：我们最近推出的新产品是少，但是我们也有困难呀。我们的预算太少，就连少得可怜的预算，也被财务部门削减了。没钱怎么开发新产品呢？

财务部门经理 C 说：我们削减了你们的预算，但是你要知道，公司的成本一直在上升，我们当然没有钱投在研发部了。

采购部门经理 D 说：我们的采购成本是上升了 10%，但是成本的上升是有原因的。俄罗斯的一个生产铬的矿山爆炸了，导致不锈钢的价格上升。

这时，A、B、C 三位经理一起说：哦，原来如此，这样说来，我们大家都没有多少责任了，哈哈哈。

副经理说：这样说来，我只好去考核俄罗斯的矿山了。

结果是：销售不好是因为俄罗斯的矿山爆炸了。

这时，总经理说道："绩效考核的目的是改善绩效，而不是分清责任，大家应该改变下思维方式，寻找如何才能使绩效考核更加客观的方式，找到问题的缘由，采取改进措施，这才是我们召开绩效考核大会的目的，你们说，我说的对吗？"

10.1 关键绩效指标法

10.1.1 关键绩效指标法概述

关键绩效指标（Key Performance Indicator，KPI）是对传统绩效评估理念的创新，是将企业

[①] 资料来源：请给我结果. 姜汝祥. 北京：中信出版社，2006.

宏观战略目标经过层层分解产生可操作性的战术目标，是一套用来衡量、反映以及评估企业业务运作状况的并且可以量化的关键性指标，它来自对企业总体战略目标的分解，反映最能有效影响企业价值创造的关键驱动因素。企业通过 KPI 的牵引，使员工个人工作目标、职能部门工作目标与公司战略发展目标达到同步。

KPI 是连接个体绩效和组织目标的一座桥梁，是针对组织目标中起增值作用的工作来设定的，它应该是可以量化的；如果确实难以量化，那么也必须是可行为化的。企业基于这样的 KPI 对绩效进行评价，就可以保证真正对组织有贡献的行为受到鼓励。

10.1.2 关键绩效指标法遵循的原则

关键绩效指标遵循 SMART 原则，即具体的（Specific）、可测量的（Measurable）、可实现的（Attainable）、相关的（Relevant）、有时间限制的（Time-bound）。

所谓"具体的"，是指绩效指标要切合特定的工作目标，它不应是笼统的，而应是适度细化，并随情景而随时变化的。

所谓"可测量的"，是指绩效指标或者是数量化的，或者是行为化的，验证这些绩效指标的数据或者信息是可以获得的。

所谓"可实现的"，是指绩效指标在付出努力的情况下是可以实现的，避免设立出过高或者过低的目标。

所谓"相关的"，是指绩效指标与工作的其他目标是相的，绩效指标与本职工作相关联。

所谓"有时间限制的"，是指在绩效指标中要使用一定的时间单位，即设定以及完成这些绩效指标的期限。其实这也是关注效率的一种表现。

关键业绩指标设计的思想是通过把影响80%工作的 20%关键行为进行量化设计，将其变成可操作性的目标，从而提高绩效考核的效率。关键业绩指标的个数一般控制在 5～12 个。

10.1.3 确定关键绩效指标的方法

1．头脑风暴法

头脑风暴法是指在一定的情况下，让参与"会议"的人员完全放开思维、集思广益、随心所欲地发表自己的看法。在这一过程中，鼓励一切思维，包括看起来不可能的想法，而且暂时不允许对任何想法做出评论或批评。头脑风暴法有以下四个特点：

① 欢迎各种奇特的构思或想法；

② 人人参与；

③ 要求的是数量而不是质量；

④ 不对任何人的意见做出评论或批评。

头脑风暴法要求与会人员应遵循以下原则：

① 禁止批评和评论，也不要自谦；

② 目标集中，追求设想数量，越多越好；

③ 鼓励巧妙地利用和改善他人的设想；

④ 与会人员一律平等，各种设想全部记录下来，无任何偏见；

⑤ 鼓励独立思考，不允许私下交谈，以免影响其他人的思维；

⑥ 提倡自由发言，畅所欲言；

⑦ 不强调个人的成绩，而更关注集体的利益，注意和理解别人的贡献，创造一种民主的氛

围，激发更多的人产生更好的想法。

2．鱼骨图分析法

鱼骨图分析法是用鱼刺图形的形式分析特定问题或特定状况及其产生的可能性原因，并把它们按照一定的逻辑层次表示出来的一种管理工具。具体的表现是将问题的现象列在鱼头上，产生问题的可能原因分别列在鱼骨刺上。

鱼骨图的绘图过程如下：填写鱼头，画出主骨；画出大骨，填写大要因；画出中骨、小骨，填写中小要因；最后用特殊符号标注重要因素。

在使用鱼骨图分析法时应注意要尽可能多而全地找出所有可能原因，而不仅限于自己能完全掌控或正在执行的内容，同时要注意各要素的归类整理；要保证至少有四根大骨；鱼骨图完成后，要逐一检查从大骨到中骨再到小骨是否符合逻辑顺序，它们之间是否有直接的因果逻辑关系。

3．关键成功因素法

关键成功因素法是以关键因素为依据来确定系统信息需求的一种总体规划的方法。在现行的系统中，总存在多个变量会或多或少地影响系统目标的实现，其中若干个因素是关键和主要的（即成功变量）。我们通过对关键成功因素的识别，找出实现目标所需的关键信息，从而确定系统开发的先后次序。

关键成功因素指的是对企业成功起关键作用的因素。关键成功因素法就是通过分析找出使得企业成功的关键因素，然后再围绕这些关键因素来确定系统的需求，并进行规划。

运用该方法的步骤如下所示：

第一步，确定企业或 MIS 的战略目标；

第二步，识别所有的成功因素，主要是分析影响战略目标的各种因素以及这些因素的子因素；

第三步，确定关键成功因素。例如，某企业的战略目标是跨入同行业的前列，其中一个很重要的衡量因素就是企业利润的增长，然后企业就该因素设计其关键绩效指标。

第四步，明确各关键成功因素的性能指标和评估标准。

关键成功因素法的优点是能够使所开发的系统具有很强的针对性，能够较快地取得收益。应用该方法时需要注意，当关键成功因素解决之后，又会出现新的关键成功因素，就必须再重新开发系统。

10.1.4 关键业绩指标考核法操作流程

关键业绩指标考核法的操作流程，如图 10-1 所示。

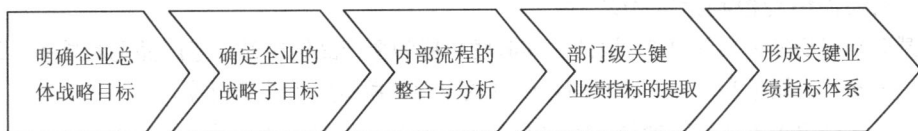

图 10-1 关键业绩指标考核法的操作流程

1．明确企业总体战略目标

根据企业的战略方向，从增加利润、提升盈利能力、提高员工素质等角度分别确定企业的战略重点，并运用关键业绩指标的设计方法进行分析，从而明确企业总体战略目标。

2．确定企业的战略子目标

将企业的总体战略目标按照内部的某些主要业务流程，分解为几项主要的支持性子目标。

3．内部流程的整合与分析

以内部流程整合为基础的关键业绩指标设计，将使员工知道自己的指标和职责是为哪一个流程服务的，对其他部门乃至企业的整体运作会产生什么样的影响。所以说，要进行关键业绩指标细化的前提是进行内部流程的整合与分析。

4．部门级关键业绩指标的提取

企业通过对组织架构与部门职能的理解，对企业战略子目标进行分解。企业在分解的同时要注意根据各个部门的职能对分解的指标进行调整补充，并兼顾其与上级部门指标的关联度。

5．形成关键业绩指标体系

企业根据部门关键业绩指标、业务流程以及各岗位的工作说明书，对部门目标进行分解；根据岗位职责对个人关键业绩指标进行修正与补充。

10.1.5 关键绩效指标法运用于绩效评估的注意事项

企业运用 KPI 方法进行绩效评估时应注意以下问题。

1．不同岗位应有不同的 KPI 指标组合

不同的岗位应该具有不同的 KPI 指标组合，不同部门的 KPI 指标应该有不同的特点以及侧重点。例如，某公司财务部门的 KPI 指标有总利润、成本（费用）降低率和存货周转率，是以利润、成本为中心；生产部门的 KPI 是以总产量和品种产量等各类产量为重点；销售部门的 KPI 是销售收入、产销比以及资金回收率，以收入和资金回收为重点；人力资源部门的 KPI 则是全员劳动生产率，是以人员投入和劳动效率为核心。

一般而言，企业高层决策管理人员应该对企业的战略目标负责，中层管理人员要重点保证企业的正常运营，而基层人员则重点完成其承担的各种具体指标。

2．KPI 指标与绩效目标的衡量

KPI 指标是自上而下分解的关键绩效指标，是指标而不是目标，除了 KPI 指标外，绩效目标的衡量还需要包括时限性目标、描述性目标以及数字化目标等。

3．可量化的量化，难以量化的细化，但评估手段要量化、可操作

如对管理部门、服务部门和后勤部门服务质量的评估比较难量化，但是可以根据部门的业务属性、工作特点进行细分，之后确定相应的量化指标。例如，某公司供应部门的一项 KPI 指标是确保按时供货，不得发生因供货不及时而影响生产的事故，对该项指标的评估则是通过评估最低库存和不同品种的供货周期来进行的。

4．激励指标与控制指标相结合

如某公司对研发人员的 KPI 设计，其激励指标为新产品销售额、老产品毛利总额，约束指标为研发人员的人均毛利、内部客户满意度以及因设计质量发生的费用等。

KPI 指标是用来评估和管理员工绩效的定量化或行为化的标准体系，其提供了一种可以量化或者是可以行为化的评估方法。也就是说，关键绩效指标是一个标准体系，它必须是定量化的，也就必须是行为化的。KPI 管理模式将内容通过科学的方法转化为影响企业、部门以及成员个人实现目标的少数关键性量化指标，可以客观有效地反映员工绩效。而对于一些无法量化的评估内容或是对于部分量化指标的相关参数采集成本过高时，我们就需要考虑建立行为化的替代评估模型，即定性的软性指标体系。行为化指标评估一般需要采用工作量、工作及时性、工作态度以及

协作配合等指标来评估任职者日常工作绩效的表现有无达到规定标准。行为规范的具体标准和工作要求需要结合各岗位的具体职责、阶段性岗位工作内容进行个性化设置。然而，无论是定量指标还是定性指标，都必须是可以测量和评估的。

10.1.6 平衡计分卡与 KPI 的关系

平衡计分卡（Balanced Score Card，BSC）与 KPI 的关系具体如图 10-2 所示。

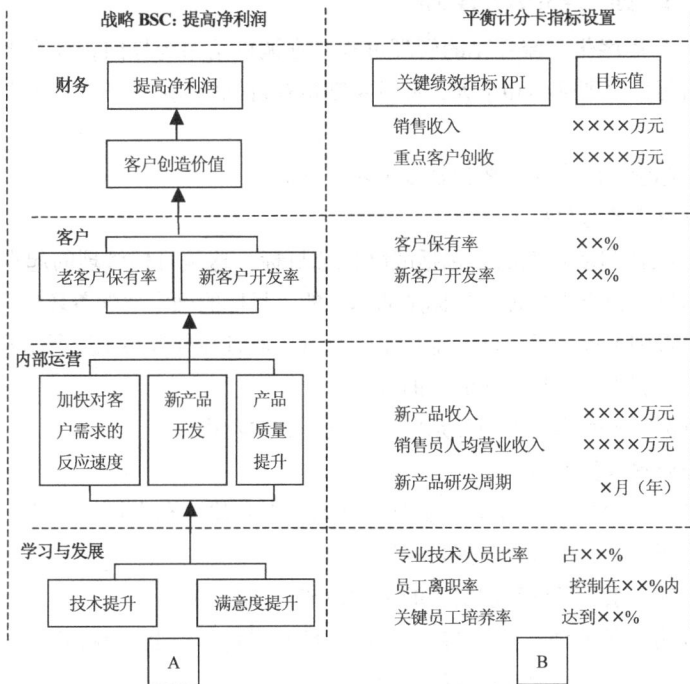

图 10-2 BSC 与 KPI 的关系

10.2 目标管理法

10.2.1 目标管理法的定义

目标管理（Management by Objectives，MBO）于 20 世纪 50 年代中期在美国出现以后被越来越多的企业所应用，被称为"管理中的管理"。目标管理是以泰罗的科学管理和行为科学理论为基础，后经德鲁克加以发展而成为一个完整的管理体系，被广泛应用于绩效评估中，即将企业目标分解到部门与个人进行评估的方法。

目标管理是组织最高管理者根据组织所面临的内外部形势需要，制定出一定时期内经营活动所要达到的总目标，然后由组织内各部门和员工根据总目标确定各自的分目标及保证措施，形成一个目标体系，并将目标完成情况作为考核依据的管理模式。其核心是强调企业群体共同参与制定具体的、可行的而且能够客观衡量的目标。企业通过一种专门设计的过程使得目标具有可操作性，一级接一级地将目标分解到企业的各个组织之中。即从企业整体目标到运营单位目标，再到部门目标，最后到个人目标；从年度目标到季度目标最后分解到月度目标。

目标管理以三个假定为根据：第一，如果在计划各种绩效指标和确定绩效标准的过程中，让员工也参与其中，那么可以增强员工对企业的认同感和工作积极性；第二，如果所确定的各种目标十分清楚和准确，员工就会更好地工作以实现理想的结果；第三，工作表现的各种目标应该是可以衡量的并且应该是直接针对各种结果的。在许多上级对下级的考核过程中，经常出现"具有主动性"和"具有合作精神"等过于模糊的一般性概括评价，对此应该尽量予以避免。应切记，各种目标是由将要采取的各种具体行动和需要完成的各种工作构成的。

10.2.2　目标管理法的内涵

目标管理是一个程序化、流程化的管理过程，强调以结果为导向，要求上级与下级协商确定组织目标，然后再分解到部门和个人，并且定期检查目标的完成情况，以目标的完成情况作为考核的依据。

具体而言，目标管理的含义主要包括以下四个方面。

（1）目标管理首先要有目标

目标是具有层次性和多样性的，包括战略性总目标，这是目标管理的起点。然后，由战略总目标分解成部门目标和个人目标。目标是动态性的，目标的确定要随着环境的变化而调整，但不能变动太频繁，否则不仅表示目标确定得不够慎重，而且会导致员工无所适从。

（2）目标管理要有为完成目标而制订的计划

该计划包括目标实施的指导思想和宗旨、原则、方法及程序。

（3）目标管理要求全员参与

在目标制定和目标分解的过程中，需要所有人都发表建议和意见。因此，为确保目标管理的正确开展，应该要求人们积极参与到目标管理中来。

（4）完善的考核体系是目标管理实施的关键环节

目标管理必须有有效的考核体系与之配合，否则，目标管理就会缺乏激励措施，企业也难以考核目标管理的效果，最终影响目标的实现。

10.2.3　目标管理法的优缺点

1．目标管理法的优点

目标管理法的最大优点在于它能使人们用自我控制的管理来代替受他人支配的管理，激发人们发挥最大的能力把事情做好。它的优点主要表现在以下几个方面。

（1）权利责任明确

目标管理通过自上而下或自下而上层层制定目标，在企业内部建立起纵横连接的完整的目标体系，把企业中各个部门以及各类人员都能严密地组织在目标体系之中，明确职责，划清关系，使每个员工的工作直接或间接地同企业总目标联系起来，可以更有效地把全体员工的力量和才能集中起来，提高企业工作效果。

（2）强调员工参与

目标管理非常重视上下级之间的协商、共同讨论和意见交流，上下级通过协商，加深对目标的理解，进而消除彼此之间的意见分歧，取得上下目标的统一，目标管理改变了由上而下摊派工作任务的传统做法，调动了员工的主动性、积极性和创造性。

（3）注重结果

目标管理所追求的目标，就是企业和每个员工在一定时期所应达到的工作成果，目标管理不以行动表现为满足，而以实际成果为目的。工作成果对于目标管理来说，既是评定目标完成情况的依据，又是奖惩的主要根据。

（4）目标管理法吸纳了任务管理法和人本管理法的优点

任务管理法规定了工作任务和完成任务的方法，而且任务和方法都有标准化的要求，员工按照标准化的要求进行培训，按照标准化的要求进行操作，工作积极性和创造性会受到极大限制；人本管理法过于强调领导对员工的信任，放手让员工自主去工作，这又难以保证任务的完成情况。目标管理法将两者有效结合起来，即企业规定总目标，各部门依据总目标规定部门目标，把部门目标分解落实到人，至于如何达到目标则放手让工作人员自主完成。

（5）成本较低

目标管理法操作起来比较简单，减少了一些不必要的环节。

（6）比较公平

目标管理是在员工与管理者之间达成绩效目标的基础上开展的考核，考核之前就存在一个客观的标准，这样就增强了员工的公平感。

（7）符合绩效管理的目的

目标管理可以强化员工对于达成工作成果的愿望，使员工更好地完成工作任务。

2．目标管理法的缺点

尽管目标管理法存在上述优点，但其缺点也是很明显的，主要表现在以下三个方面。

① 尽管目标管理使员工的注意力集中在目标上，但是它没有具体指出达到目标所要求的行为。这对于一些员工尤其是需要更多指导意见的员工而言，是一个问题。企业应该给这些员工提供可供参考的"行为步骤"，具体指出他们需要做些什么才可以成功达到目标。

② 目标管理也倾向于短期目标，即能在每年年底加以测量的目标、结果，员工可能会试图达到短期目标而牺牲掉长期目标。例如，一个开发部门的经理，由于要完成今年新产品的开发，可能会完全启用老员工而忽视新员工，这种行为会极大地损害产品研发的未来前景；或者可能为了完成目标而仓促推出一个不成熟的新产品。

③ 绩效标准因员工不同而不同，因此，目标管理没有为相互比较提供共同的基础。例如，为一位"中等"的员工设置的目标就可能比那些为"优秀"员工设置的目标挑战性更小，两者如何比较呢？因为有了这个问题，所以目标管理作为一种决策工具的有用性就受到了限制。

④ 目标管理经常不能被使用者接纳。经理不喜欢目标管理所要求的大量书面工作。另外，他们也许会担心员工参加目标设定会削弱他们的职权。带有这样想法的经理，就不会恰当地遵循目标管理程序。而且，员工也不喜欢目标带来的绩效压力以及由此产生的紧张感。

10.2.4　目标管理法执行的步骤

目标管理是一个循环管理过程，包括确定绩效目标、分解目标、实施业绩评价及设定新绩效目标四个过程。

1．确定绩效目标

正如彼得·德鲁克所说："每一项工作必须为达到总目标而展开"。也就是说，绩效目标的设定是目标管理的开始，也是统领全局的一步。因此，在目标设定中要做到以基本目标为主，同时要重点考核卓越目标，即目标在设定过程中要遵循操作性和挑战性相结合的原则。具体来讲，目标设定要做到以下两个方面。

（1）遵循 SMART 原则

即具体性（Specific）、可衡量性（Measurable）、可实现性（Attainable）、相关性

（Relevant）、时限性（Time-bound），这也是实现目标可操作性的前提。

（2）富有挑战性

在管理学上有一个著名的原理是不值得定律，是说不值得做的事情，就不值得做好。这个定律反映出人们的一种心理：一个人如果从事的是一份自认为不值得做的事情，往往会持冷嘲热讽、敷衍了事的态度，不仅成功率小，即使成功，也不会觉得有多大的成就感。根据这个原理我们可以了解人们大多数的心理是期望接受一项具有难度和高度的工作，所以，目标在设定过程中要具有挑战性，否则就很难起到引人向上的激励作用。

2．分解目标

目标管理中的目标包括企业战略目标和年度经营目标、部门目标和个人目标，在目标分解过程中，主要是对这三个层次目标的横向和纵向分解。

目标分解的原则有以下几个。

① 应按照企业、部门、个人的层次与顺序，自上而下层层分解。

② 各部门应根据目标寻找问题点，在研究问题点的基础上，确定实施对策，并使下属明确。越往下展开，目标和措施应越具体，展开到解决问题为止。

③ 目标与对策应对应一致。

④ 在目标制定过程中，上下级之间应该反复沟通，并且就目标项目与目标标准达成一致。

3．实施业绩评价

目标分解完毕后的重要工作是明确如何以该目标衡量工作业绩。企业在明确业绩衡量标准时，应该从确定指标单位、明确指标评价尺度及制定具体奖惩办法出发。

① 项目名称、成果计量单位、计量的方法应与目标体系一致。

② 考评周期应与目标计划周期一致。

③ 评价尺度要明确。

④ 奖惩的办法要具体。

实施业绩评价，将实际达到的绩效水平与预先设定的绩效目标相比较，找出二者之间的差距，这既有助于确定培训的需求，又能帮助确定下一绩效周期的绩效目标。

4．设定新绩效目标

目标不是一成不变的，目标要根据发展形势的变化而进行调整。目标的调整也要求绩效评价方式和指标发生相应的变化，但所遵循的要求和步骤一般不会变动。如果企业需要增加或减少多个目标，意味着企业目标要发生重大变化和调整，此时应首先对前期目标进行正式的总结和员工绩效的评价，然后停止前期目标的实施，展开新一轮的绩效目标。

10.2.5 实施目标管理法应注意的问题

在 MBO 法中，企业应该注意三大问题，具体内容如表 10-1 所示。

表 10-1 MBO 法应注意的问题

问题	具体内容
突出目标重点	目标管理法最大的特点在于，它突出的是工作职责中的重点，而并非越全面越好。如生产企业往往将生产部门的目标定为产量、产值、技术质量、成本、安全等
避免平均分摊	有的企业将年度目标平均分摊给各相关部门，各部门又将其目标平均分摊给各员工，从而忽视了员工能力等方面的差异，使目标设定失去了意义
划分目标主次	企业进行目标分解时，不仅要把下级工作职责的重点作为目标，还应当对选择的目标指标进行主次划分，从而为进行科学、有效的考核奠定基础

10.3 平衡计分卡法

10.3.1 平衡计分卡的诞生

在平衡计分卡（Balanced Score Card，BSC）产生之前，传统的考核指标已经存在重大的缺陷，即侧重从某个角度去考察某个人的绩效。在平衡计分卡产生之前的 20 世纪 80 年代，各国的大企业都发现，采用传统的以财务为单一衡量指标考核企业和个人经营绩效的方法已经不能适应现代社会竞争日益剧烈的环境变化与战略要求的需要。传统的财务指标提供的信息不能再向企业高层提供切实可靠的信息。

20 世纪末，企业面对的是全球性的竞争，顾客的要求也变得复杂多样，这就要求企业关注需求分析、产品创新设计、生产制造、市场营销、售后服务等方方面面的问题。在这样的形势下，客观环境要求我们去寻找更好的考核方式，即用一种新的并且比单一财务指标更有效的方法去考核企业和个人绩效。

罗伯特·卡普兰（哈佛商学院教授）和大卫·诺顿（复兴全球战略集团创始人兼总裁）用了一年的时间，对绩效测评方面处于领先地位的 12 家企业进行研究，于 1992 年发明了"平衡计分卡"。"平衡计分卡"是一种将传统的财务指标与非财务指标相结合来评价组织绩效的方法，因可以提供给管理者更广泛、丰富的管理和决策信息，它实际上是一种战略管理工具。

迄今为止，财富五百强的企业及大多数跨国公司基本都开发了平衡计分卡系统。大多数管理咨询公司在指导各类组织的战略实施及绩效提升的过程中，也普遍使用平衡计分卡的理论及分析框架。

10.3.2 平衡计分卡的内涵

平衡计分卡是把对企业业绩的评价划分为财务、客户、内部运营及学习与发展四个维度，它不仅是一个指标评价系统，而且是一个战略管理系统，是企业进行战略执行与监控的有效工具。

BSC 考核方法的特点是始终把战略和远景放在其变化和管理过程中的核心地位，构建"以战略为核心的开放型闭环组织结构"，使财务、客户、内部运营、学习与发展四个维度互动互联，浑然一体。这四个维度的具体呈现形式如图 10-3 所示。

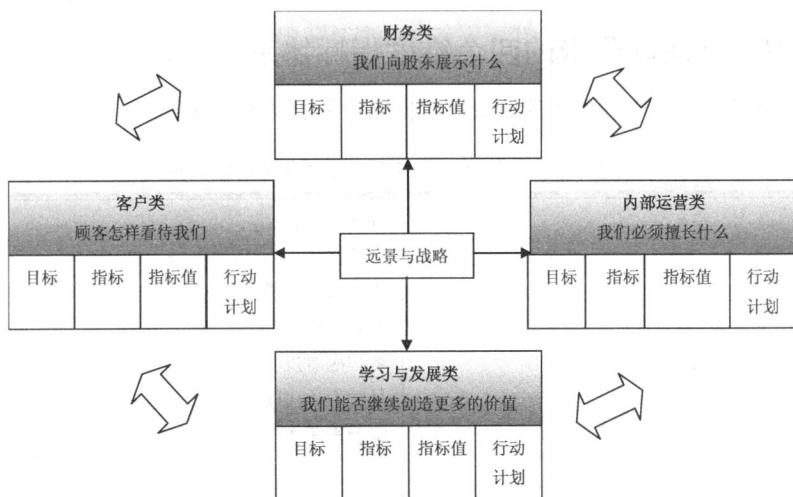

图 10-3　平衡计分法的四个维度

（1）财务维度

企业向股东展示什么？企业经营的最终目的是赢利，只有赢利企业才能生存和发展。股东评价企业赢利状况的工具就是企业的财务状况，因此，平衡计分法将财务维度作为焦点。

（2）客户维度

顾客怎样看待企业？企业要想在市场立足并不断扩大市场份额，就必须获得客户的认同，创造出满足客户需求的产品。

（3）内部运营维度

企业必须擅长什么？内部运营维度突破了传统考核仅仅针对组织的生存，更强调企业的独特竞争优势，使自己与其他竞争者区别开来。

（4）学习与发展维度

企业能否继续创造更多的价值？学习与发展维度强调的是企业的可持续发展能力，避免企业发展的短视行为。

与传统的绩效考核工具相比，平衡计分卡强调实现以下四个平衡。

第一，财务与非财务的平衡：要求既从财务又从非财务的角度去思考企业战略目标及考核指标；

第二，短期与长期的平衡：要求既关注短期战略目标和绩效指标，也关注长期战略目标与绩效指标；

第三，前置与滞后的平衡：平衡计分卡提供了一个从上而下的时间思考维度，既关注那些反映过去绩效的滞后性指标，也关注能反映、预测未来绩效的前置指标。

第四，内部与外部的平衡：关注企业内外的相关利益方，有效实现外部（如客户和股东）与内部（如流程和员工）之间的平衡。

通过绩效考核四个方面指标之间的因果驱动关系共同描绘组织战略的实际轨迹，并且通过绩效考核的计划—实施—管理过程契合组织战略的制定—实施—修正过程，使绩效考核与战略管理实现统一与一致。BSC 中的每一项指标都是一系列因果关系中的一环，通过它们把相关部门的目标同组织的战略联系在一起；而"驱动关系"则反映了各方面指标所代表的业绩结果与业绩驱动因素的双重含义，也就是通过指标之间的前馈指导和后馈控制关系，实施战略管理。

10.3.3　平衡计分卡的四个维度指标体系

从 BSC 的四个维度出发，常见的绩效评估指标列举如表 10-2 所示。

表 10-2　平衡计分卡四个维度之常见指标举例

财务方面：	客户方面：
利润率	市场份额
现金流量	用户排名调查
收入增长	新客户的增加
项目效益	客户满意度
毛利率	品牌形象/识别
回款率	服务差错率
税后净利润	
净现值	

（续表）

内部运营方面：	学习与发展方面：
产品（服务）质量	提供新服务收入的比例
产品开发/创新	员工满意度
事故回应创新	改善提高效率指数
安全与环境影响	关键技能的发展
劳动生产率	继任计划
设计开发周期	领导能力的发展
生产周期	人均创收
生产计划	员工建议数
预测准确率	新产品上市的时间
项目完成指标	新产品收入所占比例
关键员工流失率	

1．财务维度衡量指标体系

（1）偿债能力指标

第一，短期偿债能力指标。

流动比率=流动资产/流动负债

速动比率=速动资产/速动负债

速动资产=流动资产-存货或者速动资产=流动资产-存货-预付账款-待摊费用

现金流动负债比率=年经营现金净流量/年末流动负债

第二，长期偿债能力指标。

资产负债率=（负债总额/资产总额）×100%

负债与所有者权益比率=（负债总额/所有者权益总额）×100%

负债与有形净资产比率=（负债总额/有形净资产）×100%

（2）营运能力指标

应收款项周转率（次数）=主营业务收入净额/平均应收账款余额

存货周转率（次数）=主营业务成本/存货平均余额

总资产周转率=主营业务收入净额/平均资产总额

固定资产周转率=主营业务收入净额/固定资产平均净值

（3）盈利能力指标

主营业务毛利率=（销售毛利/主营业务收入净额）×100%

主营业务利润率=（利润/主营业务收入净额）×100%

资产净利率=（净利润/平均资产总额）×100%

净资产收益率=（净利润/平均净资产）×100%

（4）发展能力指标

销售增长率=（本年销售增长额/上年销售收入总额）×100%

资本积累率=（本年所有者权益增长额/年初所有者权益）×100%

2．客户维度衡量指标体系

客户维度衡量指标主要包括市场占有率、品牌知名度、客户保有率、客户满意度、客户投诉率、新客户开发率和员工满意度等。

3．内部运营维度衡量指标体系

内部运营维度衡量指标主要包括产品退换货率、新产品研发周期、工作计划完成率、订单需求满足率、报表数据出错率、合格率与废品率和客户投诉一次处理成功率等。

4．学习与发展维度衡量指标体系

学习与发展维度衡量指标主要包括劳动生产率、培训计划完成率、技术创新能力、员工满意度、员工流失率、关键人才储备率和任职资格达标率等。

10.3.4 平衡计分卡法操作流程

BSC 法操作流程具体如图 10-4 所示。

图 10-4 BSC 法操作流程

1．建立企业愿景和战略任务并达成共识

明晰企业的愿景，这有助于管理者就企业的使命和战略达成共识，确定企业的平衡计分卡（包括财务、客户、运营、学习与发展四个角度）。企业通过调查采集企业各种相关信息资料，运用 SWOT 分析、目标市场价值定位分析等方法对企业内外部环境和现状进行系统全面的分析，进而确立企业的愿景和战略任务，如图 10-5 所示。

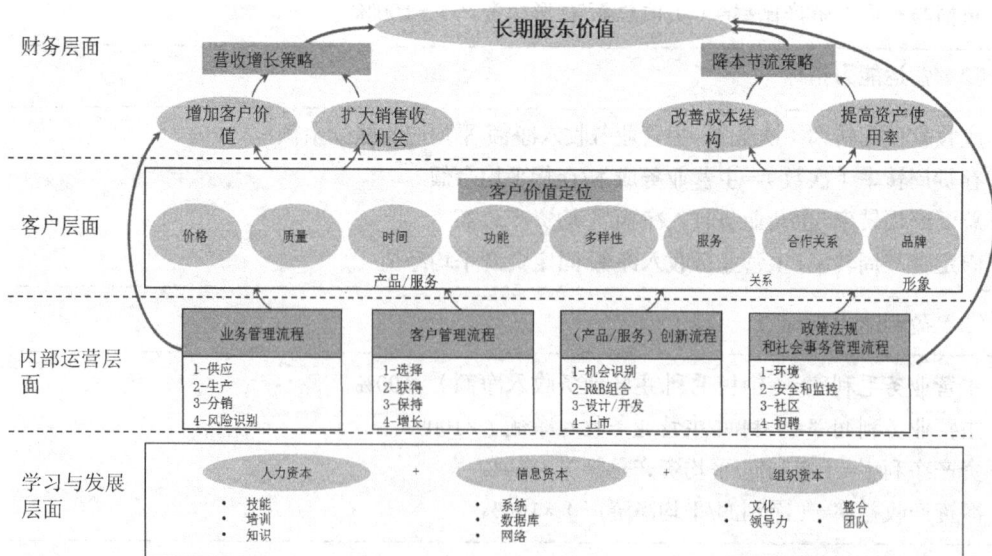

图 10-5 BSC 战略全图

企业与所有员工沟通企业的愿景与战略任务，使员工对企业的愿景和战略任务达成共识。企业根据企业的战略，从财务、客户、内部运营和学习与发展四个维度设定具体的绩效

考核指标。

2．量化考核指标及绩效目标值的确定

企业为四个维度的具体目标确定具体的、可量化的业绩考核指标，确定每年、每季、每月的业绩衡量指标的具体数据，并与企业的计划和预算相结合，将每年企业员工的浮动薪酬与绩效目标值的完成程度挂钩，形成绩效奖惩机制。

3．企业内部沟通与教育

加强企业内部沟通，利用各种信息传输的渠道和手段，如刊物、宣传栏、电视、广播、标语、会议等，对企业的愿景规划与战略构想在全员中进行深入的传达和解释，并把绩效目标以及具体的衡量指标逐级落实到各级组织，乃至基层的每一位员工。

4．建立企业 BSC

根据企业战略地图，相关人员可以轻松地设定 BSC 的四个方面的关键成功因素（CSF），并针对 CSF 开发相应的关键测评指标，如表 10-3 和表 10-4 所示。

表 10-3 设计 CSF 应考虑的问题清单

维度	设计 CSF 应考虑的问题清单
财务 客户 内部运营 学习 （发展）	• 对企业股东来说哪些财务目标（因素）是最重要的？ • 哪些财务目标（因素）最符合企业的战略并使它取得成功？ • 我们对目标客户（市场）提供的价值定位是什么？ • 哪些目标（因素）最清楚地反映了我们对客户的承诺？ • 如果我们成功地兑现了这些承诺，我们在客户获取率、客户保留率、客户满意度和盈利率这几个方面会取得怎样的成绩？ • 我们要在哪些内部运营上表现优异才能成功实施企业战略？ • 我们要在哪些内部运营上表现优异才能实现关键的财务与客户目标？ • 我们的经理（与员工）要提高哪些关键能力才能改进核心流程，实现客户与财务目标从而成功地执行企业战略？ • 我们如何通过改善流程和提高员工团队合作、解决问题的能力和工作主动性来提高员工的积极性和有效的组织文化，从而成功地执行企业战略？ • 我们应如何通过实施 BSC 来创造和支持组织的学习文化并加以持续运用？

表 10-4 企业 CSF 与测评指标

维度	关键成功因素	关键测评指标	3 年或 5 年期的指标值	测评指标的实施方案	责任人/部门
财务 客户 内部运营 学习（发展）					

5．将企业 BSC 与部门 BSC 及个人 BSC 连接

BSC 可以在组织中层层推广，从而实现以下两个方面的目标：一是各部门/个人通过确立自己的一套可行的绩效指标使 BSC 适应各部门/岗位情况；二是将各部门与员工个人置于企业的总体战略之下。

将企业的 BSC 落实到部门层面，一般要考虑三个方面的因素：首先，要考虑企业的战略、目标、指标和目标值，采用嵌套法，由企业 BSC 直接演绎为职能部门的 BSC。例如，企业 BSC

的销售收入增长率就可以直接或间接地分解到销售部门。其次，考虑各部门的内部客户以及这些内部客户的需求与期望，考虑该部门在企业核心流程中的职责与作用。最后，根据这些因素，结合部门的关键职能来设定部门目标。

按照设计部门 BSC 同样的原理与程序设计个人 BSC，从而使所有员工在日常工作中，能够轻易地看到这些战略目标、测评指标和行动计划。

6．绩效考核的实施

为切实保障 BSC 的顺利实施，企业应当不断地强化各种管理基础工作，如完善人力资源信息系统，加强定编定岗定员定额，促进员工关系和谐，注重员工培训与开发等。

7．绩效考核指标的调整

考核结束后，企业及时公布各个部门的绩效考核结果，听取员工的意见，通过评估与反馈分析，对相关考核指标做出调整。

10.3.5 平衡计分卡在实践中存在的主要问题

自从 1992 年年初罗伯特·卡普兰和大卫·诺顿在《哈佛商业评论》上发表了第一篇关于平衡计分卡的论文《平衡计分卡——驱动绩效指标》以后，平衡计分卡开始受到企业各界的关注。近 30 年来，在谈到绩效测量时，企业界和学术界都会围绕着平衡计分卡讨论，平衡计分卡似乎已作为一个完美而成熟的绩效测量工具而被普遍使用。但是，几乎所有应用平衡计分卡进行绩效测量的企业都在实施中遇到了很大阻碍。其原因可归纳为以下几个方面。

（1）企业高层领导对平衡计分卡价值认识不足

BSC 具有战略性，同时需要将企业抽象的使命和发展战略转变为清晰的目标，并采用具体的评估手段和指标加以衡量，从而达到战略目标的有效执行。BSC 的操作方式一般是自上而下的，需要得到高层领导的持续关注。而现实情况是很多企业一般只将 BSC 作为绩效考核的工具，而不是作为战略目标管理的工具。

（2）宣传、培训、沟通力度不够

培训可以使企业相关人员初步掌握战略管理、平衡计分卡与绩效管理相关的基础知识，这对于以后平衡计分卡的推行有着很重要的作用。

在实际的操作过程中，一般是企业高层领导对企业的经营战略很清楚，而下属员工却不是很了解，没有将企业战略成功地转化成确保实现目标的行动方案，甚至没有发展成衡量员工执行各种方案的绩效指标，从而导致平衡计分卡无法发挥应有的作用。

（3）技术层面的障碍

第一，平衡计分卡在实际应用中样式繁多，没有统一的标准化模式。如何在不同的国家、不同的行业、不同规模的企业中成功引入和实施平衡计分卡仍然具有很大的挑战。

第二，将目标转换成可以计量的业绩指标，对于管理者来说是十分具有挑战性的工作。这些指标必须是可控的和完整的，即应当抓住业绩的重要方面，而要达到这一点是十分不容易的。完整性和可控性常常是矛盾的，需要均衡。

第三，技术层面的障碍主要是绩效考核指标值及其权重的确定。例如，销售部门的客户拜访数量这一指标，尽管指标是量化的，可是指标的真实性却很难得到保证，这就直接关系到其权重设置的比例大小，从而进一步地影响考核的效果。

【关键知识点】

扫一扫→聚焦政府绩效管理

【启发与思考】

CD 运输公司案例分析[①]

1. CD 运输公司简介

CD 公司成立于 2010 年，近几年专注于物流运输业务，按照企业类型划分标准，属中小企业类别。该公司共有员工 250 余人，下设 8 个部门，其中包括 3 个业务部门，分别是运作部、市场部、业务部，5 个职能部门分别是调度部、财务部、客服中心、人事部和仓储部。

2. CD 公司绩效考核现状介绍

随着公司规模的不断扩大和人员结构的复杂化，为了进一步提升公司的市场占有率、增强公司的核心竞争力，CD 公司于 2011 年针对内部 8 个部门开始构建基于平衡计分卡的绩效考核方法。该方法的详细内容介绍如下。

（1）考核主体及流程简介

CD 公司仅仅对部门进行考核。为了体现考核的民主性以及全员性，公司的考评人包括总经理及全体普通员工。同时由于公司的成立时间较短、管理基础薄弱、人员素质较差等种种现实问题，CD 公司绩效考核以一年为周期，于每年年终举办年度总结大会。在该会议上，公司总经理和各部门负责人分别就全年工作进行总结汇报。待总结完成之后，人事部专员向参会的全体职员发放测评打分表，会后统计计算普通职员对各个部门的打分情况，结合各总经理对部门各项指标的打分，最终汇总得出该部门的年度总得分并交由总经理审核。

（2）考核内容及指标

CD 公司总经理和人事专员利用平衡计分卡四个考核维度设计了一套较全面的考核指标。其中，财务维度主要考察部门的利润贡献率；客户维度主要考察部门的客户维护率；内部运营维度主要考察部门的流程遵循、产品研发、售后管理等方面；学习与发展维度主要评估部门的培训、工作氛围、学习能力以及创新水平。根据上述考核评估内容，该公司设计出如表 10-5 所示的考核指标体系。

表 10-5　CD 公司考核内容及指标

考核维度	考核内容	具体指标
财务	赢利能力	总资产利润率、主营业务利润率、成本费用率、利润增长率、总资产增长率
	营运能力	应收账款周转率、存货周转率

[①] 资料来源：邹晶. Q 公司绩效考核体系研究[D]. 南京大学，2016.

（续表）

考核维度	考核内容	具体指标
客户	公司形象	品牌形象知名度、商誉价值评估值
	客户满意度	客户投诉率、客户响应时间
	新客户拓展	新客户获得率
内部运营	产品研发	产品研发数量、研发周期、研发投资报酬率
	流程遵循	订单响应时效、订单完成率、准时交货率
	售后管理	客户回访完成率、客户答疑及时率、问题处理相应时间
学习与发展	员工培训	培训次数、绩效改进计划完成率、员工生产提高率
	工作环境	员工流失率、员工满意度
	学习成长性	员工建议采纳数、新产品研发数、信息传递能力

（3）考核结果运用

对于考核结果，CD 公司采用了"强制分布"的处理方法，即部门考核分数出现相近情况时，通过人为方法进行调整以及拉开考核差距。部门考核结果与部门年终奖直接联系，而部门年终奖则是由部门负责人直接分配给部门内部员工。

然而，看似理想华丽的绩效考核方案却在实际运行中受到重重阻碍。

请结合相关内容，分析 CD 公司目前所使用的考核方式存在哪些不足？你有什么改进建议？

【思考练习题】

1. 试阐述传统绩效考核方法与现代绩效考核方法的区别及其特点。

2. 试阐述关键绩效指标法（KPI）、目标管理法（MBO）、平衡计分卡（BSC）与企业战略管理的联系。

3. 如何将关键绩效指标法（KPI）从企业级分解至岗位级？有何注意事项？

4. 试阐述目标管理法（MBO）与关键绩效指标法（KPI）的区别与联系。

5. 试梳理平衡计分卡（BSC）的核心内容及其间的内部逻辑。

6. 请您根据平衡计分卡的主要内容编制一个岗位的绩效评估标准。

【模拟训练题】

合理的绩效考核和薪酬制度是企业进行人力资源管理的重要部分，是企业可持续竞争优势的关键所在，而考核指标的选取直接影响着绩效评估的客观性。请你选择一家企业进行走访，根据该企业的实际情况选取适用该企业员工的绩效考核指标，填写表 10-6～表 10-8。

表 10-6　绩效考核指标筛选表

指标			三大基本原则			SMART 原则					处理结果	
维度	名称	定义	战略匹配性	文化匹配性	现实匹配性	S	M	A	R	T	代替	删除
1												
2												
3												
4												
5												
6												

表 10-7　权值因子判断表

序号	评价指标	\multicolumn{6}{权值因子判断表 - 评价指标}						评分值

序号	评价指标	评价指标						评分值
		指标 1	指标 2	指标 3	指标 4	指标 5	指标 6	
1	指标 1							
2	指标 2							
3	指标 3							
4	指标 4							
5	指标 5							
6	指标 6							

表 10-8　权值统计计算表

序号	评价指标	评价者								评价总分	平均评分	权值	调整后权值
		1	2	3	4	5	6	7	8				
1													
2													
3													
4													
5													
6													
合计		60	60	60	60	60	60	60	60	480	60	1.000	1.00

【情景仿真题】

请选择一家企业做一次调研，并根据调研结果完成表 10-9 所示的平衡计分卡表格，具体指标可根据实际情况增减。

表 10-9　权值统计计算表

被考评对象		部门		职务		综合得分
考评负责人		考评时间	至	填表时间		
考核面	关键指标名称	权重（分）	评分	数据来源	备注	
财务类	利润额目标达成率	10				
	成本费用利用率	10				
	……					
客户类	客户满意度	10				
	品牌忠诚度	5				
	……					
内部运营类	制度与流程改善	3				
	资料与信息管理	4				
	……					
学习与发展类	员工流失率	3				
	人才培养达成率	5				
	……					
合计						
签名：						

第11章　绩效考核方法的新趋势

学习目标

1. 了解资质的提出及界定；
2. 熟悉资质和绩效的关系；
3. 掌握以资质模型为基础的绩效评估的方法及步骤；
4. 理解发展式绩效评估（DPA）的提出；
5. 掌握发展式绩效评估的系统框架及操作流程。

本章重点解析

引导案例

跨团队的绩效考核[①]

A 公司是国内一家 IT 企业，从事通信技术与产品的研究、开发、生产与销售。该公司拥有20000 多名员工，为电信运营商提供通信领域的网络解决方案，是我国主要的电信供应商之一。

前几年，这家公司一直按照典型的矩阵化模式运作。以产品研发体系为例，其按照产品、资源两条线，以产品部为单位，将各个资源部门的人员分配到不同的产品部中；大大小小的产品部中，存在着不同职能的人员。当原有的产品结束后，产品部解体，各职能人员又回到资源部门，并被重新安排到新的产品部中。

在上述矩阵式组织结构下，许多员工同时在多个产品部（即项目开发团队，以下简称项目组）中兼职，造成在绩效考核过程中，资源部门是否征求项目组意见、员工的最终评价结果与项目组评价关联程度如何，都很难监控；项目组人员分散于各资源部门、各个层面，公司也难以对他们的考核过程进行跟踪、监控和统一管理。为此，该公司参考国外绩效考核流程，并结合实际情况，实行改革，制定出一套跨团队的绩效考核管理办法。

1. 考评原则

（1）责任结果导向原则：引导员工用正确的方法做正确的事，不断追求工作效果。

（2）目标承诺原则：考核期初始阶段双方应对绩效目标达成共识，被考核者须对绩效目标进行承诺。目标制定和评价应体现依据职位分类分层的思想。

（3）考评结合原则：考核期初始，功能部门应明确指定绩效评价者；评价时，需充分征求绩效评价者的意见与评价，并以此作为考核依据；绩效评价者应及时提供客观的反馈。

（4）客观性原则：以日常管理中的观察、记录为基础，注意定量与定性相结合，强调以数据和事实说话。

2. 考评流程

整个流程系统使用 Lotus Notes 平台，用电子流的形式进行考评。这个系统会将上季度工作

[①] 资料来源：绩效管理. 郝红，姜洋. 北京：科学出版社，2011.

目标自动导入本季度考评表中，自动创建考评表。员工只需在考评数据库中查找已经创建的考评表即可。

绩效考核是按照以下流程来进行的。

首先，人力资源部门启动考评。各资源部门主管作为考评责任人，确定"考评路线"，指定各个员工的绩效评价参考人，一般为员工所在项目组的项目经理。

其次，通知员工开始填写考评电子流。员工就自己本季度的工作目标完成情况、突出业绩、需改进的地方进行自述，并在与资源部门主管及项目经理初步沟通的基础上，填写下季度工作目标。填写完毕，员工提交，电子流自动分配给各绩效评价有关人员。

然后，进入评价环节。这个环节分三个步骤进行。

第一步，绩效评价参考人对照预期计划、目标或岗位职责要求，对任务完成的进度、质量及季度工作中的优点和改进点进行评价，并在项目组内按照比例控制原则给出考核等级。

第二步，参考人评价完毕，电子流自动汇总到人力资源部门主管那里。人力资源部门主管召开由各项目经理参加的集体评议会，结合每个员工完成部门工作的状况，对其业绩、改进点进行最后的评价，对项目经理不一致的意见进行协调沟通，并按照比例控制原则对项目经理给出的考核等级进行调整，确定每个员工的最终绩效评价结果。根据集体评议结果，考评责任人填写电子流。

第三步，各大部门的人力资源管理委员会审计各部门考评结果及比例。

接下来，进行分层沟通和辅导。

各考核责任人在结果确定后的五个工作日内与员工沟通、反馈绩效考核结果，同时根据各主管的意见确定员工下季度个人绩效目标。此过程分层次进行。

（1）各大部门负责人：与各分部门主管沟通，结合分部门团队绩效，对考评结果、成绩和改进点进行沟通，制定下季度目标。

（2）各部门主管与项目经理沟通，结合项目组的绩效，对考评结果、成绩和改进点进行沟通，制定下季度目标。

（3）各项目经理与项目组成员沟通，结合上季度个人目标，对考评结果、成绩和改进点进行沟通，制定下季度目标。

（4）与被评为 D（需改进）的员工签订《绩效限期改进计划表》。

最后，员工根据实际情况反馈考核结果满意度、沟通满意度。各大部门人力资源委员会与反馈问题的员工进行沟通及处理员工投诉。考核程序结束，完成闭环。具体考核方法见《季度绩效考核表》。

3. 结果分布

按照部门经理、项目经理和高级工程师、工程师和助理工程师三个层次分层评价，每个层次考评结果分为 A、B、C 和 D 四个等级，比例为 10%、40%、45%、5%，即 A 和 B 加起来的比例不超过 50%，其中 A 的比例不超过 10%。整个部门三个层次人员的 A 与 B 的比例加起来不能超过 50%，其中 A 不超过 10%。

4. 结果应用

季度绩效考核结果与员工在公司的利益相挂钩，包括以下几个方面。

（1）与年度绩效考核挂钩。季度考核结果在年度考核中占有很大比例，这符合一个简单的逻辑：一个平时工作绩效不好的员工，很难在全年度有出色的表现，而一个日常工作中业绩突出的员工，其全年的绩效也必然比较好。

（2）与年终奖金和内部股票的发放挂钩。由于年终奖和内部股票是根据年度绩效考核结果来分配的，员工每个季度的考核结果间接地影响到其利益分配。

（3）与技术任职资格和管理任职资格挂钩。要获得一定的任职资格等级，对考核结果就有特定的要求。例如，要求某级别技术等级的近四季度考核结果至少应为 1B3C。对于已经获得任职资格的员工，在年末进行复核时，绩效考核也是一项重要的参考值，如绩效达不到要求，该员工的任职资格就会被降级。

（4）为晋升、加薪、辞退等人力资源职能提供有力的证据。部门考虑员工的晋升、加薪时，绩效好的员工往往是重要的候选对象，甚至出国、培训等机会也会倾向绩效好的员工；部门会把各种机会作为对绩效好的员工的激励手段。对于工作长期达不到公司要求、连续两个季度考评结果为 D 的员工，公司会进行辞退，这种末位淘汰制度也促使员工在工作中要不断进行自我提升，时时有危机意识，这样才能不断进步。

从以上可以看出，季度绩效考核结果在公司和部门内的运用是跟员工的利益密切相关的，同时也反映了员工只有努力做好本职工作，做出良好的业绩，才能有更多的机会和利益，亦即员工利益与公司利益的一致性，融小我于大我。

11.1　基于资质的绩效考核

如何预测工作绩效的问题一直是困扰着众多管理者的难题，他们一直在为降低不确定性而努力寻找能够解释和预测员工工作绩效的因素。在漫长的实践过程里，学者们提出了一系列能够决定人们行为和绩效的因素。这些因素包括头部的大小和形状、脑的重量、肤色、种族、社会阶层、出生顺序、宗教信仰、文化背景、智商、性别和遗传等。除此之外用于解释工作绩效的因素还包括工作技能、工作经验、教育程度、资质证书和个人品质等。若人们用这些因素预测和评定员工的工作绩效，或多或少都对高绩效的产生给出了相应的解释，并能以此为员工的招聘录用、选拔培训、绩效评估、晋升与职业发展提供依据，但到底什么才是高绩效产生的决定因素，一直都没有一个定论。

11.1.1　资质与绩效

对资质的研究正是在这样的背景下于 20 世纪 70 年代开始的。1973 年美国管理学家戴维·麦克兰德在美国《心理学杂志》上发表论文，论证了行为品质和特征与潜能测试相比更能有效地决定人们工作绩效的高低。在戴维·麦克兰德的研究中，绩效出众者具有较强的判断能力，能够更有效地发现问题，采取适当的行动加以解决，并设定富有挑战性的目标——这样的行为相对独立于知识、个人技能水平和工作经验等。

自此以后的各种类似研究通过对数以百计的各类工作的研究，都在试图回答一个基本的问题：到底是什么导致了绩效出众者和绩效平平者之间的差别？这些研究也都基于同样一个目的：找到这些区分因素并将他们具体量化，并用于聘用更好的员工，以及更好地对员工进行评估、考核，以帮助他们获得更好的绩效。这里所提到的区分因素就是我们随后所要谈到的资质。

1．资质

什么是资质？资质也被称作素质或胜任力等，是指在特定工作岗位、组织环境和文化氛围中，有优异成绩者所具备的任何可以客观衡量的个人特质。这些个人特质主要包括知识、技能、社会角色、自我概念、人格特质和动机/需要等方面。从上述概念中我们可以看出资质不仅指知识和技能等这些表层的、易于发现的特征，而是更加关注于那些隐藏在"冰山"之下的深层特征。

1982 年，Boyatizis 在其著作《胜任的经理：一个高效的绩效模型》中将工作的胜任力定义为：任何与有效的或者杰出的工作绩效相关联的个体的潜在特征，它们可能是动机、技能、特质、自我形象或社会角色等，或者是他所运用的知识体。

2．资质与绩效的关系

我们一旦将资质和绩效联系起来，就可以从另外一个角度来看待这些问题。下面的例子可以给我们一些启示。以财务总监为例，有些财务总监可能对组织的财务结构掌握得更全面，了解得也更清楚，并且能够很好地从资产负债表中获取所需要的信息。在这里我们所提到的能够看懂资产负债表可以归为前面所提及的知识和技能的层次。而从以素质为基础的角度来看，我们认为一名优秀的财务总监在资产负债表和其他财务知识方面并不比普通的财务总监更为出色，更重要的是这些优秀的财务总监们具备了和 CEO 及其他高层经营者合作的能力，以及理解经营中出现问题的能力，并能以他们在财务上的敏锐性和专业技能去影响整个组织。他们可以与负责生产的人员讨论更合理的生产流程，从而降低生产成本；他们可以和营销人员讨论更有效的渠道策略，以降低销售成本。简而言之，并不是知识和技能，而是个人所具备的资质成为区分绩效出众者的关键。

当然将资质和绩效联系起来也并不是说知识和技能就不重要。对于某些职业而言，作为资质构成的最外层因素，知识和技能是必不可少的。比如汽车制造企业的电气工程师，就一定是懂得电气工程的人员才能胜任。但如果只是想当然地认为技术上的知识和技能是出色工作的决定因素，企业则会为此付出高昂的代价。从以资质为基础的角度来看，一个具备基本知识和技能的人，只要他具备了胜任此项工作的较为突出的素质，那么他就可以获得做好这份工作所需要的全部知识和技能，原因就在于他具备胜任此项工作的所需具备的资质，这保证他能够在各个方面为追求高绩效而选择自己的行为。通过举出资质的两个方面我们可以看到，主动性强的人如果不知道某个问题的答案，他会利用自己的主动性去寻找答案；服务意识强的人如果不知道如何回答客户的问题，他们会在团队或组织中去寻找知道答案的人，以满足客户的需求。我们将资质和绩效联系起来，将注意力集中于资质，实际上就是要去注意真正重要的东西，去注意真正导致工作绩效突出和工作绩效平平者之间差别的决定因素。

将资质与绩效联系起来，认为资质是影响员工绩效水平高低的根本因素，那我们在评估员工绩效时，就可以以资质为基础，根据胜任某一岗位所提出的资质要求，对员工的资质进行评估，以此作为依据评价员工在此岗位上可能取得的绩效水平。以资质为基础进行绩效评估，首先需要根据企业实际情况进行素质定义，也就是所谓的编制资质词典，然后根据具体需要，选择相应岗位，建立能够保证产生高绩效的资质模型，以此为基础对员工进行评估，并将评估结果运用到招聘筛选、人员配置、培训开发、绩效改进、继任计划、职业生涯开发等人力资源管理的各个功能中。

11.1.2　以资质模型为基础的绩效考核

实施以资质模型为基础的绩效考核，需要遵循的基本程序如图 11-1 所示。

1．资质库的编制

资质库的编制是基于资质模型的绩效考核实践或研究的逻辑起点，也是其他一系列基于资质模型的人力资源管理职能的重要基础和参照标准。资质库为资质模型运用绩效考核结果搭建了桥梁。编制资质库之前，企业首先必须清楚地知道什么是资质，哪些资质对于企业最重要，资质划分等级的标准是什么等，这就需要我们根据企业的实际情况来进行具体的编制。企业进行资质库的编制不仅是一个费时费力的艰苦过程，更是一个专业化程度非常高的过程。一般情况下，由于企业自身能力的限制，编制资质库的任务通常会是和研究结构或者咨询公司合作，借助它们的研究成果结合企业实际，编制适合本企业的资质库。

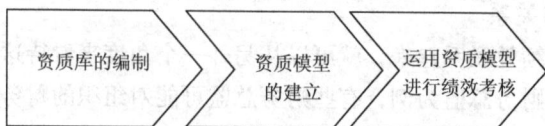

图 11-1　以资质模型为基础的绩效考核的基本程序

我们对于资质的划分主要有三种思路：一是与工作相关的资质，包括任务资质、结果资质、产出资质；二是与人有关的资质，包括知识、技能、态度、价值观、取向以及承诺等；三是良好绩效者的特征所构成的资质，如领导、解决问题和决策等。

在这里，我们着重介绍一下 Warner 博士编制的比较成形的资质库。Warner 博士确定了 36种资质，并且把它们作为一个参考库。这个参考库里的资质可划分为三类，分别是核心资质、通用资质和角色资质。

（1）核心资质

其作为一个整体被运用到组织中，它们指的是一个组织要想获得成功就应该具有的优势，通常包括顾客承诺、创造力、革新能力和质量导向等。

（2）通用资质

通常指多数人所共有的资质（特别是那些从事某种类型工作或任务的人）。例如，会计和财务人员可能都会有分析能力或者注意细节的能力。

（3）角色资质

这些只适用于个人要承担的一个特殊角色或是一项特殊任务。例如，"客户联络能力"或"编程"能力。

2．资质模型的建立

以资质为基础进行绩效考核的理论依据在于资质是区分绩效高低的依据。而要想根据资质来衡量员工的绩效水平，我们必须要有一个统一的衡量标准，这个标准由一整套保证从事某类工作的员工能够取得高绩效的资质及其资质等级所构成。

确定资质模型的思路目前有三种。

（1）基于研究的思路

即分析优秀员工与一般员工的关键行为，找出他们的关键区别，从而确定资质内容。这种思路对应的方法称之为归纳法，有具体的行为作为依据，开发出的资质模型最能贴近企业现实，应用起来的效果较好。缺点是开发过程耗费时间和精力较多，又需要特殊的行为事件访谈能力，操作难度很高。此外，用这种方法开发出的资质模型立足于现实，会更适用于成熟稳定的企业。

（2）基于战略的思路

即根据组织战略、组织愿景来构建资质模型。这种思路对应的方法称为推导法。其实质是一个逻辑推导过程。其基本步骤是：澄清愿景、使命、战略和核心价值观；了解岗位角色和职责；推导资质。这种方法的优点是资质模型与企业战略及价值观密切相关，逻辑清晰。缺点是缺乏具体行为作为依据，资质模型的描述过于抽象空泛，容易脱离现实。

（3）基于文化价值的思路

即根据组织文化和价值来确定。这种思路对应的方法称之为修订法，它是建立资质模型的一种简便方法。通常是由专业顾问根据对组织的初步了解，结合通用的资质调查项目，提出一组相当数量的资质项目。然后由相关人员选择，组织根据选择频率筛选确定出资质模型。该方法的优点是省时省力，对于初步引进资质模型概念而没有能力在资质模型开发上大量投资的企业不失为一种有效的方法。缺点是通用的成分较多，与企业具体的文化、战略结合得不够紧密。

资质模型建立的过程如图11-2所示。

图11-2 资质模型建立的过程

（1）澄清企业战略

随着知识经济向广度以及深度发展，企业的竞争越来越体现为人才的竞争，人力资源也逐渐成为能够创造价值并且维持企业核心竞争力的资源，对企业战略的实现起着至关重要的作用。

（2）在岗人员样本分析和选择

由于资质模型的建立受到预算、技术以及人员等条件的限制，资质模型的建立应该根据企业战略的需求，关注于关键岗位与核心人才，挑选出那些战略价值最高的岗位建立资质模型。一旦企业选定要建立资质模型的岗位，就要选择出那些"业绩优秀"和"业绩平平"的员工进行对比，这样才能发现造成业绩差异的个人行为特征。

（3）行为特征数据分析

在获得关于所需岗位的原始访谈数据之后，对其筛选、分类、分级，逐步形成资质模型的雏形。

（4）建立资质模型

框架建立之后，还需要由专业人员组织分析小组对框架内各项资质的重要程度、相互关系进行分析，而后进行描述。由于资质模型作为具有很强操作性和使用价值的管理工具，对其描述语言有很高的要求，冗长复杂的描述将使资质模型失去使用价值，因此，对资质模型的描述必须要准确、简洁、易懂。

（5）验证资质模型

资质模型建立之后，一般可以采用三种方法来验证：第一种，选取第二个效标样本，再次用诸如 BEI 问卷调查法等来收集数据，考察"交叉程度"；第二种，根据资质模型编制评价工具，来评价第二个样本在上述资质模型中的关键特征，考察绩优者和一般者在评价结果上是否有显著差异，考察"构念效度"；第三种，使用 BEI 或其他测验进行选拔，或运用资质模型进行培训，然后跟踪这些人，考察他们在以后的工作中是否表现更加出色，即考察"预测效度"。

3．运用资质模型进行绩效考核

以资质为基础进行绩效考核是绩效考核方法的新发展，但它的运用前提是完备的制度设计和高超的管理水平，即使在西方发达国家这一方法的应用也只是在摸索阶段。而且企业总是以结果为导向的，单纯强调资质对绩效的决定性作用，而不强调控制，不关注具体目标的完成，不注重绩效的持续改进，就我国企业的实际而言这是行不通的。企业应该量力而行，平衡众多绩效考核方法和工具的优劣，设计和选择能支撑企业战略发展的绩效考核体系。

11.1.3　基于资质模型的绩效管理操作

1．制定绩效目标，形成工作期望

作为一个面向未来并有价值导向作用的管理过程，绩效管理在确定目标时必须基于战略和组织核心能力，构建合理可行的绩效指标。基于资质模型的绩效管理在制定绩效目标的时候，不仅把相对容易衡量的指标作为绩效管理目标，并且把当前和在计划期内能够达到的资质水平作为相对容易衡量指标的依据，这样不仅使相对容易衡量指标的实现具备坚实基础，也为下一个绩效管理循环设定较高的绩效目标提供资质支持。

2．绩效辅导

绩效辅导是指记录绩效表现并分析产生偏差的原因，提供有针对性的辅导和帮助。在这个阶段，企业应当考虑的影响绩效的最主要的因素是员工资质的发展。通过观察员工的工作行为和工作结果，参照其资质模型，为其在工作过程中表现出来的资质水平不足或资质结构不合理提供及时的指导和调整建议。总而言之，企业力求在绩效辅导中完成资质开发，再把资质开发融入绩效管理过程当中。

3．绩效考核

目前人力资源管理实践所采用的绩效考核方法多达数十种，但在执行过程中仍然有一些常见的问题困扰着考核者，比如绩效标准缺乏一致性、考核数据收集的准确性和充分性难以保证，以及绩效改进的盲目性等，资质模型可以帮助解决这些问题。

首先，资质模型能够为绩效考核者在进行绩效跟踪和绩效测量方面提供一个统一的标准。它能明确地告诉绩效考核者所要追踪和考核的是什么以及如何认识考核取得的成绩与取得成绩的方法之间的关系问题，即它能兼顾绩效结果与绩效过程之间的平衡。

其次，资质模型大大降低了绩效数据的收集和整理难度。它能够确定出那些对于达成组织绩效非常关键的因素和行为，这也就为考核者提供了一个基点，他们可以根据模型所确定出的关键因素或行为进行相关行为表现和绩效证据的收集和整理工作。绩效评估的结果同时也是构建资质模型的原始数据。

11.1.4　基于资质模型的绩效管理支持系统

1．柔性化组织

柔性化组织使部门相互隔离、信息流动受阻等状况都有改善，这样就有利于组织知识和信息的共享，有利于创新，强调授权，这所有的因素都有利于员工在实践工作中不断提升资质水平。

2．基于资质的组织文化

企业通过塑造基于资质的组织文化，使员工自觉地把对企业文化的认同作为提升自己资质的重要内容之一。

3．建立学习型组织

资质提升的主要途径就是学习，企业只有建立学习型组织，通过弥漫于整个组织的学习氛围去感染组织成员，才能使个体具备持续的学习能力，才能持续提升个体资质，创造优秀绩效，促进组织整体目标的实现。

11.2 基于团队的绩效考核

今天，团队已是一个最时髦的词：项目团队、功能团队、临时解决问题的团队、自我指挥的团队、跨职能的团队、生产团队、服务团队、研发团队、网络化团队……一个又一个"团队"不断刺激着锐意革新的管理者们。

11.2.1 团队与团队绩效

并不是任何一群因某一任务而组合在一起的人都可以称为团队，团队应是指两个以上具备互补知识与技能的人所组成的、具有共同目标和具体的可以衡量的绩效目标的群体。团队成员为达到共同的团队目标相互负责、彼此依赖。个人作为团队的一部分，在团队中扮演的角色与以往相比发生了很大的变化。在传统的职能分工体系下，员工就好比"应声虫"，企业对其工作的要求就是严格按照上级的指示办事。而在团队中，员工则由"应声虫"转变为一个与团队成员之间彼此信任与依赖、共同为团队目标努力的团队成员。

团队的广泛成立，从根本意义上说是为了保证组织的高绩效，而如何保证团队的高绩效对于组织高绩效的实现具有重要意义。一般来讲，我们可以从以下几个方面着手，为保证团队能够产生高绩效奠定基础。

（1）适度的团队规模

美国组织行为专家罗宾斯认为，如果团队的成员多于 12 人，他们就很难顺利开展工作。好的工作团队一般成员数目不会太大。首先，成员过多，在相互交流时会遇到很多困难，更糟糕的是无法在讨论问题时达成一致意见；其次，成员过多还会导致"搭便车"的现象，造成凝聚力、忠诚度和相互信赖的缺乏，而这些因素对于高绩效团队而言是必不可少的。

（2）合理的团队构成

一个高绩效的团队应该是三类人员的有机组合：一是具有技术专长的成员，而且他们的技术专长在一定程度上应该是互补的；二是具有解决问题和决策能力的成员，他们能够就解决问题的各个建议进行权衡并做出有效决策；三是具有倾听、反馈、解决冲突及其他人际关系技能的成员。

（3）树立共同目标

共同的目标是团队之所以存在的主要基础，是团队凝聚力的源泉，也是团队成功的关键。而且成功的团队还应该将它们的共同目标转化为具体的、可以衡量的、现实可行的绩效目标，作为团队绩效考核的重要依据。

（4）培养团队精神

团队精神是团队成员为了团队的利益与目标相互协作、尽心尽力的意愿与作风。它的作用是把成员的技能、积极性、创造性向着同一个方向进行整合，以形成强大的合力指向组织共同的目标。培养团队精神要注意加强对团队内部冲突的管理，其中的关键是要区分认知冲突和情绪冲突。认知冲突是一种与任务有关的冲突，是由决策时的不同意见和分歧所引起的。而情绪冲突是与人有关的冲突，是由个性与人际关系方面的摩擦、工作中的误解以及挫折引起的。一般而言，认知冲突有助于实现高质量的决策，改善团队绩效；而情绪冲突则会阻碍团队绩效的提升。

（5）有效的团队绩效考核

由于团队特殊的运作方式，要求团队成员在团队和个人两个层次上都负有责任，因而传统的以个人导向为基础的考核体系必须有所改变。团队绩效的考核，不仅要对团队的绩效目标进行考核，还要对团队成员的工作表现及团队绩效对组织目标实现的贡献进行考核。

11.2.2　团队绩效考核的流程及确定团队绩效考核指标的方法

尽管不同类型的团队在绩效考核方面存在不同的关注点，但研究者们始终试图寻求一些共性的东西。目前最新的研究成果表明，对团队绩效的考核同样可以遵循一个固定的流程，即首先要确定对团队层面和个体层面绩效考核的指标；然后是划分团队和个体绩效所占的权重比例，再在确定的考核指标的基础上，分解绩效考核的关键要素；最后考虑如何用具体的考核指标来衡量这些要素。具体到企业如何根据实际情况进行团队的绩效考核，下面所列的具体步骤可为企业提供参考：

① 人力资源部发布考核通知，启动考核程序，确定考核的时间和要求；

② 对团队负责人的绩效进行考核；

③ 根据员工所在团队负责人的考核成绩确定团队成员的考核结果分布（见表11-1）；

④ 团队负责根据实际发生的业务，对业务目标、考核标准、权重与员工沟通、进行调整；

⑤ 员工进行自评并提交给直接上级，并提醒上级进行下一环节的操作；

⑥ 员工的直接上级进行考核，与员工进行沟通并将考核意见交给员工；

⑦ 员工填写意见并提交给间接上级；

⑧ 员工的间接上级提出考核意见并提交给员工的直接上级；

⑨ 员工的直接上级填写最终考核意见，提交人力资源部；

⑩ 员工的直接上级与员工沟通并达成下一季度的业务目标（考核结束后五个工作日以内）。

表 11-1　团队负责人考核结果与团队成员考核结果分布对应表

团队成员考核结果 团队负责人考核结果	优秀	良好	一般	需要改进	较差
优秀	30%	50%	10%	5%	5%
良好	10%	40%	35%	10%	5%
一般		30%	40%	20%	10%
需要改进		20%	50%	20%	10%
较差		10%	60%	15%	15%

说明：

① 上表的因变关系为团队负责人的考核结果决定团队成员的考核结果分布；

② 以上比例为对员工考核的上限，仅适用于部门经理级以下员工。

在清楚团队考核的一般流程后，如何确定团队层面的绩效考核指标就成了团队绩效考核的关键点，这也是团队绩效考核的最大难点。我们可以采用以下三种基本的方法提取和确定绩效考核指标。

第一种方法是利用客户关系图确定团队绩效的测评。要描述团队的客户以及说明团队能为他们做什么的最好方法就是画一张客户关系图。这张图能够显示出你的团队、提供服务的内外客户的类型以及客户需要从团队获得什么样的产品和服务。该图完成以后，它就可以显示出团队及其客户之间的"连接"。

第二种方法是利用绩效金字塔确定团队绩效测评指标。绩效金字塔的出发点首先是要明确绩效的层次。组织必须创建并选择那些能够把团队和组织目标紧密联系起来的绩效指标。因此，把团队业绩和组织绩效紧密联系起来就能保证团队的成功。那么，该怎样建立一个绩效金字塔呢？我们可以通过回答以下有关工作成果的问题来构筑企业的绩效金字塔：

① 什么是整个组织的宗旨或功能？组织需要什么样的绩效产出？

② 需要什么样的业绩水平来支撑组织绩效的产生？

③ 这些业绩中的哪几项是团队负责创建的？

如果创建的绩效金字塔是为整个组织而建立的，那么，只有金字塔内的某些部分才是你的团队需要对此负责的。通过对金字塔的观察，团队可以确定它应当对此负责的几项成果。

第三种方法是利用工作流程图描述工作流程进而确定团队绩效测评指标。工作流程需要贯穿于各部门之间，包括向客户提供产品或服务的一系列步骤。客户既包括组织内部顾客也包括组织外部的顾客。用工作流程图来计划工作流程，并把它作为确定团队业绩测评指标的工具有以下几点好处：一是把质量与流程改良计划和绩效管理联系起来；二是那些有清晰工作流程的团队能够对他们在工作流程方面的有效性进行评估；三是对工作流程进行计划可以确定简化和重新设计流程的机会，从而形成更好的工作流程。那么怎样使用工作流程图来确定团队绩效测评指标呢？从工作流程图中，我们至少可以提取三个内含的绩效考核指标：①向客户提供的最终产品；②整个团队应负责的重要的工作移交；③整个团队应负责的重要的工作步骤。

11.2.3 如何对知识型团队进行绩效考核

正如管理大师杜拉克所言："知识工作者比他们的老板更了解他们的工作，否则他们就不能发挥什么作用。事实上，他们比组织里的任何人更懂得他们的工作，这也是他们被称之为'知识工作者'的部分原因。"知识团队的成员常常来自不同的专业领域，他们往往在自己的领域内具有较深的造诣。知识员工常常比他们的上司，甚至组织中的任何其他人更懂得自己的工作。而且，如今的主管往往未曾做过下属的工作，许多老板也不是从基层做起的，"外行领导内行"在知识型团队的管理中已是屡见不鲜。因此，那种以指挥、控制为主的管理方式对知识员工来说不再适用，原有的绩效考核技术也不再适用于对知识型团队的绩效考核。

1. 知识型团队的特点

知识型团队的任务一般是创造性的，它存在的最重要的理由就是它具备巨大的创造潜力，它的工作不是例行性和重复性的，而是要能够充分发挥团队的创新能力，给团队的利益相关者带来更多的附加价值。产生创造性的过程不易控制，而且难以程序化。这就注定了对知识型团队的管理必须建立在结果导向的思维方式上。而大家普遍容易犯的一个错误就是忽视知识型团队及其绩效创造的特点，而将过程与目的、结果混淆起来，结果是使用了错误的衡量标准对知识型团队的绩效进行考核。

为了增加取得理想结果的可靠程度，作为"外行"的团队管理者必须通过与作为"内行"的团队成员一起确定共同的价值观、公认的工作原则和绩效标准来进行管理，多与成员沟通交流。尽管在现代管理思潮中管理者不应"控制"员工的说法很流行，但控制依然是管理的重要内容，只不过在管理知识团队的过程中管理者是通过共同的价值观、公认的原则和绩效标准来加以控制，而不是通过权威、命令甚至理性的分析过程加以控制。

2. 知识型团队的绩效考核方法

由于评价知识型团队的绩效需要从效益型、效率型、递延型和风险型方面进行判断，要形成对知识型团队绩效的整体评价，就必须将这些指标（每一类指标中可能会有多项分指标）综合起来，形成一个结论。综合方式有很多种，它们的合理性和形式因评价人的不同而有所不同。例如，作为团队成员来说，他们会将这种团队运作过程对他们知识的提高、能力的锻炼作为递延型指标，而对于团队的组织者而言，他们会把团队业主的满意度和评价作为递延型指标进行考虑。这里仅从团队雇佣者的角度提供一种评价知识型团队绩效的综合计分法。在绩效考评中，目前最常见的一种综合计分方式是加权平均计分法。

我们可以借助表 11-2 来简要说明该方法。如果某团队的各项绩效指标的得分和相应的权重（权重的总和为 100%）如表 11-2 所示，则该团队的绩效评价得分为：$A×a\%+B×b\%+C×c\%+D×d\%$

这种计分法操作简单，因而得到广泛应用。

表 11-2　加权计分法示意表

绩效指标		指标分值	权重
指标类型	指标名称		
效益型指标	销售收入	A	$a\%$
效率型指标	利润率	B	$b\%$
递延型指标	顾客满意度	C	$c\%$
风险型指标	质量标准	D	$d\%$

但这种方法存在以下几个方面的不足，大大影响了知识型团队绩效考核的有效性。

① 一个团队是否成功主要是看它能否"既做了对的事情，又将事情做对了"，即希望效率型和效益型指标同时达到标准，但表 11-2 所示的加权平均计分法无法反映这个要求，无法衡量这个要求的满足程度。此表将一个目标的两个必要的判断标准作为两个独立的目标来对待，这种评分方式常常会产生误导，导致错误的行动决策。

② 递延型指标不能用以加权平均。例如，如果顾客满意，将来他们很可能选择购买企业的产品，但即使这样，顾客满意度也不能作为销售收入没有达标时的补偿。因为在绩效评估周期内，该团队没有实现目标。反之，由于情面等原因，尽管顾客买了企业的产品，团队实现了销售收入、利润率目标，但如果顾客对企业的印象由此变坏，未来可能不会再买企业的产品。在当期绩效考核时，团队实现了目标，但给企业留下了隐患，这一点在团队绩效考核时必须要加以考虑。

③ 尽管风险型指标需要纳入评价团队绩效的指标之内，但它不属于反映团队直接目标的指标，不应该采用加权平均法。此外，在现实管理决策过程中，对风险因素时有"一票否决"的情况发生，但加权平均法难以体现这一点。例如，在表 11-2 中，质量标准（风险型指标）尽管重要，但在考评表中所占的权重也只有 10%。即使团队运行严重违反企业质量管理规范，其绩效分值也只不过被扣掉 10 分，而体现不出"一票否决"。

要避免这种情况，我们可以采用一种综合计分方法，这种计分法可以借助于表 11-3 进行说明。在表 11-3 中，该团队的综合计分成绩为：

$$(a_1 · a_2/100 - a_4) a_3/100$$

在公式中，效益型指标和效率型指标采用相乘的方式来表现相互之间的并立关系，一方不足尽管可以通过另一方在分值上弥补，但两者不能相互取代。风险型指标是一个惩罚性指标，如果满足要求得零分，反之要适当扣分，因此采用减法。递延型指标可以以乘法的方式计入团队的绩效分值。例如，尽管效益型指标、效率型指标都达到要求，也没有被扣除风险型指标分值，但如果企业认为该团队的工作结果对其未来的发展帮助一般（假定递延型指标得分值为 60 分），则对业主来说，该团队工作结果的综合计算分值需在前三项绩效成绩的基础上打6折。可以看出，这种综合计分方式有效避免了加权计分方法的缺点。

表11-3　综合计分法示意表

绩效指标		指标得分值
指标类型	指标名称	（总分均为100分）
效益型指标	A_1	a_1
效率型指标	A_2	a_2
递延型指标	A_3	a_3
风险型指标	A_4	a_4

11.2.4　跨部门团队绩效考核的注意事项

传统的绩效考核，一般都是严格按照部门进行的，针对不断出现的跨部门团队有时候显得无能为力，如何做好跨部门团队的考核，如何制定一些切实可行的解决方案，以下几点值得我们借鉴。

① 打破部门考核的标准，建立以人为中心的跨部门考核体系，无论员工在哪个部门都可以进行追踪考核。我们以一家企业技术中心的研发人员为例来具体说明。该技术中心有150多人，分为9个部，每个部都有自己的部门经理，由各部门经理负责成员的绩效考核，可是技术人员对这种绩效考评的方法意见很大。分析其原因，平时项目的研发并不一定是按照部门组织的，而是由技术中心的领导从各个部抽调适当的人员组成一个课题组，也就是成立了一个跨部门的临时团队，项目完成，这个团队也就消失了。由于全年技术中心的项目可能有四、五十项同时进行，一个技术人员可能同时在几个课题组里面工作。于是技术人员提出：部门经理不如课题组组长了解自己的工作业绩，让部门经理给自己打分不合理。

根据这一情况我们可以使用"业绩分数累进法"作为他们考评定级的量化标准。如对员工甲，他现为辅助设计师最低级岗位，他一年中参加过B、C、D等项目的开发，其中项目B的总体业绩分数为6分（可由项目评价委员会在项目完成后进行全面综合的评价，针对一个项目，细分成"项目的难易程度""进度""完成质量"和"经济效益"等项分别进行打分，进而排出顺序），甲在该项目组中的个人业绩分数为3分（结合项目管理一起考虑，由项目经理给出评价，技术中心领导复核，例如，贡献最大的主设计师为10分，A的工作量相当于主设计师的30%。项目组成员的奖金分配就要按照互相之间的分数比例进行分配，所以项目经理也就不至于给人情分，其他项目组内的成员也会起到一定的监督作用），则甲在B项目中获得的业绩分为6×3=18分。依次算出他在C、D项目中的业绩分，累加得出总业绩分数。这样把研发人员按照贡献大小量化区分开来，鼓励大家多参加项目开发，做的工作越多收入也可相应增加，评定技术等级也有了量化的标准，研发人员对照预先定好的"游戏规则"，自己就可以知道自己大概可以得到多少收入、技术等级可以达到什么水平。

② 为了避免大家因为竞争导致不合作，在"业绩评价"的基础上可以附加"行为评价"。行为评价由领导、同事一起来对该员工的行为进行打分评价，如可规定业绩分数占75%、行为分数占25%。

除此之外还可以引入"自我评价"，此评价的结果作为主管评价的参考；或者引入"考核面谈"制度，这种考核面谈的主要内容一般包括：

  a. 让部属知道主管对他的评估结果；

  b. 双方达成一个公平的考核方案；

  c. 双方均对考核的结果形成统一看法；

  d. 双方对工作中应改进的部分进行充分讨论；

  e. 双方对绩效改进计划达成一致意见。

  ③ 注意与人力资源部门的合作。

  对于跨部门团队的绩效考核，项目经理要参与全过程。首先，要与人力资源部门一起确定考核标准、设计考核系统——评分标准的准确性与公平性对考核的成败影响很大。如果出现严重偏差，会直接导致员工辞职和损害团队目标的实现。其次，要注意操作过程的"正确性"。最后，及时恰当地把绩效考核结果反馈给员工，帮助员工分析其优缺点以及存在问题的原因，帮助员工改进工作绩效。人力资源管理部门要为直线经理提供培训，还要监督和评价评估系统，保证它们被恰当地运用和实施。

  ④ 做好标准化工作。

  跨部门团队绩效考核时，涉及很多部门和人员，要做到对每个人一视同仁、客观公正，必须做好标准化工作。具体包括：考核目标标准化；考核程序标准化；组织标准化；方法和手段标准化。

  考核目标对于跨部门团队来说，主要包括：目标实现程度、目标实现进展、目标的难度、实施手段和工作态度等具体的指标。目标要尽可能定量化。跨部门团队的工作过程有前后联系和逻辑顺序，对预定目标的进度要求很高。对目标进度评价所采用的是均衡性指标，这有助于增强组织内部各部门、各环节之间的协调，并且使整个组织的目标体系保持相对稳定。

  对于性质相同的部门采用统一的评价方法。采用定量方法时，应在统一的指标体系前提下，采用标准的计算方法和计算公式，从而使考核结果具有可比性。不同性质的部门、岗位的工作量如何换算，也需要事先制定统一的标准，并在企业内部得到全体员工的认可。

11.3　发展式绩效考核

11.3.1　发展式考核理论的提出

  发展式绩效考核（Developing Performance Appraisal，DPA）是为解决绩效考核系统的两大难题而提出的。这两大难题也是绩效考核体系需要能够达到的双重功效，即能够保障人力资源在当前产生很高的绩效并能够保障人力资源在将来为组织创造更高的绩效。

  就第一条而言，难点是"对难以量化的工作如何评估"；就第二条而言，难点是缺少系统的理论来解决"如何让员工在未来创造更高的绩效"。我们在分析了传统和现代多种绩效考核方法优点的基础上，提出了以"四化法"为核心的绩效考核指标设计方法，试图为"难以量化"的工作如何考核提供一个解决思路。

  "四化法"从"量化""细化""流程化"和"特征化"四个维度思考考核指标的设计，打破了"量化"的单一模式，而且，指标的编写不需要很高深的人力资源专业知识，因此具有很强的实践操作价值。

11.3.2 与发展式绩效考核相关的前沿理论介绍

1．优势理论

优势理论是由马库斯·白金汉（Marcus Bukingham）和唐纳德·克里夫顿（Donald O.Clifton）在《首先，打破一切常规》和《现在，发现你的优势》两本书中提到的，即补短板不能让一个人走向卓越，发挥优势和才干才能让一个人更容易成功。

大部分的组织都建立在对人性的两大误解上：第一，每个人都能学会做好几乎任何事情；第二，每个人最大的弱点就是他/她进步的最大机会。然而，我们通过调查发现，世界顶级经理在管理中常遵循的两大理念是：

第一，每个人的才干都经久不变，与众不同；

第二，每个人最大的成长空间在于其最强的优势领域。

基于优势理论，我们应当考虑如何能够让员工的优势得到更大的发挥，从而为组织创造新的价值。

2．蓝海战略思想

W.钱·金（W.Chan Kim）教授（韩国）和勒妮·莫博涅（Renee Mauborgne）教授（美国）在一本关于战略的著作《蓝海战略》中指出，企业应该把视线从市场的供给方移到需求方，从关注并比超竞争对手的所作所为转向为买方提供价值飞跃，通过跨越现有竞争边界市场以及将不同的市场买方价值元素筛选与重新排序，企业就有可能重建市场和产业边界，开启巨大的潜在需求，从而摆脱"红海"——已知的市场空间——的血腥竞争，开创"蓝海"——新的市场空间。"蓝海战略"的基石是"价值创新"。

"蓝海战略"在绩效管理中给我们的启示如下。

（1）增加买方价值

绩效管理的目的是让企业的绩效获得提升，但是，企业的绩效需要依靠员工去创造，员工最有价值的地方不是员工的能力短板，而是员工的优势专长，因此，要想让员工为组织创造更大的价值，应该让员工的优势更优，专长更长。据此，我们应该为员工的优势专长提供更好的培养与发展空间。企业通过帮助员工的优势专长实现"价值飞跃"，达到让组织绩效飞跃的目标。

（2）重在价值创新

这方面要求我们补上员工的能力缺口，让员工的优势和专长发挥作用，这样才有可能产生价值创新。

（3）四步动作框架

对员工的绩效考评，没有必要各个方面都要有很全面的考评。对于那些绩效影响不大的要素，只要能达到其不影响基本工作的要求就可以了，可以少考核——减少；对于员工已经做得很好的地方，特别是一些已经形成了员工的习惯的地方，可以不考核——剔除；在帮助员工发展优势和专长方面，应该多设立一些考核指标，设立更高、更严格的目标——增加；员工的某些优势和专长的发挥，可能让组织产生新的岗位或者新的工作内容，针对这些工作，就需要创造一些新的评估指标——创新，如图11-3所示。

根据这个方法，企业就可以设计出针对每一个员工的个性化的评估指标。

3．互惠原理

我国有句古话"滴水之恩，当涌泉相报"，就是非常鲜明的互惠原则的一种表现。"互惠原理"对绩效考核的思想有很大的借鉴价值。从"互惠原理"的角度来看，"给予"的是少数，而

"获得"的是多数。如果我们主动"给予"员工一些帮助——在员工的优势和专长方面提供足够的支持和发展空间，根据"互惠原理"，这些少量的"给予"将会使企业在将来"获得"更多的来自员工的回报——员工有能力，并且有意愿为组织创造更高的绩效。

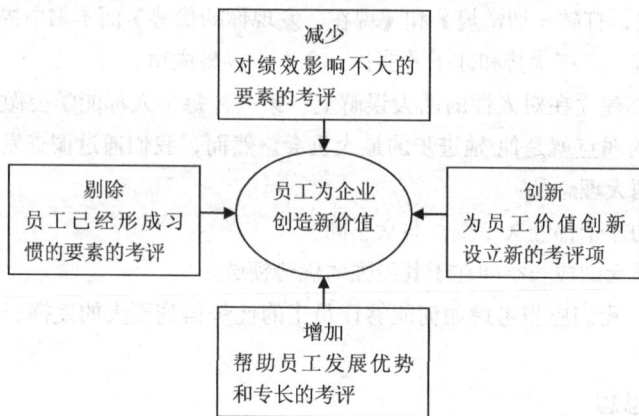

图 11-3 创新"蓝海"的四步动作框架

4．六圈理论

浙江大学杨发明博士在《积极快乐人生》的培训课程中提出了六圈理论。这套关于职业生涯定位的理论，对于我们帮助员工找到在组织中的发展方向和职业定位有很好的参考价值。

杨博士认为，一个人在选择自己的职业生涯定位的时候，应该在六个圈中找到两组交集，如果能够满足这两组交集，那么员工更容易做出成绩，并且，工作压力更小，成就感更大。这六个圈分别是：梦想圈、价值圈、兴趣圈、专长圈、性向圈、趋势圈，它们之间的关系如图 11-4 所示。

要想运用好六圈理论，要做好两点：

第一，要在梦想圈和价值圈中寻找到一个交集；

第二，除了要找到梦想圈和价值圈的交集外，还要在兴趣圈、专长圈、性向圈和趋势圈四个圈中找到交集。

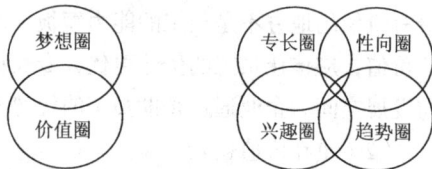

图 11-4 六圈分析图

一个人的性格，往往很难通过观察得到准确的判断。这里提供一个很通用的性格测试方法——DISC 性格测试。DISC 测试将人的性格分为"活泼型""力量型""完美型"与"和平型"四种。每种性格都有各自的优点和缺点以及各自适合的工作。通过让员工做一个由 40 道选择题组成的测试问卷，企业可以判断出员工的性格特点。因此，我们在给员工设计职业定位的时候，要充分考虑岗位与员工性格的匹配。

11.3.3　发展式绩效考核（DPA）的系统框架及操作流程

1．系统框架

发展式绩效考核的系统框架是把岗位绩效与个人发展绩效看作是整体绩效考核的两大分支，如图 11-5 所示。

（1）岗位绩效考核

岗位绩效的考核标准依据岗位职责说明书而定，岗位职责说明书依据部门目标细化分解而来，而部门目标又由组织战略对各部门的具体要求细化分解而来。

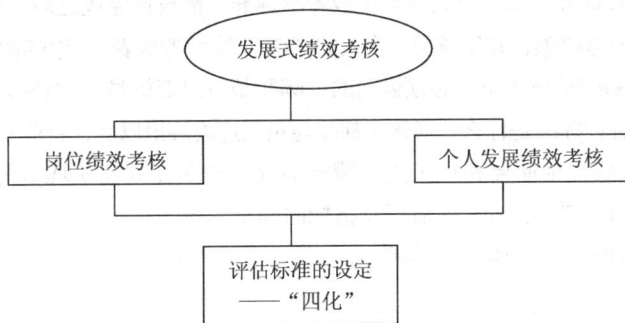

```
                    ┌─────────────────┐
                    │   发展式绩效考核   │
                    └────────┬────────┘
              ┌──────────────┴──────────────┐
     ┌────────┴────────┐           ┌────────┴────────┐
     │   岗位绩效考核    │           │  个人发展绩效考核  │
     └─────────────────┘           └────────┬────────┘
                                   ┌────────┴────────┐
                                   │  评估标准的设定   │
                                   │    ——"四化"    │
                                   └─────────────────┘
```

图 11-5　发展式绩效评估框架

（2）个人发展绩效考核

在"个人发展绩效"考核方面，我们可以借鉴现代绩效考核方法中的目标管理思想。首先，依据"六圈理论"来确定个人发展规划，然后，依据个人发展规划确定个人发展的阶段性目标，最后，根据阶段性目标设计出员工的"个人发展绩效"评估标准。

（3）"四化法"——DPA 的绩效考评指标设计方法

① 量化。

量化是对绩效进行定量考核的一种方式，在绩效考核中的应用很广泛。例如，出勤率、次品率、销售人员的销售额、打字员的打字速度等，都可以给出一个明确的标准。然后，将被评估人员的实际绩效与设定的标准数值相比较，以便得出对绩效的判断。

量化指标的好处是标准明确、客观，受主观因素的影响较小，不同的考评人评价的结果能够一致，容易做到公平公正。在考核标准设定以后，考评人只要将被考评人的实际绩效与标准值相比，就可以判断绩效，不需要专门的培训，操作简单。

② 细化。

"细化"是对"量化"方法第一层次的补充。对于很多难以"量化"的工作，可以先将这项工作分解成若干主要工作要素，针对每个要素制定一个衡量标准，然后衡量员工在每个工作要素上的达标程度。

③ 流程化。

"流程化"的考评思想把考核的重点放在了"员工是否依据作业流程工作"，而不是把员工的绩效结果作为最关注的事情。因此，"流程化"考核思想的运用，能使企业通过绩效考核的方法，发现组织工作流程中的问题，并且其能够为企业提供足够的信息和数据供决策参考，便于组织改善、发展和优化组织流程。

④ 特征化。

"特征化"的方法，是综合了关键事件法、行为观察量表法和行为锚定评分法的优点而形成的一种新的绩效评估方法。它借鉴行为锚定评分法的思想，以特征行为的描述代替"行为锚"；借鉴行为量表法，以员工的行为出现的频率而不是以单次行为作为评价的依据；借鉴关键事件法的思想，在考核表中，需要考核者或者被考核者给出与分值匹配的特征行为描述，以说明所给的评价是合理的。

2．操作流程

当"岗位绩效考核标准"和"个人发展绩效考核标准"都设计完成之后，企业即可选择其中的一部分指标作为当期的考核项，并生成员工个人的"DPA 绩效考核表"。考核表的内容必须实现与员工沟通，让员工明白哪些是属于员工必须做到的，哪些是组织期望员工做到的，哪些是员工自我发展需要达到的目标，各种标准是什么。当这些都能与员工达成共识以后，企业才能实施 DPA 考评。

考核结果出来以后，企业要和员工进行绩效面谈，与员工就岗位职责与个人目标的完成情况达成共识，并进行下一期的 DPA 评估项及指标的确定。

图 11-6 所示为 DPA 系统的建立流程图。

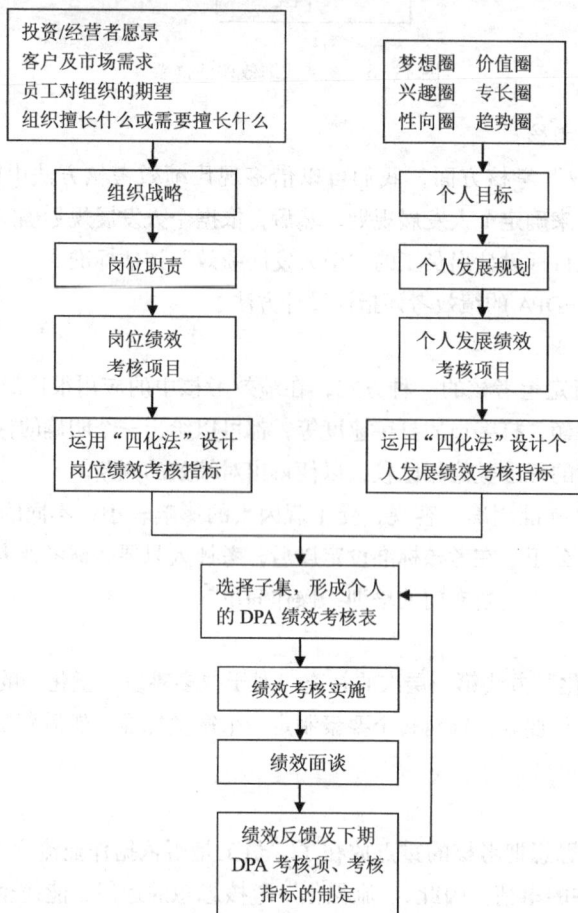

图 11-6　发展式绩效考核流程

【关键知识点】

扫一扫→绩效评估结果的相关分析

【启发与思考】

绩效评估如何提高员工满意度[①]
——基于对 A 公司的案例研究

A 公司是一个业务涉及建筑及承建、建筑材料、物业发展及投资并在业内颇具影响力的多元化集团。对于集团内部的大部分员工，公司采用一张正反两面的小表评估（见表 11-4）。被评估的员工的工作表现由甲——职责（依据职位描述之概要）和乙——工作态度两部分构成。部门主管在每一事项后的等级内评定，然后依据一定的比重确定员工的整体表现为：超卓、优良、良好、尚可或恶劣。

表 11-4　对称评估表

比重%	超卓	优良	良好	尚可	恶劣
（甲）职责（依据职位描述之概要）					
1. ××××××					
2. ××××××					
3. ××××××					
……					
（乙）工作态度					
出勤					
责任心					
服务态度					
好学精神					
团体合作精神					
精益求精，参与改善之动力					

对于经理级别以上的高层管理人员则采用一份详细的大表评估，其中包括：

（1）管理能力评估表（见表 11-5）

（2）针对具体职责的评估表格

表 11-5　管理能力评估表

当年工作的总目标 …………	根据总目标展开的一系列具体职责 …………	对应的评估分值 期中： 年终：

被评估者和其上司共同制定未来一年内的工作目标，并于期中和期末进行两次评估。最后

结果=$\sum_{i=1}^{n}$单项职责所占权重×分值

（3）书面记录

① 雇员为改善绩效/未来发展所需的特定培训/发展。

② 评估者总体意见。

---

① 资料来源：朱艳，罗瑾琏. 绩效评估中如何提高员工满意度——基于对 A 集团的案例研究[J]. 经济论坛，2006（5）：88-90.

③ 公司/分部/部门主管意见。

④ 雇员意见。

以上每项意见后都必须有评估双方的亲笔签名和日期。

但这些设计内容有太多不合理之处，经过调查分析，公司主要从以下几点做出改善。

（1）量度与员工满意度

先前的问卷调查显示有三分之一至半数的受访者认为"公司未能有效明确地传达给员工工作职责及考核内容"。也就是说，不少员工在工作中并不很清楚岗位赋予自己的要求及被考核的量度指标。反观 A 集团，其大小评估表的设计及内容向我们传递着这样一个理念：即将组织目标层层分解到各工作单元，并一一体现于考核指标中，对于大部分普通员工用职位说明的形式清晰地表明，对于高级管理层的人员，直线上司会与其共同商讨制定绩效评估的量度指标，以期缩小个人与企业整体这两者目标之间的差距。总之，要尽力让从上至下的每一名员工都明确针对自己的考核指标，明白需要做什么、什么样的结果才是理想的，而不至于到年终、季度考核时仍是一头雾水，切实提高员工对绩效评估的认可程度。

（2）评核与员工满意度

变唯一的年终考核为动态、持续的绩效沟通。通过问卷，我们了解到大部分企业将绩效评估安排在年终或期末，以至于它往往被理解为年终收尾的例行公事。目前，A 公司除了对部分使用大表评估的经理级别管理者进行正式的期中评估外，对其余员工都只进行每年一次的年终评估。但是在日常工作中，上级主管会定期对下级进行评价指导，对员工的工作不断进行微调，使其不偏离目标。我们说，一个合理有效的评估系统应该是一个全年动态、持续的绩效评价与沟通过程，也只有在这个系统动态更新的过程中才能不断确认和改进"人"与"情境"的融合度。员工在考核期间主要完成了什么工作，有什么突出贡献，有什么重大失误，哪些优点应该发扬，哪些不足应该改进，这一切都应该是日常考察记录的重要内容。企业缺乏制度化的考察记录，就不会有客观的员工考核，也就不会有很高的员工满意度。

（3）反馈与员工满意度

曾经有一个比喻： 员工与管理层之间的关系好似赶马车。马和车夫无法沟通，车夫只会更用力地鞭策马匹，最后还是无法掌握状况。人力资源管理专家认为，至少 50%的绩效问题是由于没有开展绩效沟通造成的。而绩效评估的目的之一即为发展性，所以评估结果必须让员工知道，这就好比车夫和马之间沟通的一个环节。通过这一环节，双方就能充分领悟反馈的目的并扮演好各自的角色。但可惜的是，只有不足 30%的受访者表示"考核结束后主管与下属间有良好的面谈反馈和沟通"。

（4）申诉程序与员工满意度

A 公司目前虽无针对此的专门举措，但是每年都会开展"雇员意见调查"来体现其"以人为本，注重沟通"的精神，其中当然也包括对绩效评估开展情况的员工调查。从专业角度来说，HR 是沟通的桥梁，帮助企业去了解员工的同时也帮助员工向企业传达信息，以使企业和员工能够志同道合、创造共同的价值。因此作为企业管理者，应主动去发现员工对评估的不满、寻找不满的原因，进而制定措施解决不满。比如说设立意见箱或进行满意度调查等，若员工对部门评估结果不满可以上诉至企业的考评小组。再如建立责任追究制度，对评估结果与客观实际情况严重不符的评估者追究责任等。

（5）后期跟进措施与员工满意度

最后需要特别指出的是，绩效评估仅仅是绩效管理中的一个环节，若要真正有效，还需要其他工作如激励、培训以及合理的后期人事跟进措施的共同配合。然而从之前的调研结果来看，有将近半数的企业并未将薪酬和之后的人事决策与评估结果紧密挂钩，这直接导致绝大部分员工认为绩效评估"效用一般"和"流于形式"。

通过以上几点分析，你认为 A 公司的绩效评估还有何不足之处？并尝试改正。

【思考练习题】

1. 如何理解资质的内涵？
2. 资质模型建立的思路是怎样的？如何建立资质模型？
3. 基于资质模型的绩效管理要遵循什么样的程序？
4. 发展式绩效评估的"发展员工、发展流程、发展文化"分别指的是什么？
5. "六圈理论"和"个人发展绩效"间存在什么内在的必然联系？
6. 简述绩效指标设计的"四化法"。
7. 发展式绩效考核的操作流程是怎样的？

【模拟训练题】

关键事件访谈法是通过对绩效优异的员工和绩效平平的员工的深度访谈，获取与绩效相关的资质信息的一种方法。请你选择一家企业进行走访，以人力资源管理经理为例，采用关键事件访谈法进行行为特征数据收集。请列出提纲，设计访谈提纲问题，并完成行为特征数据分析，填写表 11-6 和表 11-7。

表 11-6　关键事件访谈法访谈提纲

访谈的名称	
课题背景	
访谈对象	
访谈提纲的问题	（包括哪几部分内容，并在每一部分设计 1~2 个问题）
总结	

表 11-7　行为特征数据分析表

步骤	受访者行为			
	完成了的行为	明确的行为承受者	清晰明确的事情	受访者当时的想法和感受
原始访谈数据				
筛选				
分类				
分级				

【情景仿真题】

请你选择当地的一家幼儿园并选择一位教师做一次调研，然后根据调研情况完成表 11-8 所示的 DPA 考评表。

表 11-8 被选取研究对象——教师的 DPA 考评表

基础类考评项						
	教育教学	卫生保健	安全工作	物品保管	家园互动	日常管理
岗位职责要求						
相关素质能力要求						
提升类考评项						
	教育教学	卫生保健	安全工作	物品保管	家园互动	日常管理
岗位职责要求						
相关素质能力要求						
个人发展类考评项目						

参考文献

[1] 赵曙明. 21 世纪全球企业的人力资源管理战略. 中国人力资源管理开发，2000.

[2] 赵曙明，罗伯特 L. 马西斯，约翰 H. 杰克逊，人力资源管理. 北京：中国人民大学出版社，2003.

[3] 顾琴轩. 绩效管理. 上海：上海交通大学出版社，2006.

[4] 付亚和，许玉林. 绩效管理. 上海：复旦大学出版社，2008.

[5] 胡君辰，宋源. 绩效管理. 成都：四川人民出版社，2008.

[6] 王海燕，姚小远. 绩效管理. 北京：清华大学出版社，2012.

[7] 方振邦. 战略性绩效管理（第四版）. 北京：中国人民大学出版社，2014.

[8] 徐延利. 绩效管理——理论、方法、流程及应用. 北京：经济科学出版社，2011.

[9] 乔恩·沃纳，徐联仓. 双面神绩效管理系统[M]. 北京：电子工业出版社，2015.

[10] 赵日磊. 手把手教你做绩效管理：模型、方法、案例和实践[M]. 北京：电子工业出版社，2016.

[11] Joan Conway Dessinger CPT EdD, James L. Moseley CPT EdD, Darlene M. Van Tiem CPT PhD. Performance improvement/HPT model: Guiding the process[J]. Performance Improvement, 2012, 51(3):10-17.

[12] Waal A D, Geradts P, Goedegebuure R. The impact of performance management on the results of a non-profit organization[J]. International Journal of Productivity & Performance Management, 2011, 60(8):778-796.

[13] Sarrico C S, Hawke L. Australian public sector performance management: Success or stagnation?[J]. International Journal of Productivity & Performance Management, 2012, 61(61):310-328.

[14] Thorpe R, Beasley T. The characteristics of performance management research — implications and challenges[J]. International Journal of Productivity & Performance Management, 2004, 53(4):334-344.

[15] Adelien Decramer, Carine Smolders, Alex Vanderstraeten. Employee performance management culture and system features in higher education: Relationship with employee performance management satisfaction[J]. International Journal of Human Resource Management, 2013, 24(2):352-371.

[16] Press E. Employees' subjective experience in participating in a performance management system based on the principles of appreciative inquiry[J]. Dissertations & Theses - Gradworks, 2010.

[17] Nicole E. Gravina, Brian P. Siers. Square pegs and round holes: Ruminations on the relationship between performance appraisal and performance management[J]. Journal of Organizational Behavior Management, 2011, 31(4):277-287.

[18] Holloway J. Performance management from multiple perspectives: Taking stock[J]. International Journal of Productivity & Performance Management, 2009, 41(4):391-399.

[19] Tyagi R K, Sawhney M S. High-performance product management: The impact of structure,

process, competencies, and role definition *[J]. Journal of Product Innovation Management, 2010, 27(1):83-96.

[20] Politan A L. Taking performance management to the next level. (cover story)[J]. Strategic Finance, 2003.

[21] Cederblom D, Dan E P. From performance appraisal to performance management: One Agency's Experience[J]. Public Personnel Management, 2002, 31(2):131-140.

[22] Politano A L. Taking performance management to the next level: How to measure the state of your business and achieve optimal what-if scenarios[J]. Strategic Finance, 2003.

[23] Hawkins H A, Chermack T J. The effects of scenario planning on antecedents to participant engagement at work[J]. Journal of Futures Studies, 2014, 18(4):77-92.

[24] Agrawal A, Sushil, Jain P K. Multiple perspectives of mergers and acquisitions performance[M]// Systemic Flexibility and Business Agility. Springer India, 2015:385-398.

[25] Chen L Y, Lai J H, Chen C R. Multiple directorships and the performance of mergers & acquisitions[J]. North American Journal of Economics & Finance, 2015, 33:178-198.

后　记

本套教材从筹划、编写到出版历时近两年的时间。在出版社和各界人士的大力支持下，我们精选内容，精心撰写，并经数次修改完善，最终形成了"人力资源管理理论、方法、实务"六本系列丛书。

《人力资源管理——理论、方法、实务（视频指导版）》，系统介绍了人力资源管理的一些核心概念、基本原理、技术方法和管理实践中的重点、难点问题，既引进了国外先进的人力资源管理理念和知识体系，又总结了我国企业人力资源管理的实践经验和经典案例，特别是紧跟当前的时代发展变化，对新时期企业人力资源管理的新方法、新技术、新趋势进行了比较全面系统的诠释和分析，非常贴近现阶段我国企业人力资源管理的实际。

招聘甄选与录用是人力资源管理流程中的第一个环节，是针对人员入口关的把控。在《招聘甄选与录用——理论、方法、实务》一书中，对招聘规划与管理、甄选技术、录用评估等环节进行了详细阐述，形成一个完整的招聘链条，可以让学生系统地掌握如何科学鉴别、选拔和录用适合组织发展需要、有培养潜质的人才。

组织通过培训传授给员工与工作相关的知识、技能，并通过开发挖掘员工的潜能提高其终身职业能力。《人员培训与开发——理论、方法、实务》以学习原理为理论基础，围绕培训需求分析、培训计划、培训的组织与实施、培训评估以及员工开发这一主线，系统阐述了需求调查、课程设计、培训外包、职业生涯规划等方面的理论知识和方法、技术，同时还提供了各类模拟训练、情景仿真等案例体验，并辅之以微信学习等新兴形式，使知识关联更为清晰，从而有利于提高学生的逻辑思维能力和实践操作能力。

绩效考核与管理是把组织管理与员工管理高效结合的一种系统化管理体系，是企业人力资源管理中的一项重要职能。在《绩效考核与管理——理论、方法、实务（视频指导版）》一书中，既包括关于绩效目标、指标、方法、制度的设定以及绩效与薪酬、晋升、培训等其他人力资源模块的关系阐述，又提供了涵盖研发、生产、营销人员以及高管、团队等绩效考核实例，从而帮助学生以多维视角看待企业的绩效管理，避免陷入机械、僵化、空洞的绩效管理学习陷阱。

薪酬管理是组织建立和完善激励机制的核心内容，也是组织吸引和保持人力资源的重要保障。在《薪酬管理——理论、方法、实务》一书中，详细阐述了薪酬管理的基础理论、职位评价、制订流程以及奖金、福利、股权等设计方法，同时又论述了战略性薪酬和大数据时代的薪酬管理趋势，以帮助学生更好地确立移动互联网思维和前瞻意识，动态地掌握薪酬管理的解决方案和实施方法。

在人力资源管理实践体系中，找到合适的人并能达到"人事相宜、岗能相配"是非常关键的。《人才测评——理论、方法、实务》一书以人才测评标准的建立和指标体系的设计为基础，详细介绍了笔试测评、面试测评、心理测验等人才测评工具和方法，并且对基于胜任素质的管理能力、领导人员测评等进行了系统化分析，这样就有利于加深学生对人才测评理论的理解，更好地掌握人才测评的流程和方法。

这套丛书是全体编写人员和出版社编辑同志共同努力的结果。在编撰过程中，大家秉持编写出版一套精品系列教材的信念，投入了大量时间和精力，付出了很多心血和汗水，高质量地完成了编写和出版工作。在此，再次向参加编写丛书的各位老师以及为本套教材的出版给予多方支持的有关人员表示衷心感谢。

本套教材由南京大学赵曙明教授和赵宜萱助理研究员担任主编，并负责对全套丛书进行框架设计、修改完善和付印校对。各分册的编写人员分别为：《人力资源管理——理论、方法、实务（视频指导版）》由南京师范大学商学院白晓明老师负责编写；《招聘甄选与录用——理论、方法、实务》由南京师范大学金陵女子学院张戌凡副教授负责编写；《人员培训与开发——理论、方法、实务》由淮海工学院商学院张宏远老师负责编写；《绩效考核与管理——理论、方法、实务（视频指导版）》由南京财经大学工商管理学院秦伟平教授负责编写；《薪酬管理——理论、方法、实务》由西南交通大学经济管理学院唐春勇教授负责编写；《人才测评——理论、方法、实务》由东南大学经济管理学院周路路副教授负责编写。

当今社会是一个不断创新、快速发展的社会。随着国家创新驱动发展战略的深入实施，企业的人力资源管理也面临着变革创新，以适应更加复杂多变的局面。如果本套教材的出版能够对人力资源管理及相关专业的广大师生、业界人士有所助益，则是我们最大的欣慰。

南京大学商学院名誉院长、特聘教授、博士生导师

赵曙明博士

南京大学商学院人力资源管理系助理研究员

赵宜萱博士

于南京大学商学院